아이를 한 뼘 더 키우는

책모임
이야기

아이를 한 뼘 **더** 키우는
책모임
이야기

초판 1쇄 발행 2021년 9월 27일

지은이 박미정

펴낸이 강기원
펴낸곳 도서출판 이비컴

디자인 호기심고양이
편 집 한주희
마케팅 박선왜

주 소 서울시 동대문구 천호대로81길 23, 수하우스 201호
전 화 02)2254-0658 **팩 스** 02-2254-0634
메 일 bookbee@naver.com
출판등록 2002년 4월 2일 제6-0596호
I S B N 978-89-6245-192-4 03370

아이를 한 뼘 더 키우는

책모임 이야기

박미정 지음

이비락 樂

아이를 한 뼘 더 키우는
초등 책 모임

함께 읽기, 책 모임의 시작

조용한 곳에서, 오롯이 홀로 한 권의 책 속으로 푹 빠져들 때 나는 행복하다. 책은 나의 좋은 친구이자 지혜로운 멘토이다. 삶의 고비를 넘을 때마다 책 속에서 길을 찾았다. 나는 '읽는 인간'이었다. 내가 어떤 사람인지, 어떻게 살고 싶은지, 지금 중요한 것은 무엇인지. 문장 사이에서, 책장 사이에서 질문하고 답을 얻었다. 지금도 나는 여전히 '읽는 인간'이다. 하지만 더 이상 혼자 읽지 않는다. 여러 사람과 '함께' 읽는다. 함께 읽는 재미를 알게 된 후에는 혼자 읽기만 하던 시절로 돌아갈 수 없게 됐다.

'함께' 읽기는 우연히 시작됐다. 도서관 인문학 강좌를 듣고, 후속 모임에 참여한 것이다. 30대부터 60대까지, 다양한 연령의 사람들이 같은 책을 읽고 토론했다. 같은 책에 대한 서로 다른 해석이 모였고, 그것에 각자의 삶이 더해졌다. 내가 알고 있는 세계가 얼마나 좁은지, 내 선입견이 얼마나 위험한지가 명징하게 드러났다. 혼자 읽은 책을 함께 다시 읽으면서 작품에 대한 이해가 넓어졌고, 다른 이들의 경험과 지혜를 통해 나를 돌아볼 수 있었다. '함께' 읽기를 통해 나는 훌쩍 성장했다. 유연한 사고, 타인에 대한 존중, 나를 둘러싼 세상에 대한 관심을 내 안에 키워냈다.

책 모임에서 나를 발견하다

함께 읽기를 더 많이 하고 싶어서 직접 모임을 만들었다. 세계문학 읽기, 토지 읽기, 니체 읽기, 역사 읽기 등 읽고 싶은 책이 생길 때마다 책 모임을 만들었다. 혼자 읽을 때 가졌던 내 생각이 함께 읽기를 통해 와장창 깨지는 게 즐거웠다. 열린 마음으로 다른 사람 이야기를 듣는 내 모습에 희열을 느꼈다. 무엇보다 기쁜 것은 '나다움'을 찾았다는 거다. 읽고 듣고 말하면서 '내가 이런 생각을 하는 사람이구나!' 알게 됐다. 그런 내 모습을 있는 그대로 드러낼 용기를 얻었다. 주변 시선으로부터 자유로워졌고, 내가 좋아하는 일에 시간과 에너지를 집중할 수 있게 됐다.

내가 좋아하는 일이란 책 읽고, 다른 사람과 나누는 일이다. 책 모임 여러 개를 하면서 매일 읽고 책 대화를 나눴다. 그것을 통해 새로운 시선을 얻었고, 나날이 사유가 깊어지는 경험을 했다. 그러던 어느 날 문득 '이 좋은 것을 우리 아이들이 일찍부터 경험하며 자란다면 어떨까?'하는 생각이 들었다. 내가 좋은 것은 아이에게도 주고 싶은 게 부모 마음이다. 내 경험상 부모로서 아이에게 줄 수 있는 것 중 가장 좋은 것이 책과 책 친구란 건 분명했다. 책과 책 친구가 있다면 우리 아이가 행복한 삶을 살 수 있을 거라 생각하니 가슴이 뛰었다. 더 기다리고, 머뭇거릴 시간이 없었다. 바로 아이 책 모임을 만들었다.

아이 책 모임의 시작

그렇게 해서 아이들은 자신만의 책 모임을 시작했다. 큰아이 초등 4학년, 작은아이 초등 1학년 때였다. 학교 앞에서 만난 아이 친구 엄마에게, 또는 같은 학급 학부모 단톡방에서 "책 같이 읽을래요?"라는 한 마디를 건네 책 친구를 모았다. 감사하게도 좋은 책 친구들을 만났고, 함께 책을 읽고 나눌 수 있었다. 올해가 아이 책 모임을 운영한 지 7년째. 중학생이 된 두 아이는 여전히 책 모임을 한다. 중학교 1학년인 작은아이는 책 모임 7년 차, 중학교 3학년인 큰아이는 책 모임 6년 차이다. 그동안 모임 이름도, 운영 방법도 여러 번 바뀌었다. 함께 읽는 친구도 많이 달라졌다. 하지만 책을 읽고, 생각을 나누고, 함께 성장하는 모습은 그대로이다. 책 모임 덕분에 아이들은 책과 사람을 사랑하는 사람으로 자랐다. 자신의 부족함을 알고, 타인에게서 지혜를 구할 수 있는 마음을 키웠다. 더 나은 사람이 되기 위해 진지하게 고민하는 자세를 배웠다.

그동안 두 아이와 해온 책 모임을 정리해보면 다음과 같다.

	책 모임 이름	모임 기간	모임 형식
큰 아이	책사냥꾼	초4 (1년)	엄마 혼자 발제 및 진행 (주 1회)
	스페이스	초5~초6 (2년)	아이들끼리 발제와 진행 (주 1회)
	다온	중1~중3 (약 2년)	엄마 혼자 발제 및 진행 (월 2회)
작은 아이	책 읽는 도토리	초1~초5 (4년 반)	엄마들이 돌아가며 발제 및 진행 (주 1회)
	예다움 (구) 작은 도서관	초5~중1 (약 2년)	아이들끼리 발제와 진행 (주 1회)
	소녀들의 명작 읽기	초5~중1 (약 2년)	엄마 혼자 발제 및 진행 (월 2회)

"엄마, 책 모임 책 얼른 구해주세요."

"이번 책 모임은 제가 진행이라 질문 만들어야 해요."

"엄마, 책 모임 때문에 내일 저녁에는 외출할 수 없어요."

우리 아이들이 자주 하는 말이다. 아이들은 친구들과 읽을 책을 챙기고, 함께 이야기 나눌 질문을 만든다. 책 모임 약속을 다른 것보다 우선해서 지킨다. 아이들은 책 읽는 일, 책 대화 나누는 일을 소중하게 여긴다. 책 모임을 강제로, 억지로 하는 게 아니라 스스로, 즐거워서 한다. 이게 바로 모든 부모가 원하는 '책 좋아하는 아이'의 모습이 아닐까.

도대체 책 모임이 무엇이기에 아이들이 이렇게 책과 책 대화를 사랑하게 된 걸까? 나는 그 이야기를 해보려고 한다. 아이 책 모임을 어떻게 시작하게 되었는지, 모임에서 어떤 책을 어떻게 읽었는지, 책 모임 하며 우리 아이들은 어떻게 자랐는지. 특별하고 거창한 독서교육이 아니라 자연스럽게 독서가 삶이 된 이야기이다. 책 모임은 부모라면 누구나 실천할 수 있다. 몇 가지 요령만 익혀 자기만의 방법으로 계속하면 된다. 모임을 꾸준히만 한다면 어떤 아이든 책 읽기를 즐기게 도울 수 있다. 단순히 읽은 책 권수만 늘리는 데 그치지 않고 아이가 다른 사람과 소통하면서 사고와 감정이 무한대로 확장되는 경험을 하게 해 준다.

아이 책 모임의 효과에 공감하더라도 모임을 직접 운영하는 것은 망설여질 수 있다. 부모가 많은 시간과 노력을 들여야 하는 일이기 때문이다. 하지만 아이 책 모임은 그런 수고를 감당할만한 가치가 있다. 나의 이야기를 통해 아이 책 모임의 힘과 가치를 확인하게 될 것이다. 이 책을 덮을 때는 '당장 아이 책 모임 하나 만들어야지!' 하는 생각이 들 거다. 내 이야기가 많은 사람의 마음에 가닿아서 마을 이곳저곳에 아이 책 모임이 생기면 좋겠다. 아이들이 책 이야기 나누며 왁자지껄 떠드는 소리를 더 많이 듣고 싶다.

* 일러두기
이 책에 실린 아이들의 이름은 가명임을 밝힙니다.

차례

제 2 부

아이 책 모임의 성장
함께 읽기

제 3 부

아이 책 모임의 변화
여러 빛깔로 읽기

제 4 부

아이 책 모임의 확장
깊고 넓게 읽기

제 5 부

아이 책 모임의 미래
계속 읽기

부록

책 모임 도움 자료

제 1 부

아이 책 모임의 시작

책과 사람의 만남

① 진짜 독서 교육,
책 모임이 답이다

우리 아이 독서교육 잘 되나요?

독서교육이 중요하다, 책 많이 읽는 아이가 공부도 잘한다. 아이 키우는 사람이 자주 읽고, 듣는 말이다. 맞다. 꾸준한 독서는 아이의 독해력, 이해력, 어휘력, 사고력을 키워준다. 이러한 능력이 학습에 도움이 되고, 아이의 자존감을 높여준다. 책은 아이에게 넓은 세상을 보여준다. 학교와 학원, 집으로 이루어진 좁은 세계가 아닌 자연과 우주라는 넓은 세계와 만나게 해준다. 그곳에서는 좋은 친구와 멋진 어른이 아이를 맞이한다. 이러한 경험과 만남이 아이를 사려 깊고, 마음 따뜻한 사람으로 키운다. 아이가 이성과 감성의 조화를 이룬 인격체로 성장하는데 독서가 필수적이다. 시중에 나온 독서교육서 몇 권만 얼른 읽어봐도 이런 독서의 가치를 금방 확인할 수 있다.

그런데 아이를 책 좋아하는 사람, 책 잘 읽는 사람으로 키우는 일이 쉽지 않다. 요즘 세상에는 책보다 재미있고 신나는 게 너무 많다. 만화, 동영상, 게임 등. 오감을 동시에 만족시키는 매체가 아이를 유혹한다. 어렵게 유혹을 뿌리치고 책을 읽으려고 해도 시간이 없다. 많은 아이들이 학교 끝나면 바로 학원에 간다. 하루에 학원을 2개 이상 다니는 아이도 있다. 학원과 학원 사이의 시간은 스마트폰에 내어준다. 도무지 책 읽을 시간이 나질 않는다.

어쩌다 무료한 시간이 생겨도 책에 손이 가지 않는다. 부모가 권유하면 그제야 책장을 넘겨보지만, 하얀 종이 위에 단정하게 늘어선 까만 글자를 진득하니 읽어갈 마음이 안 생긴다. 부모는 아이에게 갖가지 보상을 제시해보기도 한다. 읽은 책에 스티커 붙이기, 읽은 권수 세어 선물 사주기, 보이는 곳마다 책 늘어놓기 등 좋다는 방법은 다 써본다. 하지만 효과는 딱 그때뿐이다.

아파트 단지마다 ○○독서 논술 학원이 우후죽순으로 생겨났다. 집 근처에 생긴 학원 광고지에 눈이 간다. '에이, 책 읽기를 돈 주고 배운다고?' 하면서도 학원 전화번호를 핸드폰에 입력한다. 책 읽기, 토론하기, 글쓰기를 한 번에 해결해준다는 광고 문구에 마음이 흔들린다. 겨우 아이를 설득해서 학원에 보내면 그제야 마음이 놓인다. 억지로라도 읽게 되니 얼마나 다행인가. 친구들과 토론하고, 글도 쓴다니 금상첨화다. 학원에서 보내준 읽을 책 목록과 자료를 보며 안심한다. 집에서 책 읽지 않아도 학원에서 읽겠지 한다. 남의 이야기가 아니다. 두 아이의 엄마이자 초등학교 교사인 내 이야기다.

독서교육, 정말 이게 최선인가요?

정말 이거면 될까? 무조건 책을 많이 읽히면, 학원에 보내 독서 논술을 시키면 다 된 걸까? 우리 아이가 책을 잘 읽어내고 있는 걸까? 우리 아이가 학원을 그만두어도, 어른이 되어서도 스스로 책을 찾아 읽을까? 나는 오랫동안 이 문제로 고민했다. 직업이 교사인지라 독서교육은 내게 더욱 중요한 화두로 다가왔다. 아이가 어른이 있을 때만, 형식적으로 읽는 게 아니라 책이 좋아서 스스로, 꾸준히 읽도록 돕는 방법이 뭘까 고민했다. 독서교육 관련 책을 찾아 읽고, 독서 지도사 자격증을 땄다. 하브루타, 디베이트, 비경쟁 독서토론 등 좋다는 교육은 모두 수료하고, 비슷한 고민을 하는 선생님들과 시간을 쪼개가며 부지런히 공부했다.

배운 것을 가정에서, 학교에서 실천했다. 틈만 나면 아이들에게 책을 읽어주고, 집과 교실 곳곳에 책을 늘어놓았다. 각종 독서프로그램에 참여하거나 직접 운영했다. 책 좋아하는 엄마, 독서교육에 관심 많은 선생님 덕분에 아이들은 책을 많이 읽었다. 담임했던 아이 부모에게서 "우리 아이가 책을 좋아하게 됐어요. 감사해요." 하는 인사도 자주 받았다. 하지만 늘 무엇인가 부족했다. 여전히 '부모나 교사의 도움 없이 아이가 스스로 책을 계속 읽을까?'에 자신 있게 답할 수 없었다.

책 읽기가 숙제나 이벤트가 아니라 자연스러운 일상이 되어야 한다는 생각이 점점 강해졌다. 결국 나는 내 안에서 답을 찾았다. 나는 어떻게 책 읽는 즐거움을 알게 되었나?, 내가 책을 통해 삶이 변화했다고 느낀 순간은 언제였나? 그건 바로 책 모임에서 다른 사람들과 '함께' 읽을 때였다. 아이들도 그럴 거다. 혼자가 아니라 함께, 한 번이 아니라 꾸준히 책을 읽어야 한다. 그래, 아이 책 모임이다. 나는 아이 책 모임을 하기로 결심했다.

진짜 독서교육, 책 모임이 답이다.

두 아이가 초등학생일 때 아이 책 모임을 시작했다. 해보니 너무 좋아서, 쉬지 않고 오랜 기간 계속했다. 큰아이는 초등 4학년 때부터 중학교 3학년인 현재까지, 작은아이는 초등 1학년 때부터 중학교 1학년인 현재까지 모임 한다. 큰아이는 6년째, 작은아이는 7년째 책 모임 중이다. (중간에 사정상 쉰 기간도 있지만 몇 개월 안 된다.) 모임을 통해 아이들은 일상적인 책 읽기를 실천했다. 아이는 친구들에게 좋은 이야기를 해주고 싶어 책을 꼼꼼하게 읽었다. 모임 날을 기다리며, 자기 생각을 정리했다. 모임에서 인상 깊었던 구절, 인물이나 주제에 대한 생각을 자신 있게 말로 표현했다. 자신과 다른 생각을 하는 친구의 말도 온몸을 기울여 잘 들었다. 책 모임 덕분에 책을 좋아하게 되고, 듣기 말하기 태도도 좋아졌다.

아이뿐만 아니라 엄마들도 변했다. 모임을 함께한 엄마들은 '성적에 도움 되는 독서'가 아닌 '아이 내면의 성장을 위한 독서'에 더 많

아이를 한 뼘 더 키우는 책 모임 이야기

은 관심을 두게 되었다. 무엇을 위한 도구로서의 책 읽기가 아니라 책 읽기 그 자체의 즐거움을 아이들에게 전해주려 애썼다. 물론 책 모임 하는 풍경이 항상 핑크빛으로 화사하고 멋지기만 한 건 아니다. 모든 게 처음이라 잘 안 되는 날도 있고, 어려운 일도 많이 생겼다. 책 선정을 잘못해서, 아이들이 피곤해서, 질문을 너무 많이 만들어서 등 책 모임에 실패하는 이유가 셀 수 없이 많다. 하지만 엄마들은 책 모임을 포기하지 않았다. 모임을 어쩔 수 없이 그만두게 될 때까지 책 모임을 육아의 중요한 부분으로 생각했다. 읽기로 한 책은 무슨 수를 써서든 구해주고, 아이가 모임에 잘 참여하도록 신경 썼다.

7년 가까이 책 모임으로 두 아이를 키우며 나는 깨달았다. '스스로 좋아서 하는 책 읽기' 그리고 '함께 하는 책 읽기'가 아이를 평생 독자로 키운다는 사실을. 의미 있게 읽은 단 한 권의 책이 아이가 책 나라로 기꺼이 여행하도록 돕는다. 책 모임을 깊게 경험한 아이는 내 생각만 고집하지 않고 타인과 소통한다. 같은 책도 사람마다 다른 결로 읽어낼 수 있다는 걸 안다. 함께 이야기 나누면서 좀 더 가치 있고, 지혜로운 생각에 다가가는 경험을 자주 한다. 아이는 책을 많이 읽지만 제가 똑똑하다며 잘난 척하지 않는다. 내가 경험하지 못한 세계가 있다는 걸 알기에 겸손해진다. 진짜 독서교육, 책 모임이 답이다.

② 책 모임이 뭐예요?

책 모임이란?

독서교육 전문가 김은하는 『처음 시작하는 독서동아리』(2016, 학교도서관저널)에서 '여럿이 함께 책을 읽고 이야기하는 모임'을 '독서동아리'로 정의한다. 그녀에 따르면 독서동아리는 책 읽고 정답 찾는 수업과 달리 '다른 사람들과 함께 책을 정하고 질문하며 답을 찾는'다. 최근 독서교육 전문가들은 찬반토론과 대비되는 '비경쟁 독서토론'을 관심 갖고 연구한다. 기존 토론은 찬반으로 나누어 정해진 형식 안에서 승패를 나누는 방식이지만, 비경쟁 독서토론에서는 서로 경쟁하지 않고 생각과 느낌을 자유롭게 주고받는다. 정답이 없다는 생각으로 다양한 의견을 모은다. 비판이나 비난받지 않는 자유로운 이야기 마당을 펼치는 게 비경쟁 독서토론이다.

책 모임은 모임 구성이나 운영 방식은 독서동아리와 비슷하고, 이 야기 나누는 방법은 비경쟁 독서토론에 가깝다. 책 모임, 독서 동아리, 비경쟁 독서토론의 지향점은 같다고 본다. 나는 책 모임이란 말이 마음에 든다. 소리 내어 말할 때 느낌이 좋고, 초등학교 아이들이 쉽게 이해하고, 친근하게 느낄 말이기 때문이다. 책 모임은 책을 읽고 모여 자유롭게 이야기 나누는 모임이다. 모임을 만드는 것도, 모임을 해나가는 것도 어떤 정해진 형식이 없다. 내 마음대로 하면 된다. 다만, 읽어야 하는 '책'과 이야기 나눌 '사람'은 꼭 있어야 한다. 어떤 책을 어떤 사람들과 어떻게 읽느냐에 따라 책 모임의 성격이 달라진다.

읽을 책과 이야기 나눌 사람

내가 가장 열심히 참여했던 책 모임은 《밑줄 긋는 엄마들》이다. 어린 아이를 키우는 엄마들이 모여 '인문학 책'을 읽었다. 그때의 '함께 읽기' 경험이 지금의 아이 책 모임으로 이어졌다. 《밑줄 긋는 엄마들》의 시작은 인터넷 카페에 올라온 '함께 책 읽으실래요?'라는 짧은 글이다. 그 글은 아이, 시댁, 남편 이야기로 가득한 게시판에 어울리지 않았다. 아이 돌보고, 집안일 챙기는 것도 벅찬데 책을 읽다니! 나는 참여 신청 댓글을 썼다가 금방 지웠다. 그런데 몇 분이 지나서 다시 글을 확인하니 예상외로 많은 엄마들이 댓글을 달았다. '제발 나를 위한 시간을 갖고 싶다', '나의 정체성을 되찾고 싶다', '너무 우울해서 읽어야겠다.'는 내용이다. 댓글에 크게 공감하며 나도 '참여하고 싶어요.'라고 썼다. 댓글 단 사람 중 실제로 모임에 나온 사람은 6명이다. 우리는 잔뜩 들떠서 모임 이름을 정했다. 모임 이름은 '밑줄 긋는 엄마들'. 임신해서 부푼 배를 쓰다듬으며, 돌 지난 아이를 한쪽 팔로 보듬으며, 친정에 맡긴 아이 걱정을 하며 그렇게 모임을 시작했다.

한 사람이 집을 내어주고, 회비를 걷어 간식을 준비했다. 엄마들끼리 모이면 자연스레 먼저 나오는 출산과 육아 이야기는 얼마 나누지 못했다. 책 이야기에 굶주린 사람들처럼 금세 책 대화에 빠져들었다. 책 읽다 어려운 문장을 만나면 함께 낑낑대며 이해하려 애썼다. 관련된 다른 책을 찾아 읽고, 우리가 이해한 것이 맞는지 묻고 답했다. 작품 속 인물의 마음을 살피다 내 마음을 들키고는 와락 눈물을 쏟기도 했다. 한 사람이 훌쩍거리면 곧 모두 울어야 했다. '당신 마음 이해해요. 나도 그래요.'하고 서로를 보듬었다. 《밑줄 긋는 엄마들》에서는 책만 읽은 것이 아니라 서로의 삶도 읽었다.

모임 1년 동안 16권의 책을 읽었다. 누가 시켜서 한 일도 아닌데, 그토록 치열하게 읽었다는 게 아직도 믿기지 않는다. 다양한 책을 읽었는데, 니체 작품을 초기작부터 후기작까지 차례로 읽은 게 가장 기억에 남는다. 돌아가며 읽은 내용을 요약하고, 질문을 만들었다. 니체의 문장은 암호 같았다. 혼자서는 문장 너머의 의미에 다다르기 어려웠다. 모임에서 함께 문장을 읽고 또 읽었고, 거침없이 의견을 주고받았다. 아무 말 대잔치여도 좋았다. 그렇게 조금씩 우리만의 니체 읽기를 완성했다. 그런 과정을 통해 우리는 엄마, 아내이기 전의 자신을 다시 만났다. 나만의 빛깔로, 나답게 살 용기도 얻었다. 니체의 문장에 기대어 조금씩 단단해졌다. 어린아이를 키우는 엄마들이, 울고 떼쓰는 아이를 보듬고 읽은 책이 니체라니! 정말 특별한 경험이다.

《밑줄 긋는 엄마들》 이후에 나는 책 모임을 쉬지 않고 했다. 모임을 만들거나 이미 활동하고 있는 모임에 참여했다. 어떤 책을, 누구와 함께 읽느냐에 따라 다양한 모임을 만들 수 있다. 그동안 내가 해온 모임은 세계문학 읽는 '해윰', 인문학 읽는 '책다방', 토지 읽기 모임, 역사 공부 모임 등이 있다. 함께 읽으며 성장하는 내 모습이 좋아서 지금도 기회만 되면 모임을 만든다. 책을 함께 읽을 사람을 모집한다는 글을 보면 가슴이 뛴다. 책과 사람이 만나 만들어낼 감동적인 순간을 놓치고 싶지 않아 참가 버튼을 꾹 누른다. 덕분에 내 책상 위에는 늘 읽어야 할 책이 쌓여 있다. 모임 약속을 지키기 위해 나는 출퇴근 시간과 잠자는 시간을 아껴 읽고 또 읽는다. 말 통하는 사람이 있으면 꼭 책 모임을 권한다. 이 좋은 걸 나만 알고 있을 수는 없기 때문이다.

우리 아이와 함께 책 읽을 친구,
한 명만 있으면 된다

아이 책 모임도 어른 책 모임과 모이는 형식이나 운영 방법이 비슷하다. 책 모임을 꾸준히 했을 때 기대되는 효과도 어느 정도 같다. 내가 책 모임을 통해 느끼고 경험한 것을 고스란히 우리 아이도 얻게 된다. 단, 아이 책 모임을 하려면 시작부터 끝까지 어른의 섬세한 도움이 필요하다. 아이가 기꺼이 모임 하도록 돕는 일부터 모임 후 나눈 이야기를 갈무리하는 것까지 신경 써야 할 것이 제법 많다. 하지만 아이 키우는 일이 모두 그렇듯 아이가 성장하면서 혼자 힘으로 하는 일이 늘어난다. 책 모임도 그렇다. 모임 횟수가 늘고, 함께 읽는 경험이 쌓일수록 아이는 읽고 나누는 데 익숙해진다. 초등 고학년부터는 조금만 도와주면 아이들끼리도 모임을 잘한다.

아이 책 모임은 독서교육에 대한 부모(혹은 교사)의 오랜 고민을 한 번에 해결해준다. 부모가(혹은 교사가) 책 모임에 시간과 열정을 쏟는 만큼 우리 아이는 책 읽는 아이, 책 좋아하는 아이로 자란다. 부모가 책 모임 경험이 있다면 아이 책 모임을 좀 더 수월하게 시작할 수 있다. 어른 책 모임과 유사하게 아이 책 모임을 꾸리되 아이 눈높이에 맞춰 가려 노력하면 된다. 물론 부모가 책 모임 경험이 없어도 괜찮다. 일단 시작하고 하나씩 만들어 가면 된다. 막상 해보면 '어, 이거 별거 아니네.' 할 거다. 정해진 매뉴얼이나 특별한 기술이 필요한 일이 아니다. 부모가 마음만 먹으면 언제든 아이에게 근사한 책 모임을 선물할 수 있다.

함께 책 읽을래요?

주변 사람들에게 아이 책 모임을 해보라 권하면 "좋은 건 알겠는데, 어떻게?" 하는 반응이 돌아온다. 그럴 때마다 나는 "일단 함께 책 읽을 친구부터 구해! 그리고 일단 시작해!"라고 말한다. 딱 한 명이면 된다. 우리 아이와 같은 책을 읽고, 도란도란 이야기 나누기 위해 기꺼이 시간을 내어줄 친구 한 명! 아이가 자주 어울려 노는 친구가 있다면 좋겠지만 그렇지 않다고 해도 괜찮다. 주민들끼리 소통하는 곳에 글을 올리거나 지인의 자녀 중 비슷한 또래를 찾아볼 수 있다. 이웃집에 또래가 있다면 초대해도 된다. 용기 내어서 "함께 책 읽을래요? 맛있는 간식은 우리가 준비할게요. 몸만 오세요."하고 먼저 말을 건네 보자. 알고 보면 아이 독서교육에 관심 가진 부모가 많다. 책 읽고 이야기 나누는 모임이라 안내하고, 초대하면 대부분 긍정적인 답을 한다. 초대에 응하는 친구 한 명만 있으면 아이 책 모임을 할 수 있다.

함께 책 읽을 친구를 구했다면 일단 성공이다. 이제 '언제, 무엇을, 어떻게' 읽을지 약속하고, 그 약속을 잘 지키면 된다. 물론 이 약속을 잘 지키면서 모임을 계속 해나가는 게 쉽지는 않다. 해야 할 일, 하고 싶은 일을 하다 보면 책 모임은 뒤로 밀리기 일쑤다. '책 모임 우선'이라고 마음 단단히 먹어야 한다. 그렇게 해나가다 보면 한 명, 두 명 모임에 참여하는 친구가 늘고, 함께 읽은 책이 쌓인다. 책과 친구와 함께한 따뜻한 추억이 아이 마음에 차곡차곡 쌓인다.

③ 아이 책 모임의 시작

초등 1학년 때 시작한 작은아이 책 모임

초등 책 모임, 무모한 도전

막상 아이 책 모임을 하려고 보니 참고할 자료가 없었다. 사실 '책 모임은 ○○이다.'는 정답이 있는 것도 아니다. 먼저 해본 사람이 있어 이건 이렇고, 저건 저렇다고 일러주면 좋으련만……. 아이를 독서 논술학원에 보내는 사람은 많아도 책 모임 꾸려준다는 사람은 없었다. 독서교육, 독서, 책 읽기, 책 모임, 북클럽 등 관련 낱말로 검색해도 쓸 만한 자료를 찾을 수 없었다. 당시만 해도 독서교육은 아이 '혼자', '많이' 읽게 하는 거였다. 전집을 책장 가득 꽂고, 아이가 읽은 책에 스티커를 붙이며 권수를 세었다. 목표 권수를 채우면 달콤한 보상을 해서 읽는 양을 늘리려 애썼다. 거실을 서재처럼 만들기가 유행했고, 연령별 추천도서는 꼭 읽혀야 한다는 생각이 널리 퍼져있었다.

'함께 읽기'는 학교에서 공부 시간에 교과서를 함께 읽는 것 정도에 머물렀다.

그런데 이때 이미 '함께 읽기'의 가치를 알고, 아이 책 모임을 오래 운영한 사람이 있다. 바로 학교도서관 운동가 백화현 선생님이다. 『책으로 크는 아이들』(2010, 우리교육)에는 백화현 선생님이 7년 동안 운영한 가정 독서 모임 사례가 담겼다. 선생님의 큰아이가 중학교에 입학하면서 책을 멀리하고, 성적을 비관하며 힘들어했다. 엄마는 '큰아이를 드넓은 책의 세계로 이끌고 싶고 책의 힘을 얻게 하고' 싶었다. 그래서 책 읽을 친구들을 모아 가정 독서 모임을 시작했다. 7년간의 가정 독서 모임 결과로 아이들은 '놀랄 만큼 자아가 튼튼해지고 친구들에게 너그러워졌으며 정신이 확장'됐다. 선생님이 실천한 '가정 독서 모임'은 '아이 책 모임'으로 바꿔 말해도 무방하다. 매주 같은 책을 읽고 모여 토론하고 글을 썼다.

백화현 선생님은 가정 독서 모임에서 얻은 통찰과 노하우를 바탕으로 학교에서 여러 책 모임을 운영했고, 그것을 통해 아이들은 함께 배우고 나누며 성장했다. 그 이야기를 『도란도란 책모임』(2013, 학교도서관저널)에 담았다. 이 책에서는 중학교에서 학생 독서동아리와 학부모 독서동아리, 교사 독서회를 운영한 사례를 살필 수 있다. 저자는 '책과 친구가 함께 하는 도란도란 책모임'을 '보다 나은 삶을 위한 하나의 제안'이라고 한다. 학생들이 자율적으로 책 모임을 꾸리고, 잘 운영할 수 있도록 학교 전체가 나서서 지원하는 모습은 부럽고 감동적이다. 『책으로 크는 아이들』과 『도란도란 책모임』, 이 두 권의 책 덕분에 내가 하려는 아이 책 모임이 의미 있고, 중요한 활동이 되리라고 확신했다. 다만, 중학생 책 모임 이야기라서 초등학생 책 모임에는 그대로 적용하기 어렵다는 게 아쉬웠다.

반갑게도 최근 몇 년 사이에 '함께 읽기'에 대한 관심이 부쩍 늘었다. 어른 독서 모임이 많이 생겼고, '함께 읽기'의 가치와 즐거움을 알리는 책이 많이 출판됐다. 하지만 여전히 아이 책 모임, 특히 학교 밖에서 자발적으로 운영하는 초등 아이 책 모임에 대한 논의는 찾기 어렵다. 앞서 말한 백화현 선생님의 사례는 중고등학생을 대상으로 한 것이다. 이번에 책을 준비하면서 아이 책 모임을 운영해봤거나 운영하고 싶어 하는 분들이 많다는 걸 알았다. 여기저기서 책 모임을 운영하고 있더라도 자료를 공유하고, 쉽게 서로 이야기 나눌 수 있는 공간이 없다는 게 무척 안타깝다. 더 많은 사람들이 아이 책 모임 이야기를 기록하고, 세상에 알렸으면 좋겠다.

내가 아이 책 모임을 시작할 때는 주변에서 아이 책 모임에 대한 정보를 얻을 수 없었다. 초등학생 책 모임을 정말 해야 하는 걸까? 책 모임을 할 수 있을까? 어떤 방식으로 해나갈 수 있을까?의 답은 오롯이 나 혼자 찾아야 했다. 책 모임 자료를 찾다가 포기했고, 누군가의 조언을 기대하는 것도 불가능했다. 오랜 시간 고민하고 애쓰다가 지쳐갈 때쯤, 그냥 '아이 책 모임도 어른 책 모임처럼 하면 되겠지' 하는 생각이 들었다. 어떻게 시작해서, 어떻게 해나가겠다는 계획도 없이 일단 시작했다. 지금 돌아보면 참 무모했다. 아이가 어릴 때 챙기고 신경 써야 할 것이 얼마나 많은데, 책 모임에 빠져 다른 것들을 죄다 놓칠 뻔했다. 한편으론 그래서 다행이다 싶다. 이렇게 좋은 책 모임을 이것저것 따지느라 시작도 못 했다면 어쩔 뻔했나. 책 모임이 아니었다면 두 아이를 어찌 키웠을까 싶다. 겁 없이 시작할 수 있어서 참 다행이다.

초등 1학년, 아이 책 모임을 시작하다

책 모임의 시작은 작은아이가 초등 1학년일 때였다. 당시 나는 우리 아이와 같은 반 친구의 엄마 몇 명과 어른 책 모임을 했다. 동네 도서관에 독서동아리 신청을 해서 정기적으로 모임을 가졌다. 거기서 아이 책 모임도 함께 해보자는 이야기를 나눴다. '이렇게 좋은 책 모임을 우리 아이들도 하면 좋겠다.'는 생각을 공유하니 일이 일사천리로 진행됐다. 일주일에 한 번, 학교에서 가장 가까운 친구네 집에서 모여 책 읽고 노는 것으로 방향을 잡았다. 엄마들이 돌아가며 그림책을 읽어주고, 재미난 독후 활동 몇 가지를 진행했다. 모이는 사람은 아이 4명과 엄마 4명, 때로는 동생들까지 모여 10명이 되기도 했다.

처음 책 모임을 시작할 때는 '즐겁게 읽기'가 목표였다. 아이들이 책 읽고 누군가와 이야기 나누는 일을 자연스럽게, 기분 좋게 하길 바랐다. 아이들의 흥미를 끌만한 그림책을 골랐고, 아이들이 평소 즐기는 간식을 준비했다. 책 모임 전에 그림책을 읽어주다 어느 장면에 멈춰서 어떤 질문을 할까 정했다. 정한 질문을 보기 좋게 한 장에 정리해서 미리 공유했다. 모임 날에는 집에서 하던 것처럼 편안하게 책을 읽어주고, 아이들이 좋아할 만한 활동을 한 가지씩 했다. 클레이로 주인공 만들기, 책에 나오는 놀이 해보기, 노래 부르기, 역할 놀이하기 등. 아이와 집에서 했던 활동을 친구들과 함께 할 수 있게 준비했다. 활동 재료는 동생들 것까지 넉넉하게 마련했다.

초등 1학년 때는 엄마가 아직 아이에게 책을 읽어줄 때라서 내 아이의 독서 취향을 어느 정도 알고 있다. 아이들은 책 읽기를 긍정적으로 생각하고, 친구들과 정기적으로 만난다는 자체를 특별하게 여긴다. 책 모임을 시작하는 게 그리 어렵지 않다. 초등 고학년이나 중학생 이상은 아이가 '일단 한번 해볼까'하고 생각하는 데까지 시간이 오래 걸린다. 물론 아이가 어리면 부모 손이 많이 간다. 부모가 읽을 책과 활동을 준비하고, 아이 일정을 조율하고 챙겨야 한다. 그래도 아이가 무엇이든 좋게 읽고, 어떤 활동이든 즐겁게 하는 시기다. 아이들 마음이 열려 있으니 책 모임에서 무엇이든 할 수 있다. 저학년 시기에 책 모임을 시작하면 탄탄하게 오래 모임 할 가능성이 크다.

가보지 못한 길, 그러나 계속 가야 하는 길

올해 중학교 1학년이 된 작은아이 책 모임은 운영 방식에 변화를 주었다. 그동안은 매주 한 번 모였고, 아이들이 돌아가며 책 선정과 발제, 진행을 맡았다. 한 달에 한 번 정도는 내가 책을 정하고, 모임 진행도 했다. 아무래도 아이들이 책을 정하면 지적 자극을 주고 생각을 확장해 주는 책은 읽기 어렵다. 부모 관점에서 '아, 이 책은 지금 읽으면 딱 좋은데!' 하는 아쉬움이 생긴다. 그래서 한 번은 친구들과 자유롭게 읽고, 한 번은 엄마랑 조금 더 깊게 읽었다.

그런데 최근에는 기존 방식대로 모임을 진행하기가 어렵게 됐다. 중학생이 되니 매주 책 모임 하는 것도, 아이들이 직접 발제하는 것도 부담으로 다가온다. 매주 모임 하되 필수 모임과 자유 모임을 한 주씩 번갈아 운영하기로 했다. 필수 모임은 꼭 참여해야 하고, 아이들이 돌아가며 발제한다. 자유 모임은 상황에 따라 빠질 수 있고 발제 없이 그냥 읽은 소감 나누기만 한다. 그사이에 내가 진행하는 모임도 가끔 필수 모임으로 넣었다. 아이 책 모임은 계속 변화한다. 아이가 성장하고, 아이가 놓인 환경이 변하기 때문이다.

초등 1학년 아이들을 모아 책 모임을 만들어 놓고 어디로, 어떻게 가야 하는 건지 몰라서 좌충우돌했다. 난관에 부딪히고 해체 위기도 여러 번 겪었다. 하지만 일단 책 모임을 시작하니 그만둘 수 없었다. 책 모임 덕분에 아이가 책을 읽었다. 그냥 읽는 것이 아니라 놀이하듯 즐기며 읽었다. 아이는 그런 자신을 '읽는 사람'으로 여기며 자랑스러워한다. 아이가 모임에서 친구들과 책 이야기를 나누는 모습이 내겐 소중하다. 아이는 우정, 사랑, 공동체 등 가치 있는 생각을 말했다. "엄마, ○○는 생각이 깊어요." 하며 친구가 꺼내준 좋은 생각을 자기 안에 담았다. "엄마, 이 책은 읽기 어려웠지만 우리가 꼭 읽어야 하는 책 같아요."라며 깊이 있는 책 읽기로 스스로 나아갔다. 그런 아이 모습을 보는 게 좋아서 계속 모임했다.

책 모임 하며 자라 중학생이 된 두 아이를 보며 종종 생각한다. 아이가 고등학생이 되고, 성인이 되면 어떻게 될까? 그때도 우리는 책 모임을 하고 있을까? 아이들은 그때 어떤 책을 누구와 읽고 있을까? 지금 하는 아이 책 모임이 어떤 길로 이어질지, 마지막에는 어디에 도착할지 나는 모른다. 그저 지금 아이 손 잡고 걷는 게 좋고, 재미난 책과 책 친구들이 그 길에 함께 해주니 고맙다. 이렇게 걷다 보면 두 아이가 자기만의 길을 만들고, 그 길로 당당히 나아갈 수 있을 거라 믿는다. 나는 그런 아이들의 뒷모습을 보면서 힘껏 손 흔들어 줄 그 날을 기다린다.

④ 초등 1학년 책 모임

《책 읽는 도토리》

책 모임 이름 정하기

2015년에 작은아이 책 모임을 시작했다. 초등 1학년, 순수하고 사랑스러운 여자 아이 넷이 모였다. 책 모임을 꾸리고 가장 먼저 한 일은 모임 이름 정하기이다. 책 모임은 단순히 친구랑 만나 즐겁게 노는 모임이 아니다. 처음부터 '책 읽는 모임'이라는 걸 분명히 해야 한다. 책 모임에서는 책을 읽어야 하고, 책 이야기를 나눠야 한다. 이게 흔들리면 모임은 얼마 안 가서 흐지부지된다. 그렇게 되지 않으려면 일단 모임에 이름이 있어야 한다. 모임 이름을 정하면서 모임의 성격을 정리하고, 내가 책 모임의 일원이 됐다는 걸 확인하는 거다. 아이들은 책 모임 이름을 몇 가지씩 생각해왔다. 인터넷에서 순우리말을 검색해서 찾아온 아이도 있었고, '책'이란 말이 들어간 이름 여러 개

아이를 한 뼘 더 키우는 책 모임 이야기

를 정해온 아이도 있었다. 각자 찾아온 이름을 소개하고, 어떤 것이 마음에 드는지 골랐다.

우리가 선택한 모임 이름은 《책 읽는 도토리》이다. 아이들 키가 서로 비슷하기도 했고, 도토리가 참나무가 되듯이 책 읽으며 무럭무럭 자라자는 뜻을 담았다. 지금 생각해도 정겹고 좋은 이름이다. 모임 이름을 정하니 진짜 모임을 시작하는 기분이 들었다. 이후에도 아이 책 모임을 여러 개 만들었는데, 그때마다 가장 먼저 책 모임 이름을 정했다. 모임 이름 정하기는 구성원들이 '어떤 모임을 할 것인가'를 생각하게 하는 중요한 활동이다. 모임 이름 정하기를 통해 책 모임이 '그냥 노는 모임'이 아니라 '책을 읽어야 하는 모임'이며, 우리가 무척 귀한 일을 하게 될 거라는 메시지를 공유한다.

책 모임 횟수 세기

《책 읽는 도토리》를 시작하면서 모임 횟수를 세었다. 100회가 되는 날 작은 잔치를 하자고 약속했다. 사실 이제 1회 모임인데 언제 100회가 될까 까마득했다. 8살 아이들에게 모임을 100번 하는 시간은 가늠하기 어려운 긴 시간이다. 모임 횟수를 세면 쌓이는 시간을 눈으로 확인할 수 있을 거라 생각했다. 정해진 날, 정해진 시간에 모여서 꼬박꼬박 모임 횟수를 세었다. 아이들이 늘어나는 숫자를 확인하도록 모임 안내 글과 발제문에 '책 읽는 도토리 ○회'라고 적었다.

1회가 2회가 되고, 9회가 10회가 되고, 어느 순간 30회가 넘어갔다. 아이가 "엄마 우리 30번 넘게 모임 했어요!" 하고 놀랐다. 모아둔 발제문을 다시 꺼내 보고, 그동안 읽은 책 목록을 보며 어떤 책이 제일 재미있었는지 이야기했다.

　어떤 모임을 긴 기간 지속하는 건 어른인 내게도 무척 어려운 일이다. 집안 행사가 있거나 아이가 아프거나 해서 모임 참여가 어려운 날이 생긴다. 모이는 인원이 너무 적어서 '모임을 쉬어야 하나?' 하는 생각이 들 때가 많다. 하지만 적은 인원이 모이더라도 모임은 쉬지 않아야 한다. 휴가 기간이거나 모이는 날이 공휴일인 경우를 빼고는 약속한 날 반드시 모이는 걸 원칙으로 삼는다. 이렇게 해야 엄마도 아이도 모임을 소중히 생각하고, 되도록 모임을 빠지지 않으려 애쓴다. 《책 읽는 도토리》에서는 '두 명만 모이면 모임 한다.'고 약속했다. 그렇게 하니 오히려 모임 참석에 대한 부담이 줄었다. 어쩔 수 없는 일이 생겨 모임을 쉬어도 나 때문에 모임 못 하게 된다는 걱정을 하지 않아도 됐다. 다른 친구들에게 미안해하지 않아도 되니 마음이 편했다.

책 모임 50회, 100회 축하하기

　모임 횟수가 늘어날수록 책 모임은 아이의 자랑이 되었다. 아이는 "엄마, 다음 책이 뭐예요?", "이번에 책 읽는 도토리 10회지요?" 하며 챙겼다. 어느 날은 "우와, 벌써 40회예요." 하며 그동안 모임한 시간이 꽤 길다는 걸 깨닫고 놀랐다. "요즘 어떻게 지내?" 하고 누가 물으면 "책 모임 해요." 하고 먼저 말했고, "책 모임이 뭐야?" 하는 질문을 받으면 "친구들이랑 책 읽고 이야기 나누는 건데요……." 하며 한껏 뽐내며 답했다. 아이가 책 모임을 좋아하니 책 읽고 나누는 일이 저절로 됐다. 내가 책만 구해주면 아이는 스스로 읽었고, 혼자 읽기 어려운 책이면 "엄마 도와주세요." 했다. 그럼 나는 책을 여러 날로 나눠 읽게 도왔다.

엄마들은 '책 모임을 더 즐겁게 만들 방법이 없을까?' 궁리했다. 아무래도 아이들이 어리니 '책 모임에 오면 즐거운 일이 생긴다.'는 생각을 갖게 해주는 게 중요하다. 책 읽고, 서로 생각을 나누는 일 자체에 즐거움을 느끼게 될 때까지는 작은 성취를 맛보게 해주고, 책 읽으면 즐거운 일이 생기는 경험을 하게 해줘야 한다. 엄마들과 의논한 끝에 50회, 100회처럼 특별한 날에 축하 잔치를 벌이기로 했다. 어린아이들에게 100회는 너무 멀고 막연하니까 50회 잔치부터 했다. 50회 모임 날에 맛있는 간식을 나눠 먹고, 책 선물을 준비해 서로 나눠 가졌다. 50회 모임까지 대략 1년 반 정도가 걸렸다. 휴가 기간이거나 개인 사정으로 모임 쉰 날을 포함해서 그렇다. 어쨌든 1년 반 동안 엄마와 아이가 손잡고 책 이야기하러 다녔다. 꾀부리지 않고 성실하게 참여했다는 사실만으로도 충분히 기뻐할 만하다.

그렇게 계속 책이랑 친구랑 이야기하며 놀다 보니 《책 읽는 도토리》100회 모임 날이 다가왔다. 100이란 숫자가 주는 성취감은 기대 이상이었다. 아이들은 읽고 나누는 일을 게을리하지 않은 자신을 대단하게 생각했다. 아이는 어깨를 으쓱 올렸고, "엄마, 우리 100번이나 모였어요." 하고 힘주어 말했다. 아이들은 저희끼리 좋아서 어쩔 줄 몰라 했다. 엄마들은 보람을 느꼈고, 서로에게 고마워했다. 2년 넘는 시간 동안 돌아가며 읽을 책을 정하고, 나눌 질문을 고르고, 활동 준비물을 챙겼다. 모든 아이의 마음을 살피며 책을 읽어주고, 이야기를 귀 기울여 들었다. 더 잘 읽어주고, 더 잘 들으려고 애썼다. 혼자라면 할 수 없는 일이다. 함께 해준 엄마들, 함께 해준 친구들 덕분에 나와 아이가 행복한 경험을 많이 했다. 이제 더 이상 책 모임은 어쩌다 한 번 하는 이벤트가 아니었다. 밥 먹고 잠을 자듯이 당연하고 자연스러운 일상이었다.

케이크와 음식을 마련해서 100일 잔치를 했다. 노래를 부르고, 촛불을 함께 껐다. 모임 100회를 기념하며 책가방 만들기도 했다. 아이들은 무지 천 가방에 '책 읽는 도토리'를 써넣고, 그림을 그려 넣었다. 책 읽는 친구들 모습과 멋진 참나무가 된 모습을 그리고 "참나무가 될 때까지 책 모임 계속해요." 했다. 책 모임에 오거나 도서관 갈 때 책 담아 다닐 거라며 좋아했다. 이날 밤, 책 모임 밴드에 엄마들의 글이 올라왔다.

"도토리 모임을 통해 세상에서 가장 기분 좋은 가방 두 개가 생겼어요."
"내일 바로 학교 도서관에서 책 빌려 담아 오겠대요. 정말 좋아요."

아이를 한 뼘 더 키우는 책 모임 이야기

"도토리 모임은 생각을 공유하고 실천하면서 많은 일을 해내고 있는 것 같아요. 뿌듯합니다."

처음에는 아이 넷이 모임을 시작했는데, 이제 다섯이 되어 있었다. 어린 동생까지 와서 함께 활동할 때가 많으니 실제 모임 인원은 그 이상이다. 아이들이 어리다 보니 모임 할 때 예상치 못한 일이 생기곤 한다. 준비한 활동을 다 하지 못할 때도 있고, 어린 동생이 떼를 써 소란스러워질 때도 있다. 하지만 서로 불편해하지 않고 기다리고 이해해준다. 아이 키우는 엄마들이니 웬만한 건 다 그러려니 한다. 시간이 지나니 이렇게 언니, 형이 책 모임 하는 것을 보고 자란 동생들은 자연스레 책 모임을 하고 싶어 했다. 함께 읽고 나누는 일이 꽤 근사해 보였나 보다. 몇몇 엄마는 동생을 위해 책 모임을 따로 만들었다. 처음에는 아이 책 모임을 어떻게 하냐며 난감해하던 엄마들이 새로운 모임의 운영자가 됐다. 감사한 일이다.

이 무렵 찍은 사진 속 내 아이는 너무나 행복해 보인다. 세상 부러울 것 없는 표정이다. 모임에 가며 아이와 손잡고, 종알종알 책 애기 나누던 기억을 떠올릴 때마다 내 가슴이 따뜻하게 데워진다. "엄마, 나는 책 잘 읽어요.", "나는 책이 좋아요." 하던 아이의 들뜬 목소리가 아직도 생생하게 기억난다. 책 모임에서 읽은 책, 나눈 이야기뿐만 아니라 모임을 오가며 아이와 나눈 이야기들이 모두 소중하다. 책 모임은 아이에게 책을 읽히고, 뭔가를 가르치는 수업이 아니다. 읽고 나누며 성장하는, 즐거운 일상이다.

⑤ 엄마가 가진
가장 큰 재능, 사랑
『넉 점 반』

　　『넉 점 반』(윤석중, 창비)으로 책 모임 하던 날이 아직도 생생하게 기억난다. 새로 모임에 들어온 친구 엄마가 처음 진행하는 날이었다. 아이 6명이 거실 낮은 탁자에 옹기종기 모여 앉았다. 초등 2학년 여자아이 다섯에 남자아이 하나였다. 원목 탁자 위에는 『넉 점 반』 6권과 발제문, 꿀떡 한 접시와 잘 깎은 사과 한 접시가 놓여 있다. 탁자가 낮아 아이들은 바닥에 앉은 채로 책을 보고 있다. 탁자가 크지 않아 아이들 여섯 명에 엄마 한 명까지 둘러앉으니 빈틈이 없다.

아기가 아기가
가겟집에 가서
"영감님 영감님

아이를 한 뼘 더 키우는 책 모임 이야기

엄마가 시방

몇 시냐구요"

"넉 점 반이다."

"넉 점 반 넉 점 반"

책 읽어주는 엄마의 차분한 목소리가 거실을 채운다. 아이들의
작은 머리통이 일제히 책 읽어 주는 엄마를 향한다. 그림 하나, 낱
말 하나 놓칠까 봐 목을 죽 빼고 듣는다. 정지 장면인 양 아이들은
작은 움직임조차 없다. 나는 이 모습을 무척 감동적이고, 따뜻했던
순간으로 기억한다.

시 그림책 『넉 점 반』은 1940년에 쓰인 윤석중의 동시에 이영경
이 그림을 그린 책이다. 단발머리 여자아이가 엄마 심부름하러 집
에서 나온다. 집에 시계가 없어서 동네 가게에 가서 시간을 물어보
고 와야 한다. 그런데 아이는 해 저물 때가 되어서야 집으로 돌아온
다. 길에서 닭도 만나고, 개미도 만나고, 꽃도 보느라 시간 가는 줄
몰랐던 거다. 책에는 가르쳐주어야 할 교훈도 없고, 아이들 마음을
쏙 빼앗을 화려한 장치도 없다. 아이들은 매일같이 형형색색의 영
상과 꽝꽝 울리는 음악을 접한다. 이 책이 어떻게 아이들 마음에 가
닿을 수 있을까. 혼자 읽기에는 잔잔하고 좋은 책이지만, 이 책으로
어떻게 여럿이 이야기를 나눌 수 있을까? 교사인 나도 어려울 거라
생각했다. 하지만 괜한 걱정이었다.

진행을 맡은 엄마는 그저 내 아이에게 읽어주듯, 천천히 읽어주기만 하였다. 그 목소리가 너무 정겨워 곁에서 듣던 나도 숨죽이고 들었다. 아이들도 그랬다. 아이들은 엄마 목소리를 따라 책으로 들어갔다. 피리 부는 사나이를 따라 어디론가 떠났던 아이들처럼. 이야기를 놓칠까 봐 집중해서 그림을 살폈다. 어느새 아이들은 여자아이를 따라 동네를 구경하고 있었다. 여자아이를 따라 "넉 점 반, 넉 점 반" 외우고, 개미 행렬을 구경했다. 잠자리를 따라 한참 돌아다녔다. 아이들은 "얘는 언제 집에 갈 거지?" 하고 걱정하다가도, "저기 고양이 있다!" 하며 그림을 살피기 바쁘다. 세상에서 제일 재미있는 책을 보는 듯하다.

독서지도 관련 책에서 알려주는 거창한 이론이나 방법이 필요 없었다. 그저 엄마였기 때문에 가능한 일이었다. 엄마는 책을 읽어주며 자연스레 자기 아이를 떠올렸을 것이다. 길을 함께 걸을 때 앞만 보고 바쁘게 걷는 어른과 달리 아이 발걸음은 늘 더디다. 아이는 작은 개미 한 마리, 작은 들꽃 한 송이, 나뭇잎 끝에 매달린 빗방울 하나도 놓치지 않는다. 언젠가 함께 길을 걷던 아이가 갑자기 멈춰선 적이 있다. 아이가 가리키는 곳을 보니 아주 작은 달팽이 한 마리가 보였다. "엄마, 달팽이 여기 있으면 밟혀요." 하며 아이는 조심스레 달팽이를 풀숲에 옮겨 놓았다. 그 마음이 예뻐서 내 가슴 한쪽이 한참 얼얼했다.

그날 진행자였던 엄마도 고왔던 자기 아이 마음결을 떠올리며 읽었을 것이다. 그렇지 않고서야 『넉 점 반』을 그리도 따스하게, 깊게

아이를 한 뼘 더 키우는 책 모임 이야기

읽어 줄 수 없다. 아이 마음결을 온 힘을 기울여 살피는 사람. 그게 엄마다. 그런 엄마가 읽어주는 책은 특별하다. 아이들은 엄마가 나지막한 목소리로 천천히 읽어주는 이야기에 금세 젖어든다. 책을 다 읽고, 작은평화예술단이 만든 <넉 점 반> 노래를 함께 불렀다. 책 내용을 노랫말로 정리하고, 그것에 음을 붙인 노래다. "아기가 아기가 아랫집에 가서 영감님, 영감님, 엄마가 시방 몇 시냐고요~" 처음엔 어떤 곡인지 들어보고, 몇 번 더 따라 불렀다. 아이들이 흥에 겨워 몸을 들썩였다. '이보다 더 좋을 수 없다'고 생각했다.

모임 횟수가 늘수록 엄마들의 진행도 훨씬 매끄러워졌다. "아이코, 저는 잘 못 해요." 하던 엄마들이 숨겨둔 재능을 발휘하기 시작했다. 각자 좋아하는 것과 잘하는 것이 다르기 때문에 책 모임도 다양한 빛깔로 꾸릴 수 있었다. 과학을 좋아하는 엄마는 과학책을 함께 읽고, 아이들이 간단한 실험을 해보게 진행했다. 취미로 클래식 기타를 배우는 엄마는 아이들과 동요를 책 내용 담은 노랫말로 바꿔 불렀다. 나는 학교에서 아이들과 간단한 즉흥극 하는 걸 좋아한다. 책 모임에서도 옛이야기나 동화를 읽고 즉흥극, 핫시팅(주인공 인터뷰) 등 연극 활동을 했다.(물론 여러 가지 활동을 할 수 있다고 해서 항상 모임이 잘 되는 건 아니다. 꼭 새로운 활동을 매번 해야 하는 것도 아니다.)

《책 읽는 도토리》 엄마들은 아이들이 책과 즐겁게 만나도록 도왔다. 저마다 잘하는 것이 있어 모임이 풍성해졌다. 하지만 엄마가 가진 가장 큰 재능은 '사랑'이다. 이것만으로도 엄마는 훌륭한 책 길잡이가 된다. 『넉 점 반』 모임처럼 책 읽어주기와 간단한 감상 나누기만으로도 알차게 모임 할 수 있다. 엄마는 아이와 눈을 맞추고 아이 감정 읽는 것에 능하며, 아이가 알기 쉽게 말하는 법을 안다. 아이가 어릴 때 책을 읽어준 경험도 많기에 따뜻한 목소리로 책도 잘 읽어준다. '전문가처럼 잘할 수 없다'고 생각하지 않아도 된다. 내 아이가 좋아하는 책, 내 아이가 좋아하는 활동을 가장 잘 아는 사람은 엄마인 나다. 엄마는 이미 독서교육에 필요한 기본 자질을 갖추고 있다. 아이를 사랑한다는 것만으로 모든 걸 해낸다.

곰곰이 생각해보면 책 모임 하며 엄마인 나도 많이 변했다. 가장 큰 변화는 아이에게 일방적으로 지시하는 말을 줄이려 애쓰게 된 거다. 책 모임 할 때 아이가 제 이야기를 마음껏 꺼낼 수 있게 하려면 엄마인 내가 말을 줄여야 했다. 엄마가 말을 많이 쏟아내면 아이는 입을 다문다. 엄마는 들어야 한다. 아이 낯빛을 살피고, 아이 목소리에서 미묘한 떨림을 읽어야 한다. 책 모임 하며 엄마들은 아이를 위해 더 좋은 것이 무엇인지 늘 고민했다. 자신의 모습을 돌아보고, 엄마로서 부족한 모습을 발견하고 인정했다. 이 모든 게 아이를 '사랑하기 때문에' 가능한 일이다. 엄마의 가장 큰 재능은 사랑이다. 그러니 누구나 아이 책 모임 할 수 있다. 엄마니까, 엄마라서 오늘도 우리는 아이와 함께 조금씩 성장한다.

⑥ 몸으로 표현해 본 책

『화요일의 두꺼비』

"마지막에 워턴이 조지 구해주는 장면 어때?"

"좋아. 나도 그 장면이 가장 좋았어."

"영지가 워턴하고, 명진이가 조지하면 어때? 조지가 팔을 벌려서 날고, 워턴이 조지 등에 타는 걸 표현하는 거야."

"응, 좋아. 나는 기뻐하면서 박수 치는 쥐 할래. 팔을 이렇게 들고, 이쪽에 앉아서."

다섯 명의 아이가 머리를 맞대고 열띤 토론을 벌인다. 『화요일의 두꺼비』(러셀 에릭슨, 사계절)의 한 장면을 정지동작으로 표현하기 위해서다. 정지동작이란 표정이나 몸짓을 표현한 다음 얼음 조각처럼 멈추는 활동이다. 필요한 사물, 사람을 각자 나눠 맡고, 어느 위치에서 어떤 동작을 취할지 간단히 정한다. 각각의 연기자가 모여 전체적으로 하나의 장면이 완성되도록 표현한다. 각자 자기 위치에 서 있다가 진행자가 "하나, 둘, 셋, 얼음!" 하면 동작과 표정을 취하고 정지한다. 진행자가 신호할 때까지는 움직이지 않는다. 이때 진행자가 한 사람의 어깨에 손을 대고 "지금 어떤 생각을 하고 있나요?" 하고 묻고, 연기자는 자기 역할과 상황에 알맞은 말을 하기도 한다. 이 활동은 대사나 움직임을 미리 준비하지 않아도 되므로 부담이 없다.

초등 2학년 아이 다섯이 머리를 맞대고 이야기 나누는 모습을 보고 있자니 웃음이 났다. 고만고만한 아이들이 모여 어찌나 진지하게 대화를 나누는지! 아이들은 어떤 장면을 표현할지 고르면서 책이 준 감동을 되새기고, 역할을 고르면서 인물의 특징이나 마음을 살폈다. 각자의 위치와 동작을 정하기 위해 쉴 새 없이 말하고 들었다. '저렇게 해서 의견이 잘 모일까?' 싶지만 소란스러움 속에서 아이들은 어떻게든 의견을 모은다. 잘 들어보니 아이들은 친구의 마음을 살펴 제역할을 양보하거나 새로운 역할을 제안하기도 했다. 자기가 원하는 것을 솔직하게 말하지만 제 것만 고집하지 않았다. 하나의 장면을 함께 만들기 위해 애썼다.

《책 읽는 도토리》 아이들은 5학년이 될 때까지도 책 모임에서 연극 하는 걸 무척 좋아했다. 앉아서 책 이야기 나누다가 "몸으로 표현해볼까?" 하면 "와~" 하며 벌떡 일어섰다. 기회만 되면 연극 활동을 했는데, 그 중 가장 기억에 남는 건 『화요일의 두꺼비』이다. 『화요일의 두꺼비』는 두꺼비 워턴이 올빼미 조지에게 잡혀가고, 워턴과 조지가 한집에서 지내며 친구가 되어가는 과정을 다룬 이야기다. 글씨가 많은 편이지만 저학년 아이들이 읽기에 어렵지 않다. 글자 크기도 큼직하고 여백도 충분히 줬다. 김종도 작가가 그린 따뜻한 그림도 매력 있고, '우정'에 대한 이야기라 아이들이 좋아한다. 등장인물이 많지 않아 이해하기 쉽다. 무엇보다 주인공인 두꺼비 워턴과 올빼미 조지의 개성이 뚜렷하고, 말이나 행동이 유쾌하고 재미있다. 몸으로 표현하기 딱 좋다.

『화요일의 두꺼비』 읽고 연극하기

먼저 두꺼비 워턴과 올빼미 조지의 성격이 잘 드러나는 모습을 골라서 정지동작으로 표현했다. 진행자가 정해주는 인물의 특징을 잘 드러내는 동작을 취하고 정지하는 거다. 이 활동을 하려면 인물의 성격을 정리하고, 그것을 가장 잘 드러내 주는 동작을 정해야 한다. 내가 "워턴이 되어 보자! 하나, 둘, 셋!" 하고 외치니 거실 이곳저곳에 워턴 조각상이 생겼다. 아이들은 청소하는 워턴, 올빼미 집에서 탈출하려고 사다리를 만드는 워턴, 차 마시는 워턴을 표현했다. 워턴이 정리를 잘하고, 영리하며, 무모한 면이 있다는 것을 잘 찾아냈다. 이번에는 내가 "조지가 되어 봅시다. 하나, 둘, 셋!" 했는데, 아이들이 좀 어려워했다. 아마도 이야기를 주로 끌고 가는 인물이 워턴이라서 그런 것 같다. 그래도 아이들은 화를 잘 내고, 혼자 있기 좋아하며, 퉁명스러운 조지의 모습을 잘 살폈고, 각자 자기가 찾아낸 동작으로 표현했다.

다음으로 책에서 자기가 가장 좋아하는 장면을 골랐는데 아이마다 달랐다. 워턴과 조지가 만나는 장면, 사슴 쥐와 워턴이 조지를 구하러 가는 장면, 워턴과 조지가 오해를 풀고 함께 고모네로 날아가는 장면 등. 아이들이 고른 장면을 함께 보면서 이야기를 다시 살폈다. 왜 그 장면을 골랐는지도 돌아가며 이야기했다. 이때 아이들 이야기를 잘 들어보면 어떤 아이가 어떤 가치를 가장 중요하게 생각하는지, 책 읽을 때 어떤 부분에 집중하는지 알 수 있다. 특히 내 아이의 이야기를 듣다 보면 '아, 이 아이가 이런 걸 중요하게 생각하는구나.', '이 녀석이 언제 이렇게 자랐지.' 하고 깨달으면서 코끝이 찡해지는 순간도 자주 경험한다. 그 순간 나는 내 아이에 대해 조금 더 깊게 알아간다.

마지막으로 아이들이 가장 좋아하는 장면을 고르고 정지동작으로 나타내어 보기로 했다. "장면을 정하고, 정지동작으로 표현해볼까?" 하니 아이들은 신이 나서 작은 방으로 들어간다. 금세 작은 방은 연습실, 거실은 무대로 바뀐다. 닫힌 문 너머로 속닥속닥, 우당탕탕 소리가 삐져나온다. 가끔 "야~ 네 맘대로 하면 어떻게 해." 하는 높은 목소리도 들린다. 혹시 싸움이라도 나면 어쩌나 싶다. 하지만 곧 "그럼 이렇게 하면 어때?" 하고 누군가 제안하는 소리가 들린다. 아이들은 그렇게 한참을 이야기 나누고 연습했다. 잠시 후 방에서 나온 아이들이 장면을 표현했는데, 엄마들 모두 손뼉 치며 까르르 웃었다. 아이들은 이야기의 마지막 장면을 골랐다. 두꺼비 워턴과 올빼미 조지가 오해를 풀고, 함께 툴리아의 고모 집으로 출발하는 장면이다.

아이를 한 뼘 더 키우는 책 모임 이야기

한 아이가 허리를 굽히고 양팔을 활짝 벌려 날아가는 조지를 표현했고, 워턴을 맡은 아이는 조지의 등에 기대어 행복한 표정을 지었다. 나머지 아이들은 맞은편에 앉아 손을 흔들며 환호한다.

아이들은 지금 어떤 생각을 하고 있을까 궁금했다. "자, 엄마가 어깨에 손을 대면 지금 생각이나 느낌을 말해 줘."라고 말한 뒤 아이들 어깨에 차례로 손을 댔다. 마치 조각상을 살아나게 하는 마법을 부리듯 우아한 동작으로 움직였다. 아이들은 "얘들아, 고마워.", "조지, 얼른 툴리아 고모네로 출발하자.", "워턴 잘 다녀와. 다음에 같이 놀자."며 실감 나게 말했다. 의상이나 소품은 하나도 없지만, 아이들의 상상력만으로 멋진 연극이 완성됐다. 거실은 흰 눈으로 덮인 언덕이 되고, 아이들은 조지가, 워턴이, 그들의 친구가 되어 말하고 움직였다. 이야기 속 인물이 된 듯 신나고 즐거워했다. 누가 더 중요하고, 누가 더 잘하는 게 아니라 모두가 중요하고, 모두가 잘했다. 내 아이가 친구들과 마음 모아 멋진 장면을 완성하고, 행복해하는 모습을 볼 수 있어 감사했다.

문학 작품을 읽고 감상을 나눌 때는 연극을 하면 좋다. '만약 ~ 라면'이라는 가상 상황 속에서 아이들은 자신이 이해하고 느낀 것을 자유롭게 표현할 수 있다. 아이들과 연극을 하는데 특별히 전문적인 기술이 필요하지는 않다. 저학년 아이들은 '만약에'라는 마법의 말만 던져주면 금방 가상 세계로 뛰어들기 때문이다. 하지만 학교에서는 여러 가지 사정으로 아이들과 연극하는 게 쉽지 않다. 많은 아이들이 저마다의 생각과 감정을 자유롭게 꺼내놓도록 분위기를 만들고, 협

업하는 훈련을 하고, 몸으로 표현하는 것을 익히는 데까지 오랜 시간과 노력이 필요하다. 무엇보다 아이들이 자기 생각과 느낌을 편안하게 꺼내놓을 수 있는 분위기를 마련하는 게 가장 어렵다. 아이들은 틀리거나 실수해서 좋지 않은 평가를 받거나 놀림당할까 봐 마음껏 표현하지 못한다.

반면 책 모임에서는 연극하기가 수월하다. 누구나, 무엇이든 말하고 표현해도 안전한 공간이기 때문이다. 책 모임에서는 아이들이 생각과 느낌을 최대한 많이 쏟아내게 하려다 보니 자연히 '정답 찾기'에서 멀어졌다. "맞았어.", "틀렸어."가 아니라 "그랬구나.", "그럴 수도 있지." 하는 수용의 언어를 많이 사용했다. 나와 다른 생각과 느낌을 만나는 재미를 알게 되니 듣는 자세도 좋아졌다. 아이들은 말하는 친구의 표정을 살피며, 고개를 끄덕이며 잘 들었다. 이렇게 잘 들어주니 더 잘 말할 수 있게 됐다. 교실에서는 발표하지 않는 아이도 책 모임에서는 제 목소리를 냈다. 때로 친구들이 생각하지 못한 의견을 내어 박수도 받았다.

책 모임에서는 아이들과 여러 가지 활동을 제약 없이 해볼 수 있다. 당시 작은아이는 몸을 움직여 표현하는 걸 좋아했다. 틈만 나면 어른들 몸짓이나 이야기 속 인물의 말과 행동을 흉내 내며 놀았다. 그래서 모임에서도 책 읽고 몸으로 하는 활동을 자주 했다. 내가 연극 전문가는 아닌지라 진행도 서툴렀고, 아이들이 그럴싸한 연극을 완성하지도 못했다. 하지만 아이들은 능숙하게 거실 한쪽에 가상 세계를 만들어내고, 책 속 인물이 되어 말하고 행동했다. 책 모임이 주는 힘은 생각보다 크다. 혼자라면 할 수 없는 것도 함께라면 할 수 있다. 좀 더 재미나게, 엉뚱하게 책을 읽어보는 게 가능하다. 친구들과 몸으로 표현하며 읽은 책은 '최고의 책'이자 '특별한 책'이 된다. 모임 마치고 아이와 손잡고 집으로 돌아오는 길, "엄마, 오늘 책 모임 진짜 재미있었어요." 하던 아이 표정이 떠오른다. 그 표정에는 '책 좋아하는 아이'만이 아는 기쁨과 충만함이 드러났다. 우리 연극은 언제나 대성공이었다.

⑦ 책 모임의 주인은 아이

『으악, 도깨비다!』

어떤 책을, 어떻게 읽지?

초등 저학년 아이들은 언제든, 무엇이든 즐겁게 표현할 준비가 되어 있다. 몸과 마음이 열려 있다. 아이가 자랄수록 안타깝게도 '책은 지루한 것', '독서토론은 말 잘하는 사람만 하는 것'이라는 생각을 갖기 쉽다. 초등 저학년 아이들은 재미있는 책과 좋은 친구, 그리고 즐거운 활동이 마련되면 금방 책 모임에 마음을 연다. 책을 평생 함께 할 친구로 기꺼이 받아들인다. 모임을 일정 기간 계속하면 책 읽는 습관을 갖게 되고, 말하고 듣는 일에도 능숙해진다. 아이 책 모임을 시작하려니 방법을 몰라 막막하다는 이야기를 많이 듣는다. 함께 책 읽을 친구를 구했어도 어떤 책을, 어떻게 읽어야 할지 고민이라고 한다. 사실 좋은 어린이 책 목록 구하기는 어렵지 않다. 요즘은 여러 서

아이를 한 뼘 더 키우는 책 모임 이야기

점이나 단체에서 다양한 책 목록을 제공한다. 하지만 그 많은 책을 모두 구해 읽을 수도 없고, 아이들이 그 책을 좋아할지도 장담하기 어렵다. 이럴 때는 '우리 아이가 좋아하는 책'으로 시작하자. 집에서 아이와 재미있게 읽었던 책, 아이가 좋아해서 자주 읽는 책이면 된다. 우리 아이가 좋아하는 책은 엄마인 나도 좋아하는 책이다. 책 내용을 훤히 알고 아이가 어떤 장면에서 웃음을 터뜨렸는지도 안다. 이런 책으로 정하면, 발제와 진행하는데 부담이 좀 덜하다.

우리 아이가 좋아하는 책, 『으악, 도깨비다!』

《책 읽는 도토리》 7회 모임에서 함께 읽은 책은 『으악, 도깨비다!』 (손정원, 느림보)이다. 당시 초등 1학년이던 작은아이가 좋아한 책이다. 작가는 장승마을이라는 가상공간에서 일어나는 소동을 입말로 들려준다. 장승이 사람처럼 살아 움직이는데, 장승마다 성격과 생김새가 다르다. 멋쟁이, 뻐덩니, 짱구, 퉁눈이 등 장승 이름에 인물의 특징이 드러나 있다. 그림에서 각각의 장승을 찾아보는 재미도 있다. 이야기를 읽다 보면 친구, 우정, 전통 등에 대해 자연스럽게 생각해보게 되니 친구들과 함께 읽어도 좋다.

"이 책 어때?" 하니 아이는 "아, 이거 진짜 재미있어요. 친구들도 좋아할 거예요." 했다. 한껏 들떠 "나는 어떤 장승일까요?", "○○는 음악가 장승이에요. 노래를 잘해요.", "엄마, 우리 연극할까요?" 하며 말을 쏟아냈다. 그래, 이 책이면 되겠구나 싶었다.

읽을 책을 정했다면 아이들과 나눌 이야기를 골라 질문으로 만든다. 이때도 내 아이를 먼저 생각하면 좋다. 책을 읽어줄 때 아이가 오래 머물렀던 장면에 포스트잇을 붙이고, 아이와 주고받았던 말을 종이에 적는다. 아이와 함께 책을 다시 읽어가며 아이 말과 반응을 주의 깊게 살핀다. 질문을 만들 때 아이 생각을 물어보면 좋다.

"친구들에게 어떤 질문을 해볼까?", "어떤 이야기 나누고 싶어?" 하면 아이가 제법 근사한 질문을 툭 꺼내기도 한다. 자기가 만든 질문으로 모임 하면 자기가 중요한 인물이 된 듯 뿌듯해한다. 저학년 책 모임을 위한 질문은 5개 정도면 충분하다. 초등학교 수업 시간에 맞춰 40분 정도 모임 하는데, 질문 5개와 활동 1개 정도이면 맞춤하다. 막상 모임 해보면 아이들이 하려는 말이 너무 많아서 정해진 시간을 훌쩍 넘기기 일쑤다. 뭐든 정해진 답은 없다는 마음으로 편하게 하면 된다.

모임을 준비하며 『으악, 도깨비다!』를 아이와 다시 읽고, 질문을 함께 만들었다. 활동을 정할 때도 '내 아이가 좋아하는 것이 무엇일까?' 먼저 생각했다. 저학년 아이들은 찰흙이나 클레이를 조물거리며 만드는 걸 좋아한다. 우리 아이도 그랬다. 말랑말랑한 클레이로 동물, 음식, 모양을 만드느라 시간 가는 줄 몰랐다. 마침 책에 나오는 장승 그림을 아이가 좋아했다. 장승의 성격과 특징을 잘 살린 그림이 큰 재미를 주는 책이다. 클레이로 장승 만들기를 하면 좋겠다는 생각을 했다. "장승 만들기 할까?" 하니 아이 얼굴이 환해진다. 아이와 손 잡고 문구점에 갔다. 친구들과 나눠 쓸 클레이를 고르면서 "어떤 색이 필요할까?", "어떤 장승을 만들고 싶어?" 하고 아이에게 물었다. 아이는 신중하게 클레이 색을 고르고, 모임에서 어떤 장승을 만들까 진지하게 고민했다.

1.『으악, 도깨비다!』를 재미있게 읽었나요? 나만의 별점주기를 해보고, 그 이유를 말해보세요.

별점	☆ ☆ ☆ ☆ ☆
이유	

2. 가장 마음에 드는 장면이나 기억에 남는 장면을 골라보고, 그 이유를 말해보세요.

3. 장승마을에는 서로 다른 특징을 가진 장승 친구들이 함께 살아요. 장승 친구들은 생김새도 성격도 다르지요. 어떤 장승이 가장 마음에 드나요? 왜 그런가요?

키다리, 짱구, 멋쟁이, 퉁눈이, 뻐덩니, 주먹코

4. 움직일 수 없게 된 멋쟁이를 사람들이 데려갔어요. 친구들은 멋쟁이를 데리러갈지 말지 생각이 달라 다투었어요. 내가 장승 친구라면 어떻게 할까요?

> 뻐덩니 : "빨리 도망가자! 안 그러면 우리도 멋쟁이처럼 잡혀갈 거야."
> 퉁눈이 : "그럼 멋쟁이를 그냥 내버려 두자는 말이야?"
> 뻐덩니 : "없어진 멋쟁이를 어디서 찾겠니? 그러다 우리도 잡혀가면 어떡해?"
> 퉁눈이 : "안 돼! 멋쟁이를 놔두고 이렇게 도망칠 순 없어!"

① 구하러 간다.　　　② 구하러 안 간다.

5. 장승들은 도둑을 물리치고 멋쟁이를 구해냈어요. 친구들이 힘을 모아 멋쟁이를 장승마을로 옮겼지요. 이때 멋쟁이 장승은 어떤 생각을 했을까요? 다른 장승 친구들은 어떤 마음이 들었을까요?

6. 『으악, 도깨비다!』를 추천해주고 싶은 친구가 있나요. 어떤 친구가 읽으면 좋을까요.

7. 나만의 장승 만들기 - 클레이로 장승을 만들고, 이름을 붙여봅시다.
(완성 후 발표)

내 아이가 책 모임의 주인

이렇게 책 모임을 준비하는 과정도 엄마와 아이에게 소중한 시간이다. 엄마는 '내 아이가 좋아하는 것'을 알기 위해 아이에게 집중한다. 아이 생각이 무엇인지, 아이는 어떻게 느끼는지 더 잘 알고 싶기 때문이다. 이렇게 고른 책과 질문은 엄마만의 것이 아니다. 엄마와 아이가 함께 만든, 우리의 작품이 된다. 모임 날이 가까워지니 아이는 스스로 책과 발제문을, 클레이와 간식을 챙겼다. 이건 누구 것이고, 저건 누구 것이고 하며 세심하게 살폈다. 모임 날에는 아이와 함께 만든 질문으로 이야기 나누고, 클레이로 장승도 만들었다. 모임을 엄마가 진행하니 아이 어깨에 힘이 잔뜩 들어갔다. 아이는 다른 날과 달랐다. 손을 힘차게 들었고, 발표하고 싶어 엉덩이를 들썩거렸다. '엄마, 이거 나 잘해요. 알지요?' 하는 표정으로. 친구들이 활동을 잘 이해하지 못하면 얼른 가서 도왔다. 그 모습이 마치 자기 집에 손님을 초대한 주인처럼 상냥하면서도 당당했다.

모임 마치고 집으로 돌아오는 길, 아이가 나를 향해 엄지를 척 들어 보인다. "엄마, 최고!" 한다. 모임이 얼마나 잘 되었는지, 자기가 얼마나 즐거웠는지 종알종알 이야기한다. 엄마가 자랑스럽단다. 이런 아이 모습을 보면서 나는 책 모임이 학교나 학원의 독서 수업과 다르다는 걸 깨달았다. 학교나 학원에서는 읽을 책도, 나눌 이야기도 어른이 정한다. 좋은 책을 훌륭한 방법으로 읽어낸다 하더라도 아이가 스스로 뭔가 해냈다는 즐거움을 얻긴 힘들다. 딱 어른이 주는 만큼만 아이들이 배운다. 하지만 책 모임에서는 아이가 주인이다. 아이가 좋아하는 책을, 아이가 좋아하는 방법으로 읽는다. 좋아하니 더 잘 읽고, 더 많이 읽는다. 친구들과 책을 재미있게 읽었다고 좋아하는 딸을 보니 나도 참 좋았다. "내 딸 최고!"하고 아이를 향해 엄지를 척 올려 내밀었다. 이날 우리는 '최고' 모녀였고, 최고로 행복했다.

⑧ 아이 속마음 엿보기

『눈물바다』

《책 읽는 도토리》 12회 모임 책은 『눈물바다』(서현, 사계절)이다. 모임을 시작한 지 3개월 정도 지났고, 아이들도 모임 하는 데 어느 정도 적응했다. 모임 하는 시간이 되자 아이들이 탁자 주위에 둘러앉아 책 읽을 준비를 했다. 엄마가 책을 펼쳐 드니 아이들은 해바라기처럼 책을 향해 움직였다. 엄마 목소리가 낮아지면 움직임을 멈추고 귀를 기울였다. 작은 그림 하나, 이야기 한 자락 놓칠까 봐 잔뜩 집중했다. 흥미진진한 장면이 나오면 곁에 앉은 친구 얼굴을 살폈다. '금방 너도 봤어?' 하는 표정으로. 집에서 많이 본 책이어도 모임에서 함께 읽으면 더 좋아했다. 엄마가 책 읽는 소리에 친구 웃음소리가 섞이면 책이 더 맛있어지는 법이다. 이 무렵 아이는 책 모임에서 읽는 책이라면 뭐든 좋아했다.

『눈물바다』에 담긴 이야기는 어찌 보면 단순하다. 학교에서도, 집에서도 마음대로 되는 일이 하나도 없는 아이가 한바탕 울고 난 후에 "아, 시원하다." 한다. 슬픔이란 주제를 유쾌하게 풀어냈다. 글도 적고, 그림도 추상적이지 않아 이해하기 쉽다. 서현 작가는 인물의 개성을 잘 살려 위트 있게 그려낸다. 그림만 봐도 아이들이 좋아한다. 하지만 모임에서 나눌 이야기는 많지 않을 것 같았다. 비교적 안정된 환경에서 자라는 초등 1학년 아이들이 슬픔을 알까, 그림 속 아이처럼 실컷 울고 시원해져 본 경험이 있을까. 아이들이 할 말이 없어 입을 꼭 다물면 어쩌나 싶었다. 아이들 사이에 정적이 흐른다면 그날 모임은 실패할 확률이 높다.

하지만 모임 시작부터 아이들은 할 말이 아주 많았다. 그림을 보며 "우와, 여자아이 얼굴이 배추야.", "엄마, 아빠는 공룡이네!" 하며 말을 쏟아냈다. 책 읽어주며 잠시 멈출 때마다 아이들은 "나도 이런 적 있어!", "나도 어제 울었는데…." 했다. 자기 이야기를 하는데 거리낌이 없다. 정답을 말해야 한다는 강박에서 자유롭고, 주변 사람의 눈치를 덜 보기 때문이다. 더군다나 '무슨 말이든 할 수 있는' 책 모임이다. 아이들은 신이 나서, 거침없이 이야기한다. 물론 아이들이 제멋대로 이야기하도록 마냥 내버려 두지는 않는다. 진행자가 "자, 이번에는 ○○의 이야기를 들어보자.", "말하고 싶은 사람은 손을 들어요." 하고 규칙을 알려준다.

아이 속마음 엿보기

책을 다 읽고, "너도 이 아이처럼 어른들께 억울하게 혼나본 적 있니?", "눈물바다가 될 만큼 많이 울어 본 적 있니?"라고 물으니 아이들이 봇물 터지듯 말을 쏟아낸다. 엄마와 아빠가 싸우는 모습을 보며 무서웠던 일을 생생하게 떠올리고, 엄마나 선생님께 억울하게 혼났던 일을 있는 그대로 말했다. 할 말이 없으면 어쩌나 생각한 건 기우였다. "엄마도 맨날 까먹으면서 내가 뭘 안 챙기면 막 혼내요.", "엄마랑 아빠랑 싸워서 TV가 깨졌어요." 아이들은 꾹꾹 눌러둔 속 얘기를 끝도 없이 꺼내놓았다. 덕분에 지켜보던 엄마들은 얼굴이 붉으락푸르락했다. 나 역시 그랬다. "엄마는 내 말을 들어보지도 않고 혼내요." 하는 말에 얼굴이 화끈 달아오르고, 손에 땀이 났다. '제발 이제 그만……' 하고 속으로 몇 번을 말했는지 모른다. 아이는 엄마 눈치를 살피는 듯했지만 결국 할 말을 다 해버렸다. "엄마가 무서워요." 했다.

나는 아이를 반듯하게 키우고 싶었다. 엄마가 교사니까 아이는 인성도, 생활 태도도 훌륭해야 한다고 생각했다. 예의가 바른 아이, 타인을 배려하는 아이, 정리정돈을 잘하는 아이. 그런 아이로 키우기 위해 나는 엄한 엄마가 됐다. "~해야 해.", "~하면 안 돼."라는 말이 늘 앞섰다. "너는 어떻게 생각해?", "너는 뭘 하고 싶어?" 하고 묻지 않았다. 그런데 책 모임에서 아이가 '그런 엄마가 무섭다.'고, '엄마가 자기 얘기는 듣지 않고 혼만 낸다.'고 속마음을 꺼내놓았다. 나는 공개된 자리에서 엄마 흉보는 아이한테 화가 났다. 집에 가자마자 혼내야겠다는 생각도 했다. 하지만 곧 그런 생각은 눈 녹듯이 사라졌다. 아이가 제 맘을 드러내고는 시원해하는 모습이 눈에 들어왔기 때문이다. 친구들이 "나도 그래.", "맞아, 맞아. 엄마들은 다 그래." 하고 맞장구쳐주니 아이는 신이 났다. 아이는 말을 다 끝내고 화사하게 웃었다.

슬픔이란 감정은 나쁘고, 숨겨야 하는 걸까?

진행자가 "슬픔이란 감정은 나쁘고, 숨겨야 하는 걸까?" 물으니 아이들은 고개를 절레절레 흔들었다. "자기만의 방법으로 표현해야 해요.", "노래를 부르면 돼요.", "그림을 그려요."라고 말했다. 어른도 잘 모르는 걸 아이들은 잘 알고 있었다. 속상한 마음을 숨기려고 하지 말고, 잘 꺼내어 다독이면 된다 했다. 나누는 이야기를 들으며 내가 어떤 엄마였는지 돌아보았다. 나는 '아이는 내 얼굴'이라며 내가 원하는 모습으로 다듬어 키우는 데 집중했다. 아이 마음이 어떤지, 아이가 뭘 원하는지 살피지 않았다. 그렇게 키운 내 아이는 남 보기에 예의 바른 아이였다. 하지만 마트에 가서 "엄마, 나 이거 먹고 싶어요."도 말하지 못했다. 엄마 눈치 보느라 잔뜩 움츠린 아이 어깨가 떠올랐다. 그동안 아이 마음을 살피지 못한 게 미안했다.

'내가 슬플 때 우리 엄마가 어떻게 해주면 좋은가?'라는 질문에 아이들은 "안아주세요.", "위로해주세요.", "그냥 혼자 있게 해주세요." 했다. 아이마다 원하는 게 달랐다. 아이들은 서로의 이야기에 크게 공감하는 모습을 보여줬다. 고개를 끄덕이고, "나도 그래!" 하며 손뼉을 짝 쳤다. 내 아이의 목소리는 점점 커졌다. 지켜보는 엄마의 존재를 잊은 듯하다. 편안한 표정에 생기가 돈다. 자기 감정을 그대로 내보이고 친구들에게 수용 받는 순간, 아이는 무척 행복해 보였다. 책모임은 이런 순간을 아이에게 자주 선물한다. 책 속 인물의 이야기가 내 이야기가 되면, 아이는 자기 마음을 자세히 들여다본다. 책에 기대어 자기 마음을 슬쩍 꺼내 보인다. 아이들은 "나도 그래."라는 한마디로 친구에게 공감한다. "맞아. 그럴 수 있지." 하며 친구 마음을 알아준다.

잘 들어주기, 듣고도 모른 척 하기

책 모임은 아이에게 안전하다. 아이가 생각이나 느낌을 꾸미지 않고, 눈치 보지 않고 말해도 된다. 안전하고 따스한 공간이다. 책 모임을 이런 공간으로 만들기 위해서 부모는 눈에 보이지 않는 수고를 한다. 아이의 경험이나 감정과 맞닿아 있는 책을 고르고, 아이가 할 말이 많은 주제를 정해 질문을 만든다. 편안한 장소와 맛있는 간식을 준비한다. 뿐만 아니라 읽을 책 빨리 구해주기, 아이가 읽고 싶도록 격려하기, 모임에 즐거운 마음으로 갈 수 있게 돕기 등 신경 쓸 일이 많다. 다행히도 책 모임 경험이 쌓이면 이 모든 게 수월해진다. 책 모임은 수고롭고 귀찮은 일이 아니다. 몇 달만 꾸준히 하면 의무감에 하는 일이 아니라 좋아서 하는 일, 자연스러운 일상이 된다. 또한 부모가 책 모임에 들이는 시간이나 에너지도 점차 줄어든다.

그렇지만 부모가 오랫동안 특별히 의식하며, 신경 써서 해야 할 일이 있다. 바로 '잘 들어주기'와 '들어도 못 들은 척하기'이다. 부모는 자기 말을 하는 데 익숙하다. 아이 말을 처음부터 끝까지 주의 깊게 듣지 못한다. 책 모임에서는 아이들이 거침없이 말할 수 있도록 어른이 잘 들어줘야 한다. "아, 그렇게 생각했구나." 하고 공감해주고, "멋진 생각이야." 하고 격려해주자. "○○는 ~하다는 생각이고, ○○는 ~라고 생각했구나." 하고 아이 말을 정리해주면 더욱 좋다.

때로는 '들어도 못 들은 척' 해야 하는데 이게 참 어렵다. 슬쩍 엿들은 아이 말이 마음에 걸려 따져 묻고 싶어질 때가 많다. 하지만 꾹 참아야 한다. "너 아까 이런 말 하던데? 왜 그랬어?" 하고 묻는 건 절대 해서는 안 될 일이다. 기억하자. 아이가 편하게 말하게 해주는 게 제일 중요하다.

아이 속마음 엿보기의 소중함

책 모임이 안전하다 생각되니 아이들이 제 이야기를 마음껏 했다. 진행하지 않는 엄마들은 아이들과 조금 떨어져 앉아서 이야기를 슬쩍 엿들었다. 그러다 몰랐던 아이 속마음을 알게 되면 흠칫 놀랐다. 처음에는 당황했지만, 차츰 익숙해졌다. 우리 아이가 제 생각이나 느낌을 속 시원하게 말할 수 있어 좋다고 했다. "그때 일을 아직도 기억하는 줄 몰랐어요.", "이렇게라도 아이가 자기 마음을 얘기할 수 있어서 다행이에요." 했다. '책 모임에서 아이 속마음 엿보기'는 내가 아이 책 모임을 소중하게 여기는 이유 중 하나다. 나는 융통성 없고 완고한 엄마였다. 아이 감정 살피기에 무심했다. 그런 내가 책 모임을 통해 아이 마음을 엿보며 조금씩 달라졌다. 아이 생각과 감정을 알아갔고, 시시각각 변하는 아이 마음을 더 잘 알고 싶어졌다. 덕분에 이제는 아이와 눈 맞추고, "네 생각은 어때?, "너는 어떻게 하고 싶어?" 하고 물으려 노력한다.(지금도 애쓰고 있고, 더 많이 애써야 한다.)

『눈물바다』를 읽으며, 아이는 친구들과 '슬픔'에 대해 실컷 이야기했다. 초등 1학년 아이들이 느끼는 슬픔은 어떤 것인지, 아이들은 슬픔을 어떻게 달래는지 도란도란 나눴다. 이 책으로 할 이야기가 없을 거라는 내 생각은 틀렸다. 아이 책 모임에 어른이 보기에 그럴싸한 주제나 이야기가 꼭 있어야 하는 건 아니다. 아이들이 제 마음을 편안하게 꺼내놓는 것만으로도 충분하다. 엄마 기대에 맞추느라 '착한 아이'가 되어야 하는 내 아이에게 이런 책 모임은 더욱 소중하다. 그림책 속 아이는 실컷 울고 "아, 시원해!" 했고, 내 아이는 자기 이야기를 실컷 하고는 "아, 시원하다." 했다. 그런 아이를 보며 나는

'아이에게도 실컷 울고 싶은 날이 있구나.' 하고 깨달았다. 모임 마치고 집으로 가는 길에 아이를 꼭 안아줬다. 다른 날보다 더 힘주어 안았다.

9 엄마가 해주고 싶은 말

『그레이스는 놀라워!』

어떤 한 장면이, 어떤 문장이 오래도록 잊히지 않는 책이 있다. 『그레이스는 놀라워!』(메리 호프만, 시공주니어)가 그런 책이다. 책 제목만 봐도 연두색 옷을 입은 피터팬이 두 눈을 감고 이제 막 하늘로 날아오르는 모습이 떠오른다. 그런데 조금 특별한 피터팬이다. 하얀 피부에 금발을 한 소년이 아니라 검은 피부에 곱슬머리를 가진 소녀 피터팬이기 때문이다. 이 소녀의 이름은 그레이스다. 그레이스의 빛나는 얼굴, 쫙 펴진 어깨, 우아하게 뻗은 손. 자기가 정말 좋아하는 일을 멋지게 해낸 사람의 행복한 모습이다. 나는 이 장면을 떠올릴 때마다 가슴이 벅차오른다.

아이를 한 뼘 더 키우는 책 모임 이야기

검은 피부, 곱슬머리의 소녀 피터팬! 그.레.이.스

그레이스는 이야기를 연극으로 꾸미는 걸 좋아한다. 학교에서 '피터팬' 공연을 하기 위해 배역을 정하는데 그레이스는 피터팬 역에 도전한다. 하지만 친구들은 그레이스가 여자라서, 흑인이라서 피터팬 역을 맡을 수 없다고 한다. 시무룩해져 집으로 돌아온 그레이스. 할머니는 흑인 발레리나의 공연에 그녀를 데려간다. "네가 원하는 건 뭐든지 될 수가 있어. 네가 마음만 먹는다면 말이야."라고 말해준다. 덕분에 그레이스는 용기를 내어 연기 심사에 도전한다. 당당히 실력을 발휘해 피터팬 역에 뽑히고, 공연을 멋지게 해낸다. 그레이스의 꿈을 지지하고, 꿈을 이룰 용기를 준 할머니 덕분이다.

"네가 원하는 건 뭐든지 될 수가 있어. 네가 마음만 먹는다면 말이야." 할머니의 이 말이 그레이스를 일으켜 세웠다. 우리 아이가 현실의 장벽에 맞서야 할 때, 자신이 무엇을 할 수 있을지 몰라 좌절할 때. 가슴에 이런 말을 품고 있다면 얼마나 힘이 될까. 그레이스가 마침내 피터팬이 되어 무대 위를 훨훨 나는 장면을 떠올린다면 두 주먹 불끈 쥐며 용기를 낼 수 있지 않을까. 이런 생각에 모임 할 책으로 『그레이스는 놀라워!』를 골랐다. 그저 인종차별에 대한 이야기가 아니라 자신 안의 가능성을 발견하고, '너는 이래서 안 돼!'라는 부정적인 생각에 맞서는 '용기'에 대한 이야기로 읽고 싶었다.

책 읽는 도토리가 읽은 『그레이스는 놀라워!』

책 모임에서는 첫 활동으로 별점 주기를 자주 한다. 다짜고짜 "이 책 어땠어?" 하고 물으면 아이들이 소감을 말하기 어려워한다. "책이 얼마나 마음에 들었는지 별로 나타내 볼까? 별 다섯 개면 진짜, 최고 좋았다는 거야." 하고 별점 주기로 시작한다. 적당한 별 개수를 헤아리면서 책을 어떻게 읽었는지 생각해본다. "왜 별을 그렇게 줬을까?"에 답하다 보면 책 읽은 소감 말하기가 조금 수월해진다. 본격적으로 이야기를 나누기 전에 마음을 열고, 입을 여는 일종의 몸풀기다.(입풀기라고 해야 할까?) 아이들이 모임에 익숙해지면 별점 주기 없이도 책 읽은 소감을 잘 말한다. 별점을 주더라도 좀 더 객관적으로 책을 평가하고, 꽤 근사한 소감을 덧붙인다.

『그레이스는 놀라워!』는 아이들 대부분이 별 다섯 개를 줬다. 우리 아이는 별 다섯 개도 모자란다며 별을 더 그려 넣어 열다섯 개의 별을 그렸다. 아이들은 "그레이스가 마음에 들어요.", "마음먹은 대로 해내는 게 좋아요.", "재미있어요."라고 했다. 이럴 줄 알았다. 그레이스라는 인물도 매력적이고, 자신의 꿈을 이뤄가는 이야기도 재미가 있으니 아이들이 좋아할 수밖에 없다. 아이와 내가 좋아하는 책인데 다른 친구들도 좋다고 해주니 기뻤다. 책 모임 하며 이런 소소한 기쁨을 느낄 수 있다면, 조금 힘들고 귀찮은 책 모임을 '그럼에도 불구하고' 계속할 수 있다.

이번 모임에서는 연극 기법을 활용해서 아이들이 인물의 입장을 잘 이해하게 하고 싶었다. 그레이스는 이야기를 몸으로 표현하는 걸 좋아한다. 책에서는 그레이스의 몸짓과 표정이 다양하고 생생하게 표현되어 있다. 몸으로 따라 해 보며 그레이스 마음을 헤아리기 좋다. 특히 그레이스가 피터팬을 연기하며 뿌듯해하는 장면은 몸으로 꼭 표현해봐야 한다. '여자라서', '흑인이라서' 안 된다는 편견을 깨고 무대에 오른 그레이스. 그녀의 당당한 자세와 만족스러운 표정을 따라 해 보면서 아이들이 그 순간에 흠뻑 빠져들게 해주고 싶었다.

저학년 아이들은 언제든지 이야기 속 인물로 변신할 수 있다. "자, 지금부터 우리는 그레이스가 되는 거야."라는 말 한마디에 금세 책 속 세상으로 뛰어든다. "어떤 표정이면 좋을까?", "어떤 동작을 하면 좋을까?" 하면서 좀 더 자세히 표현하게 돕기만 하면 된다. 엄마의 진행이 서툴러도 아무 문제가 되지 않는다. 몇 가지 연극 활동을 정해서 모임에서 자주 해보자. 마음껏 움직일 공간만 마련해주면 아이들이 알아서 노닌다. 물론 엄마가 기대치를 많이 낮춰야 한다. 보기에 우왕좌왕하는 것 같아도 아이들은 이야기 속에서 즐거이 뛰놀고 있다. 아이들을 믿고 편안한 마음으로 엄마도 함께 즐기면 된다.

책 속 인물이 되어 보기

책 읽고 나서 간단하게 할 수 있는 활동은 '인물 인터뷰'와 '정지

동작 만들기'가 있다. 이 두 가지는 학교 수업에서도 자주 활용한다. 이야기 줄거리 요약하기, 인물 심리 살피기, 인물 입장되어보기, 감상 나누기를 할 때 유용하다. 책 모임은 인원이 적기 때문에 아이들이 다양한 역할을 돌아가며 해볼 수 있다. 간단한 동작을 만들다가 대사나 움직임을 넣어 바로 즉흥극으로 표현하는 것도 가능하다. 다인수 학급에서 자신을 드러내는 것을 두려워하는 아이라도 책 모임에서는 자신을 마음껏 드러낸다. 몸으로 표현하는 걸 즐긴다. 책 모임의 힘이다.

먼저, 인물 인터뷰를 하기 위해 빈 의자를 하나 준비했다. '마법의 의자'라고 이름 붙이고, 이야기 속 인물 역할을 할 아이가 의자에 앉는다. 나머지 아이들이 인물에게 궁금한 점을 묻고, 의자에 앉은 아이가 인물이 되어 대답하는 활동이다. "누가 그레이스가 되어 대답해줄래?" 하니 아이들이 손을 번쩍번쩍 든다.(저학년이라 발표를 좋아한다.) 평소 말을 적게 하던 아이를 의자에 앉혔다. 아이들은 그레이스에게 "넌 무엇을 하는 걸 좋아해?", "공연을 잘 해냈을 때 어땠어?"라고 물었다. 그레이스를 맡은 아이는 책 내용을 떠올리거나 그레이스의 마음을 짐작해서 답을 했다. "나는 연극하는 걸 좋아해.", "진짜 좋았지. 피터팬 못하는 줄 알고 속상했거든." 그 순간 아이는 그레이스였다.

"이번에는 누구를 불러 볼까?" 하니 아이들은 그레이스의 엄마, 할머니 그리고 그레이스를 놀리던 아이들을 만나고 싶다 했다. 아이들

아이를 한 뼘 더 키우는 책 모임 이야기

은 엄마에게 "그레이스의 친구가 흑인이라서 안 된다고 했을 때 왜 화를 내려고 했어요?", "그레이스 아빠는 왜 없어요?" 등을 물었다. 할머니에게는 "흑인 발레리나 공연에 그레이스를 왜 데려갔어요?", "그레이스가 공연을 잘 끝내니 어떠셨어요?" 하고 물었다. 아이가 어른 마음을 헤아려 답을 해주기가 어렵다. 내가 나서서 의자에 앉았다. "음, 나는 그레이스의 할머니야." 하고 할머니 목소리를 흉내 내니 아이들이 좋아서 어쩔 줄 모른다. "에이, ○○의 엄마잖아요." 하기도 하지만 금방 가상 세계로 돌아온다. 나는 내 아이에게 하고 싶은 말을 할머니 목소리에 담아 건넸다. "그레이스는 정말 대단한 아이란다. 마음먹은 건 무엇이든 할 수 있지." 아이들은 눈을 반짝이며 이야기를 들었다. 진짜 그레이스 할머니를 만난 것처럼 진지했다.

그레이스를 놀렸던 친구에게 질문하기

그레이스를 놀렸던 친구들에게는 "왜 그레이스가 여자라서 피터팬 못한다고 그랬어? 여자도 피터팬 할 수 있잖아.", "흑인이라서 안 된다고 한 건 왜 그랬어?"라고 물었다. 역할을 맡은 아이는 자기 나름대로 대답을 잘 했는데, 어려운 질문이라 생각될 때는 내가 그 역할을 맡아 대답했다. 아이들은 인물에게 감정 이입해서 묻고 대답했다. 역할을 맡은 아이는 "그레이스가 멋지게 연기하는 걸 보고 깜짝 놀랐어. 그레이스한테 미안했어." 했다. 한참 진행하다 보니 아이들이 마법의 의자 바로 앞까지 우르르 나와 있었다. 잘 들으려고 자꾸 앞으로 나온 거다. 아이들이 잘 듣고 싶어서 몸을 기울이는 모습이 나는 좋다. 그런 모습을 자주 보려고 내가 아이 책 모임을 계속하는지도 모른다.

이어서 정지동작 만들기(얼음 조각 만들기)를 했다. 이야기 속 장면을 아이들이 직접 몸으로 표현해 보는 거다. 그레이스가 피터팬 연기 심사를 보는 장면과 피터팬 공연을 멋지게 마치고 난 장면, 책에는 없는 뒷이야기를 상상해서 표현했다. 아이들은 머리를 맞대고 누가 어떤 역할을 할지, 각자 어디에 서서 표현할지 정했다. 서로 중요한 역할을 맡겠다고, 내 마음대로 하겠다고 다투지 않았다. 자기가 표현한 인물이 그 상황에서 할 법한 생각이나 느낌을 간단히 말로 해보기도 했다. 마치 자신이 그레이스가 된 듯, 그레이스를 바라보는 친구가 된 듯 생각하고 느꼈다.

엄마가 너에게 해주고 싶은 말

마지막으로 아이들과 빈 의자 주변으로 빙 둘러섰다. 빈 의자에 그레이스가 앉아 있다고 생각하고 한마디씩 해보기로 했다. 아이들은 그레이스에게 어떤 말을 해주고 싶을까. "넌 정말 멋져!", "마음먹은 일을 해내서 참 잘했어!"라고 아이들은 그레이스가 실제 친구인 양 말을 건넸다. 아이들이 이야기를 잘 이해했고, 그레이스의 마음을

아이를 한 뼘 더 키우는 책 모임 이야기

잘 읽어냈음을 알 수 있었다. 이날은 몸으로 실컷 책을 읽었다. 아이들 얼굴에 그레이스를 닮은 표정이 피어났다. 마음껏 꿈을 펼친 아이의 행복한 미소였다. 그 속에 내 아이가 있었다. 아이는 친구들과 함께 이야기 속을 즐겁게 노닐었다. 다름이 틀림이 아니라는 것을 마음에 새겼다. 그레이스의 용기를 몸으로 느꼈다.

그날 저녁에 아이는 피곤한 얼굴로 퇴근하는 아빠를 반갑게 맞았다. 아빠 다리에 대롱대롱 매달려 해맑게 말했다. "아빠, 아빠는 마음먹는 건 뭐든지 할 수 있어요. 알았죠?" 그 모습이 너무 사랑스러워서 나 혼자 씩 웃었다. 나는 아이에게 해주고 싶은 말이 생기면, 그런 말이나 그림이 담긴 책을 모임 할 책으로 고른다. 오랜 시간이 지나도 아이는 그 말을, 그림을 기억한다. 모임 날 친구들과 자신이 얼마나 행복했는지도 함께 떠올린다. 친구들과 모임에서 깊이 읽으면, 그 말과 그림이 아이 영혼에 새겨지는 것만 같다.

"딸아, 네가 원하는 건 뭐든지 될 수 있어. 너는 정말 놀라워!"
책 모임 할 때마다 나는 아이에게 말을 건넨다. 책에 담아서, 질문에 담아서, 친구 웃음소리에 담아서……. 엄마라서 해주고 싶은 말, 엄마라서 해줘야 하는 말을 그렇게 건넨다.

제 2 부

아이 책 모임의 성장

함께 읽기

① 읽을 책 정하기

따로 또는 같이

___

책 모임에서 읽는 책은 어떻게 정하나요? 아이 책 모임에 관심을 두는 분들이 내게 자주 묻는 질문이다. 그때마다 나는 "정해진 틀은 전혀 없어요. 마음 가는 대로, 편한 대로 하세요."하고 답한다. 상대방은 고개를 갸우뚱하며 도무지 모르겠다는 표정을 짓는다. 당연하다. 《책 읽는 도토리》도 처음부터 책 선정은 이렇게 해야지 하고 정하고 시작한 건 아니다. 일단 모임을 만들고, 세부적인 것들은 모임을 해나가며 정했다. 이렇게도 해보고, 저렇게도 해봤다. 하다가 이게 아니다 싶으면 방법을 바꿨다. 모임을 오래 할 것이라 마음먹으면 실패에 대한 부담이 줄어든다. 이런저런 시도를 해보면서 우리 모임에 잘 맞는 방법을 선택하면 된다.

사실 이렇게 말하는 나도 모임을 시작할 때는 막막했다. 책 목록을 한 사람이 정하는지, 여럿이 함께 정하는지, 어떤 책을 읽어야 하는지 알지 못했다. 마땅히 물어볼 데가 없었고, 참고할 자료도 찾기 어려웠다. 막상 모임을 오래 하니 그렇게 고민할 필요가 없었다싶지만, 처음에는 그랬다. 처음 모임을 시작하는 분을 위해《책 읽는 도토리》에서 어떻게, 어떤 책을 정해 읽었는지 정리해 볼까 한다. 우리가 읽은 책이 최선의, 최고의 책이었다고는 생각하지 않는다. 하지만 아이에게 좋은 것만 주고 싶어 하는 엄마 마음을 듬뿍 담아 책을 정했다. 그 과정을 써 본다.

따로 정하고, 함께 읽기(초등 1~2학년)

작은아이가 초등 1학년일 때《책 읽는 도토리》를 시작했다. 엄마 넷이 돌아가며 책 선정과 발제, 진행을 담당했다.(발제란 함께 나눌 이야기를 질문 형식으로 정리한 것이다.) 읽을 책은 네 집에서 돌아가며 골랐다. 각자 한 달에 한 번 책을 고르고, 자기가 고른 책으로 발제하니 부담도 적었다. 매월 말에 다음 달에 읽을 책을 골랐고, 각자 고른 책을 모아 책 목록을 완성했다. 책 목록이 정해지면 각자 책을 구해 읽었다. 도서관에서 빌리거나 서점에서 구입해 읽었는데, 모임을 여러 해 하면서는 구입하는 책이 늘었다. 아이가 자기 책을 갖고 싶어 하기도 했고, 책 목록에 새로 나온 책들이 많이 들어갔기 때문이다. 아이마다 책 읽는 취향이 다르니 다양한 장르와 주제의 책이 목록에 담겼다. 아이들은 자연스럽게 여러 분야의 책을 골고루 만났다.

아이를 한 뼘 더 키우는 책 모임 이야기

초등 1학년 때는 주로 그림책을 읽었다. 엄마도 아이도 책 모임은 처음이다. 그림책은 특별한 준비 없이도 아이들과 읽고 나누기 좋다. 모임 날 엄마가 읽어주고, 그림을 살피며 아이들 이야기를 듣기만 해도 된다. 아이들의 생활과 감정을 잘 담아낸 책, 일상에서 일어나는 소동을 재미있게 다룬 책, 사는 곳 주변 동식물을 새롭게 보여주는 책 등. 그림책의 세계는 무궁무진하다. 어른, 아이 할 것 없이 그림책으로 모임을 시작하면 좋다. 아이들이 2학년이 되면서 글이 조금 있는 책을 읽었다. 『개구리네 한솥밥』, 『나쁜 어린이표』, 『책 먹는 여우』, 『내 이름은 나답게』 등. 그림책 보다는 두께가 좀 있는 책들이다. 모임 전날까지 각자 집에서 엄마들이 읽어주었다. 읽어주느라 엄마들은 목이 아팠지만, 덕분에 아이들은 글이 조금 많은 책도 즐겨 읽게 됐다. 저학년 아이들이 그림책에서 글이 많은 책으로 스스로 넘어가기는 쉽지 않다. 책 모임에서는 아이들의 독서 단계를 조금씩 높여갈 수 있도록 책을 정하면 좋다.

《책 읽는 도토리》에서는 고전을 읽어야 한다든지, 베스트셀러를 읽어야 한다든지 하는 책 선정 규칙을 따로 정한 적은 없다. 『프레드릭』, 『지각대장 존』, 『멋진 여우 씨』, 『일기왕 김동우』, 『조금 늦어도 괜찮아』, 『100원이 작다고?』 등. '우리 아이가 좋아하는 책', '우리 아이와 읽고 싶은 책'을 자유롭게 골랐다. 모임 하는 계절이나 시기에 맞춰 책을 정할 때도 있었다. 우리 집 책장에서 아이 사랑을 듬뿍 받은 책, 여러 사람이 읽고 좋다고 평을 남긴 책, 엄마가 읽어보니 좋아서 아이에게 읽히고 싶은 책 등. 책 선정 이유도 다양하다. 각자 좋은 책을 한 가지씩 골라 한곳에 모으니 풍성한 책 밥상이 완성됐다. 엄마 사랑이 가득 담긴, 영양 만점 한 상이었다. 이 책들을 맛있게 읽으며 우리 아이들이 건강하게 잘 자랐다.

함께 정해서 함께 읽기(초등 3-4학년)

아이가 3학년이 되던 해에는 1년 동안 읽을 책 목록을 함께 정해 보기도 했다. 하나의 주제를 깊이 읽어보자는 생각에 월별 테마를 정했다. 3월은 학교와 친구, 4월은 과학, 5월은 가족과 선생님, 6월은 위인, 7월은 여름과 여행, 8월은 오싹한 이야기, 9월은 전통, 10월은 가을, 11월은 인권, 12월은 겨울과 크리스마스로 아이들과 함께 나눌 이야기 주제를 정했다. 발제와 진행도 엄마들이 차례를 정해 한 달씩 맡았다. 그동안은 한 사람이 한 달에 한 번씩 발제와 진행을 하면 됐다. 한 달 내내(4회) 발제와 진행을 맡는 건 큰 부담이다. 하지만 엄마들은 정해진 주제를 처음부터 끝까지 하나의 흐름으로 다뤄보고 싶다 했다. 새로운 도전 앞에서 망설이지 않았다. 내 아이를 위한 일이기에 기꺼이 읽고 쓰는 수고를 감당하려 애썼다.

월별로 정해진 테마에 따라 읽을 4권의 책은 함께 골랐다. 매월 마지막 모임 날에 다음 달 테마에 알맞은 책을 각자 2~3권씩 가지고 모였다. 함께 책을 살펴보고, 그중에서 읽을 책 4권을 골랐다. 어떤

아이를 한 뼘 더 키우는 책 모임 이야기

책을 가장 먼저 읽을지, 책을 어떤 순서로 읽을지도 정했다. 한 달이 어쩜 그렇게 빨리 지나가는지 넋 놓고 있다 보면 책 고르는 날이 돌아왔다. 집안 대소사를 챙기고, 가족의 생활을 세심히 신경 써야 하니 엄마들은 늘 정신이 없다. 정해진 주제에 맞는 책을 미리 읽고 고르는 게 결코 수월하지 않다. 짬을 내서 도서관에 가서 책을 빌려오고, 집안일 하는 사이사이에 책을 읽었다. 아이에게 읽어주며 의견을 구하기도 했다. 엄마들이 이렇게 애쓴 덕분에 달마다 멋진 책 목록을 완성할 수 있었다. 다만, 한 해에 읽을 책 테마를 월별로 고정해두니 시기별로 읽고 싶은 책이나 새로 나온 책을 바로 읽을 수 없어 불편했다.

다음 해에는 엄마들이 돌아가며 한 달씩 발제와 진행을 맡되 그달의 책은 발제자가 편하게 정하기로 했다. 아이들이 자라니 읽을 책이 더 다양해졌다. 책에 따라 읽는 방법도 변화를 줬다. 두꺼운 책은 여러 번 나눠 읽었고, 시리즈로 된 역사책을 두 달에 걸쳐 읽기도 했다. 어느 달에는 모임에 나와 동시만 실컷 읽기도 했다. 어떤 정해진 형식 없이 자유자재로 읽고 나눴다. 어떤 책을 어떤 방법으로 읽어도 괜찮았다. 엄마도 아이도 책 모임을 마음껏 즐겼기 때문이다. 아이들은 책 모임 책이라면 즐겁게 읽었고, 책 모임에서 하는 활동은 무엇이든 열심히 했다. 어려운 책이라도 '책 모임 친구들과 함께 라면' 기꺼이 읽었다.

엄마들은 끊임없이 어떤 책을, 어떻게 읽을 것인지 이야기 나눴다. "그거참 좋네요." 하고 공감할 때도 많았지만, 서로의 의견에 조심스레 반대하는 경우도 있었다. "그 책은 너무 어려운 것 같아요. 아이들이 더 자라면 읽지요.", "책 모임은 수업이 아니니까 좀 더 아이들이 자유롭게 활동하게 해요." 하고 제안했다. 아이가 책을 잘 읽으니 부모는 지식이 많은 책, 어려운 책을 읽히고 싶은 욕심이 생긴다. 좋다는 고전 목록이 눈에 밟힌다. 이때를 잘 넘겨야 한다. 아이가 꼭 지금 읽어야 하는 책인지 잘 생각해봐야 한다. 아이가 자기 이야기로 읽을 수 있을지, 이야기를 읽으며 즐겁게 새로운 세상을 경험할 수 있을지 따져봐야 한다. 혼자서는 어렵다. 함께 하는 엄마들의 조심스럽지만 따끔한 조언이 필요하다.

나와 아이가 만들어가는 책 목록

이렇게 《책 읽는 도토리》에서는 책 목록을 따로 또는 같이 정했다. 만약 어린이 책을 많이 읽고, 잘 아는 사람이 있다면 한 사람이 목록을 정해도 된다. 믿을만한 기관의 추천 목록을 구해 그대로 따라 읽어도 좋다. 처음에는 일단 해보는 데 의미를 두자. 읽을 책을 따로 정하든, 같이 정하든 다 좋다. 엄마들이 아이 책을 읽는다는 것만으로도 멋지다. 《책 읽는 도토리》는 5학년 때부터는 아이끼리의 모임이 됐다. 엄마들이 직접 책을 고른 것은 4학년 때까지였다. 4년 가까이 아이 책을 읽은 엄마들은 많이 변해 있었다. "이렇게 아이 책이 재미있는지 몰랐어요.", "좋은 책이 정말 많네요.", "아이 책을 읽으니

아이를 한 뼘 더 키우는 책 모임 이야기

아이들 마음을 알게 되네요." 엄마들은 수줍어하며 말했다. 이제는 어떤 책이 좋은 책인지 아주 조금 알겠다고, 책을 왜 읽지 않느냐고 혼내는 대신 "이 책 재미있더라."며 아이에게 슬쩍 말 걸 수 있게 됐다고 했다.

세상에 좋은 책은 너무 많다. 잘 고른다고 골라도 더 좋은 책이 또 남아있다. 완벽한 책을 골라 아이가 완벽하게 읽도록 하려는 건 욕심이다. 드넓은 책 숲을 이리저리 헤매는 것 자체가 즐거운 일이다. 아이 등을 떠밀어 억지로 혼자 가게 하지 말고, 아이 손잡고 함께 걸어보자. 오늘 내 손에 있는 한 권의 책을 읽으며, 우리 아이 눈빛과 마음을 살피는 그 순간을 마음껏 즐기자. 그렇게 나와 내 아이가 읽은 책이 세상에서 제일 좋은 책이다. 세상에서 제일 소중한 책이다.

② 책 모임을 오래 하려면

거리두기

책 모임은 사교 모임?

모임 초기에는 아이가 '책 모임에 가면 즐겁다'는 생각을 갖게 하려 애썼다. 재미있게 읽을 책을 골랐고, 놀이에 가까운 독후활동을 준비했다. 책 모임이 끝나면 아이들끼리 놀이하도록 시간을 충분히 주었다. 얼마 지나지 않아 엄마의 바람대로 아이는 책 모임 가는 걸 좋아하게 됐다. 신나는 활동을 하고, 좋아하는 친구들을 만나니 모임 가는 날을 기다렸다. 책 모임을 좋아하니 책도 알아서 잘 읽었다. "모임에서 멋지게 이야기하려면 두 번은 읽어야 하지 않을까?" 하면 "아, 맞다!" 하며 여러 번 다시 읽었다. 아이는 다른 친구들이 하지 않는 '책 모임'을 한다고, 친구들에게 자랑했다며 어깨를 으쓱했다. 그런 아이를 보며 나도 덩달아 어깨에 힘이 들어갔다. 책 모임에서는 처음 입학한 아이들이 편안하게 또래 관계를 맺을 수 있다. 책도 많이 읽으니 그야말로 일석이조다. 하지만 아이 책 모임에서 '즐거움'만 추구하다 보면 '친구들과 노는 모임'으로 변질될 위험이 있다.

어렵게 시작한 책 모임이 단순한 사교 모임에 머무른다면 안타까운 일이다. 가벼운 말과 장난이 모임을 채우면 정작 책은 뒷전으로 밀려난다. 책 읽는 모임인지 놀기 위한 모임인지 알 수 없게 된다. 시작부터 '책 읽기'와 '책 대화'를 위한 모임이란 걸 분명히 해야 한다. 책 모임은 사적인 모임보다는 공적인 모임에 가깝다. 엄마끼리도, 아이끼리도 의식적으로 거리두기를 해야 한다. 오래 만나면 자연스레 마음이 가고, 서로 정이 쌓인다. 하지만 '우리는 친구', '우리 사이에 왜 이래.'가 되면 책 읽기도, 모임도 오래 할 수 없다. 사적인 대화가 모임을 삼키고, 규칙이 지켜지지 않아 모임이 느슨해진다. 엄마끼리, 아이끼리 적당한 거리두기가 필요하다. 서로 너무 편해지지 않도록 일부러 마음의 거리를 두자는 의미다.

책 모임도 거리두기가 필요해요.

먼저, 엄마부터 거리두기 해야 한다. 적어도 모임 할 때만큼은 서로 처음 만난 사이처럼 대해야 한다. 또래 아이를 가진, 친한 이웃이 있으면 모임 꾸리기가 수월한 건 사실이다. 든든한 지원군이 있으면 모임을 오래 하는 데도 큰 힘이 된다. 하지만 책 모임에서는 되도록 친분을 드러내지 않아야 한다. 개인적인 관계가 지나치게 드러나면 책 모임은 금세 사교 모임으로 변한다. 아이들을 위해 애써 마련한 자리인데 가벼운 수다가 난무한다면 아쉽다. 모임에서는 사적인 이야기는 하지 말자고 미리 약속하면 좋다. 처음 만난 사이처럼 깍듯하게 서로를 대해야 한다. 서로 존대하며 조심스럽게 이야기 나누려 애쓰자. 그래야 책 선정이나 모임 운영 방법을 정할 때 개인적인 관계를 신경 쓰지 않고 대화할 수 있다. '이런 말을 하면 ○○가 속상해하지 않을까?' 하고 걱정하면 모임하기 어렵다.

아이의 거리두기는 어떻게 해야 할까? 먼저 아이가 책 모임을 중요하게 여기게 해야 한다. 아이는 부모의 거울이라고 한다. 책 모임 하는데도 딱 들어맞는 말이다. 모임을 대하는 엄마의 태도를 보며 아이는 모임의 중요도를 판단한다. 엄마가 책 모임 날을 달력에 표시하고, 읽을 책을 서둘러 준비하면 아이는 '아, 책 모임은 중요한 거구나.' 하고 받아들인다. "학원가야 하니까 책 모임은 쉬어." 하면 '아, 책 모임은 해도 그만, 안 해도 그만이구나.' 한다. 이 아이가 책을 열심히 읽을 리 없다. 책 모임에서 잘 말하고 들을 리 없다. 그러니 일부러라도 아이 앞에서 책 모임을 중요하게 여기는 모습을 보여줘야 한다. 어렵고 중요한 사람과의 약속처럼 모임 약속을 꼭 지키자. 모두가 애쓰며 준비하는 모임이고, 좋은 이야기를 나누기 위해 귀한 시간을 낸 자리임을 아이가 알아야 한다. 책 읽을 시간을 넉넉하게 마련해주고, 엄마도 아이와 함께 읽자. 책 모임 진행하는 날은 곱게

아이를 한 뼘 더 키우는 책 모임 이야기

단장도 하자. 아이는 엄마를 보며 책을, 책 친구를 대하는 태도를 배운다.

책 모임은 책 읽는 모임!

다음으로 아이들이 책 모임을 '친구 만나 노는 모임'이라 생각하지 않게 해야 한다. 그러기 위해서는 모임 시작부터 '책 읽는 모임'이란 걸 분명하게 해야 한다. 모임 하려면 정해진 책을 꼭 읽어야 한다는 약속부터 한다. 특히 모임을 시작한 지 얼마 되지 않았다면 아이가 책을 반드시 읽도록 신경 써야 한다. 아이가 어리다면 엄마가 매일 조금씩 읽어주면 좋다. 발제문을 미리 받았다면 아이와 미리 이야기 나눠볼 수도 있다. 아이는 엄마와 나눈 이야기를 기억했다가 모임에서 다듬어 말하기도 한다. 큰아이라면 매일 읽을 분량을 나눠 포스트잇으로 표시하게 도와주면 된다. 아이가 제법 자랐더라도 책 읽기를 힘들어한다면 부모가 함께 읽기를 권한다. 매일 조금씩만 읽고, 잠깐 이야기 나눠보면 아이 생각을 엿볼 수 있다. 아이도 말을 하면서 생각을 정리한다. 처음에는 이 모든 일이 힘들게만 느껴진다. 하지만 모임을 여러 해 하면 아이가 조금씩 제힘으로, 스스로 하는 것이 늘어난다. 여유를 갖고, 지금 할 수 있는 것부터 조금씩 해보면 된다.

근사한 책 모임이 되기 위해서는 모임 이름 정하기, 함께 지킬 약속 정하기가 필수다. 모임 이름은 아이들이 원하는 대로 정하면 된다. 아이들이 원하는 모임의 모습을 담아내는 이름이면 무엇이든 좋다. 다음으로 모임 규칙을 함께 정한다. 모임에서 지켜야 할 것을 각자 몇 가지씩 제안한다. 그중에서 여럿이 공감한 것을 간추려서 모임 규칙을 만든다. 《책 읽는 도토리》에서는 특별한 사정이 없다면 책은 꼭 읽어오기, 친구 이야기 경청하기, 서로 다른 의견 존중하기를 정했다. 정한 약속을 각자 공책에 옮겨 적으며 마음에 새겼다. 따로 정리하지 않았지만 모임 결석 시 미리 알리기, 모임 시간 잘 지키기, 모임 후 소감 써서 밴드에 올리기 등도 중요한 약속이다. 《책 읽는 도토리》는 4년 반이 지난 후 아이들끼리 활동하게 되는데, 이때도 가장 먼저 한 일이 약속 정하기였다. 약속을 정하면 아이들 각자가 '나도 모임 운영에 책임이 있다.'고 느낀다. 적당한 거리에서 존중하며 대화를 나누는 분위기가 마련된다.

책 모임, 아슬아슬 하지만 즐거운 줄타기

《책 읽는 도토리》를 시작할 때 마음 넉넉한 이웃이 집을 내어줬다. 덕분에 따뜻하고 안전한 장소에서 만났다. 모임 날에는 엄마들이 알아서 간식을 챙겼다. 미처 챙기지 못하면 집주인이 냉장고를 털어 간식을 차려냈다. 누가 더하고, 누가 덜했는지 따져 묻지 않았다. 엄마들은 '내 아이만'이 아니라 '우리 아이들'을 챙겼다. 다시 떠올려

아이를 한 뼘 더 키우는 책 모임 이야기

봐도 참으로 감사한 인연이다. 하지만 모임을 오래 하려면 '마음 가는 대로', '알아서' 계속할 수는 없다. 시간이든 돈이든 노력이든 되도록 함께 부담해야 한다. 모임 한 지 1년쯤 지나 일단 장소를 옮기기로 했다. 가까운 도서관에 독서동아리로 등록하고, 강의실을 빌렸다. 발제·진행하는 순서와는 별개로 간식을 준비하는 순서도 정했다. 혹시나 특별한 이벤트를 하게 되면 적은 비용이 들었더라도 정확하게 나눠 냈다.

사실 엄마와 아이 여럿이 모이는 모임이 완벽하게 공적인 모임이 되긴 어렵다. '책 모임은 공적인 모임이 되어야 한다.'는 말은 사적인 모임으로 치우치지 않도록 애쓰라는 의미다. 모임을 오래 하면 엄마끼리도 아이끼리도 친해진다. 엄마들은 내 아이뿐만 아니라 다른 아이도 아끼며 돌본다. 아이들은 모임 친구들을 특별하게 여기며 좋아한다. 이런 만남의 즐거움을 책 읽기의 힘으로 가져가려면, 만남의 형식과 약속을 정해 지키려 애쓸 필요가 있다. 《책 읽는 도토리》역시 사적 모임과 공적 모임 사이에서 부침을 거듭했고, 감사히도 아직 건재하다.(모임 이름은 몇 번 바뀌어 현재는 《예다움》이다.) 덕분에 내 아이는 지루하고 힘든 책 읽기를 잘도 견뎌냈다. 책 좋아하는 아이, 책 대화를 잘하는 아이로 자랐다. 아이는 책 나라 여행이 얼마나 즐거운지 알고, 그 여행을 끝내면 자신이 부쩍 자란다는 것도 안다. 아이가 "나는 책이 좋아요."라고 할 때는 "나는 책 모임 친구들과 읽은 책이 좋아요."라고 말하는 것과 같다.

책 모임을 처음 할 때 아이는 그저 사람을 좋아한다. 시간이 지나면서 책 모임 안에서 다양한 생각을 접하며 조금씩 성장하는 자신을 발견한다. 친구 이야기를 들으며 새로운 시선을 얻는다. 함께 책을 읽고 나누는 친구에게서 배울 것이 많다는 걸 안다. 더 잘 읽고, 더 잘 말하고, 더 잘 듣고 싶어 한다. 내 아이가 책 모임에서 이렇게 성장한다면 얼마나 멋진 일인가! 사적인 만남과 공적인 만남 사이에서 줄타기를 해야 하는 아이 책 모임. 아차 하면 한쪽으로 힘이 쏠려 모든 게 엉망이 된다. 아슬아슬 손에 땀을 쥐게 하는 순간이다. 이런 순간은 자주 찾아온다. 그럴 때면 "괜한 일을 벌였어, 그만둘 거야." 하기도 한다. 하지만 친구들 덕분에 내 아이가 자란다. 아이는 책 나라 여행을 언제든, 흔쾌히 떠난다. 그 모습을 보며 나는 흥이 잔뜩 올라 아슬아슬 줄타기를 계속한다.

아이를 한 뼘 더 키우는 책 모임 이야기

③ 쓰라린 실패

『파브르 식물 이야기』

모임을 2년 반 정도 하고, 아이들이 3학년이 되는 해였다. 그동안 아이들은 《책 읽는 도토리》에서 다양한 주제의 그림책을 읽었고, 제법 글이 많은 창작 동화도 읽었다. 혼자서는 잘 읽지 않는 동시집이나 지식 책도 읽었다. 이제 책 모임에 완전히 적응해서 책에 대해 말하고 듣는 데 능숙해졌다. 책을 멀리하던 아이는 전보다 책과 가까워졌고, 자기표현이 서툴던 아이는 또박또박 제 생각을 잘 말했다. 엄마들도 각자의 취향을 살려 발제와 진행을 무난하게 해냈다. 이제 아이들을 즐겁게 해줄 활동이 뭐가 있을까 고민하지 않아도 괜찮았다. 차분하게 질문만 던져도 아이들은 집중해서 이야기를 잘 나눴기 때문이다.

책 모임 하는 일이 '당연히', '계속' 하는 일이 되니 모든 게 편안해졌다. 정해진 대로, 해오던 대로 계속하면 됐다. 그런데 모임이 잘 되니 내 안에 욕심이 생겨났다. 조금 더 어려운 책, 조금 더 폼이 나는 책을 함께 읽고 싶었다. 그때 눈에 띈 책이 『파브르 식물 이야기』(장 앙리 파브르, 사계절)였다. 이 책은 장 앙리 파브르가 썼는데 '식물 이야기의 바이블'이라 불린다. 식물의 일생을 관찰하며 인간 삶을 통찰하는 문장이 가득하다. 번역도 매끄럽게 잘 되었고, 이제호 작가가 그린 식물 세밀화도 글을 이해하는 데 도움을 준다. 손에 딱 잡히는 크기에 단단한 양장 표지가 꽤 근사하다. 초록 잎이 한가득 그려진 표지 그림은 또 얼마나 아름다운지!

우리 아이는 요즘 파브르 식물 이야기 읽어요!

4학년이 되면 과학 교과에 식물 단원이 나온다. 『파브르 식물 이야기』를 읽어두면 학교 공부하는 데도 도움이 되겠구나 생각하니 마음이 급해졌다. '식물이 태어나는 곳, 눈', '잠자는 식물들', '식물의 놀라운 변신' 등 각 장의 제목만 봐도, 이 책을 읽으면 우리 아이가 똑똑해질 것만 같다. 어서 빨리 읽어야 했다. 함께 읽자 제안하니 다른 엄마들도 좋다고 했다. 엄마 마음은 다 비슷하니까. 좋은 책이라니 아이에게 읽히고 싶어 했다. 일주일에 2장씩 읽고, 두 달에 걸쳐 다 읽는 걸로 계획을 세웠다. 뭔가 대단한 일을 시작하는 듯이 설레었다. 아는 사람을 만나면 "우리 아이는 요즘 파브르 식물 이야기를 읽어요."하고 자랑하고 싶었다. 지금 생각하면 참 낯부끄러운 일이다.

엄마들은 각자 맡은 장을 꼼꼼하게 읽고, 질문과 활동을 정성껏 준비했다. 집에서는 아이들이 정해진 부분을 잘 읽도록 챙겼다. 모임에서는 단 1초도 허투루 보내지 않았다. 책 보며 빈칸에 알맞은 낱말 써넣기, 마인드맵으로 내용 정리하기, 직접 겨울눈 관찰하기, 잎맥 탁본 뜨기 등. 아이들이 읽은 내용을 정리하게 하고, 책에서 읽은 것을 되도록 직접 해보게 하려고 애썼다. 하지만 이런 노력에도 불구하고 모임은 점차 지루한 과학 수업으로 변해갔다. 책 내용을 이해시키는데 신경을 더 써야 하니 어쩔 수 없었다. 아이들이 의견을 주고받는 소리가 줄고, 진행자의 설명이 늘었다. 일방적인 안내와 지시로 모임을 해나갔다.

"계속 읽어야 할까요?"

책을 반도 읽지 못했는데, 나는 책 모임 밴드에 글을 올렸다. 모임하는 아이들이 행복해 보이지 않았기 때문이다. 책이 얼마나 재미있었는지를 얘기하며 얼굴이 붉게 달아오르던 모습, 자기 생각을 말하고 싶어서 엉덩이를 들썩거리던 모습, 친구 이야기를 들으며 고개를 끄덕이던 모습을 더 이상 볼 수 없었다. 이건 아니다 싶었다. 내가 책을 읽자 제안했으니 그만 읽자는 얘기도 내가 해야 했다. 하지만 엄마들은 "그래도 시작했으니 몇 번 더 해보자, 계속해보자." 했다. 어른 책 모임에서도 함께 읽기 시작한 책을 중간에 덮는 건 쉽지 않다. 어렵고 힘든 책을 만날 때마다 책을 덮는다면 끝까지 읽어내는 힘을 키울 수 없다. 또 누군가는 그 책을 의미 있게 읽고 있는 중일 수도 있다. 그러니 나 역시 쉽게 결정을 내리기 어려웠다. '억지로라도 읽으면, 끝까지 읽어내면 우리 아이에게 뭐라도 남겠지'하는 생각도 자꾸 들었다. 결국 모임에서 책을 끝까지 읽기로 했고, 나는 혼자 읽지 못하는 아이를 위해 매일 책을 읽어줬다.

"아, 어렵네요."

책을 읽는 두 달 내내 엄마들은 이 말을 입에 달고 살았다. 초등 3학년 아이들에게 잎의 구조를 설명하고, 식물 줄기의 특징과 뿌리의 종류를 알려주는 게 쉬울 리 없다. 발제문에는 아이들의 생각과 감정을 묻는 질문이 줄어들고, 과학 지식을 정리하는 문제가 늘었다. 아이들을 이해시키려다 보니 진행자의 설명이 길어졌다. 아이들 말이 사라졌다. 서로 이야기하고 싶어 안달하던 아이들인데, 눈을 반짝이면서 질문하던 아이들인데…. 아이들의 호기심을 끌어내고, 책 읽는 재미를 알게 해줘야 했다. 무엇이든 해봐야 했다.

'제11장 식물의 놀라운 변신'에서는 환경에 적응하느라 잎을 변화시킨 식물이 나온다. 잎이 변신한 모양에 따라 덩굴손, 꽃턱잎, 벌레 잡는 잎, 가시로 분류한다. 모양이 특별한 식물이라 아이가 실제로 보고 싶어 했다. 마침 내가 진행이라 인터넷 쇼핑몰에서 네펜데스와 파리지옥을 주문했다. 모임 날 아침까지도 택배가 오지 않아 발을 동동 굴렀다. 다행히 모임 시간에 가까스로 맞춰 택배가 왔고, 허겁지겁 달려 모임 장소인 도서관으로 갔다. 실제 식물을 가지고 활동하니 아이들이 좋아했다. 잎을 자세히 관찰하여 그리고, 관찰한 내용을

아이를 한 뼘 더 키우는 책 모임 이야기

글로 적었다. 저희끼리 한참을 이야기 나누며 즐거워했다. 하지만 모든 모임을 이렇게 진행할 수는 없었다. 하필 책 읽을 때가 추운 겨울이었고, 책에는 우리 주변에서 쉽게 볼 수 없는 식물도 많이 나왔기 때문이다.

『파브르 식물 이야기』는 분명 좋은 책이다.

어디서 들었을까. 어떤 목록에서 보았을까. 나는 『파브르 식물 이야기』가 좋은 책이며, 언젠가 아이가 꼭 읽어야 할 책이라 생각했다. 이제 와서야 고백하건대, 나는 이 책을 제대로 읽어보지 않았다. 좋다는 얘기만 듣고, 다른 엄마들에게 함께 읽자고 제안했다. 인터넷 서점에서 책 정보만 확인해봤어도 이런 선택은 하지 않았을 텐데. 이 책은 청소년 도서로 분류되어 있다. 그뿐만 아니라 출판사에서 제공한 책 소개에서도 '중학생이나 고등학생, 식물에 관심 갖기 시작한 어른을 위한 입문용'이라 밝힌다. 아이에게 그럴싸한 책을 읽히고 싶다는 욕심이 내 눈을 멀게 했다. 아무것도 보지 못했다. 아이 눈높이에 맞는지, 아이가 즐기며 읽을 수 있는지 살피지 않았다. 무엇보다 '꼭 지금 읽어야 하는 책'인지 따져 묻지 않는 게 큰 잘못이다.

『파브르 식물 이야기』는 분명 좋은 책이다. 교양인이 갖춰야 할 기본적인 식물 지식을 총망라한다. 삶의 지혜를 담아낸 문장들은 정말 아름답다. 모든 문장에 밑줄 긋고, 공책에 옮겨 적으며 마음에 새기고 싶을 정도다. 이성과 감성의 조화를 담아낸 책이다. 식물의 생김새와 구조를 따뜻한 색감으로 자세히 그려낸 그림도 훌륭하다. 그림을 가만히 보고만 있어도 마음이 차분해진다. 하지만 10살 아이가 읽기에는 너무 어렵다. 삶의 경험이 적은 아이들이 이 책으로 나눌 수 있는 이야기가 거의 없다. 아이들에게는 그저 이해하고 외워야 할 지식더미로 느껴질 뿐이다. 이후에도 아이들은 '파브르'라는 말만 들으면 진저리를 쳤다. 좋은 책이니 다시 읽어보자는 말에 고개를 절레절레 흔들었다. 힘들게 끝까지 읽었으나 완독한 기쁨도, 읽는 재미도 남지 않았다.

책은 재미있는데, 책 모임은 재미없었어요.

이제 14살이 된 작은아이에게 『파브르 식물 이야기』가 어땠냐고 물었다. 그러자 뜻밖의 말이 돌아온다.

"책은 재미있는데, 책 모임은 재미없었어요. 책 모임 할 만한 게 없어요. 너무 과학이에요."

아, 역시 엄마가 문제였다. '너무 과학'인 책, 지식이 가득한 책이다. 책 내용을 아이들에게 이해시켜야 한다고 생각했다. 아이들이 자유롭게 말하게 돕기보다 개념과 원리를 가르치려고 했다. 아이들이 삶을 통찰하며 파브르의 문장을 이해하길 바랐다면 더 문제다. 내 아이의 삶을 들여다보지 않고, 엄마 욕심을 내세워 책을 골랐다. 덕분에 『파브르 식물 이야기』는 아이들이 다시 읽기 싫다는 책이 됐다. 완전한 실패다.

책은 엄마가 반드시 먼저 읽어야 한다. 아이 눈높이에서 책을 골라야 한다. 아이가 할 말이 많은, 아이 경험과 맞닿은 이야기여야 한다. 나는 지금도 불쑥 어려운 책, 폼 나는 책을 읽게 하고픈 욕심이 생기면 이때의 실패를 되돌아본다. 얼굴을 찡그리고, 고개를 젓는 아이 얼굴을 떠올린다. 그리고는 아이에게 "이 책은 어때?", "너는 어떤 책을 읽고 싶니?"라고 묻는다. 『파브르 식물 이야기』는 초등 5~6학년 아이들이라면 잘 읽을 수 있다. 물론 이때도 지식에 집중하면 안 된다. 제목처럼 식물 이야기로 읽어야 한다. 인간과 함께 살아가는 식물이란 존재를 알아가며, 책 속에 가득한 아름다운 문장과 생각들을 찾아보면 좋겠다. 나도 아이와 이 책을 다시 읽어보고 싶다. 하루 한 장씩 소리 내어 읽고, 마음에 와닿은 문장만 나눠도 좋을 것이다. 그래, 그거면 충분하다.

진짜 재미있다! 시 읽기

『라면 맛있게 먹는 법』

2017년 6월(초등 3학년)과 2018년 6월(초등 4학년)에 《책 읽는 도토리》의 테마는 시집 읽기였다. 동시집 두 권을 정해 한 달 내내 읽었다. 다른 책들에 비해 동시집은 아이들이 만날 기회가 적다. 엄마들도 동시집을 챙겨 읽히지 않으니 아이들은 교과서에 실린 동시만 겨우 안다. 도서관의 동시집은 여러 해가 지나도 새것 같다. 아이들이 자주 찾아 읽지 않기 때문이다. 책 모임에서는 혼자 읽지 않는 분야의 책을 일부러 정해 읽기도 한다. '함께'가 주는 힘을 이용해 다양한 분야의 책을 즐겁게 읽을 수 있다. 이번에는 예쁜 말과 세상을 보는 고운 시선이 담긴 시를 함께 읽기로 했다. 종이에 프린트된 시가 아니라 온전한 시집에 담긴 시를 만났다.

초등 3학년 때는 2주에 한 권씩, 총 두 권의 동시선집을 읽을 책으로 정했다. 『어느 데인지 참 좋은 델 가나 봐』(권정생 외, 문학동네)와 『쉬는 시간 언제 오냐』(초등학교 93명 아이들, 휴먼어린이)이다. 『어느 데인지 참 좋은 델 가나 봐』는 문학동네에서 동시집 50권 출간을 기념해 펴낸 동시선집이다. 시인들이 자신의 동시집에서 직접 뽑은 동시 50편이 들어 있다. 『쉬는 시간 언제 오냐』는 전국 초등 국어교과모임 선생님들이 모은 아이들 시가 실려 있다. 여러 시인이 쓴 동시와 또래 아이들이 쓴 어린이 시를 읽으며, 아이들이 다양한 빛깔의 시를 맛보길 바랐다.

초등 4학년이 된 해에는 권오삼의 『라면 맛있게 먹는 법』(문학동네)과 주미경의 『나 쌀벌레야』(문학동네)를 읽었다. 한 작가의 작품을 깊이 읽었다. 엄마들이 한 달씩 책임지고 모임을 꾸려가던 중이라 나도 잘 해내고 싶었다. 이런저런 생각 끝에 한 달 동안 시집을 어떻게 읽을 건지 미리 정했다. 하지만 매번 엄청난 계획을 세워야 하는 건 아니다. 책 모임을 3년 가까이 하니 특별한 준비를 많이 하지 않아도 괜찮았다.

《책 읽는 도토리》 아이들의 경우 초등 1학년~3학년 정도까지는 만들기, 그리기, 노래하기, 연극하기 등 다양한 활동을 많이 했다. 초등 4학년이 되면서는 점차 책 대화에 집중했다. 미리 계획한 것은 아니고 자연스레 그렇게 되었다.

시는 소리 내어 읽기만 해도 좋다

시는 함께 '소리 내어 읽기'만 해도 좋다. 함께 모인 사람들이 만들어내는 분위기가 시에 몰입하게 해 주고, 서로의 이야기에 귀 기울이게 해준다. 책 모임하다 살짝 지칠 때 동시집을 읽으며 잠시 쉬어가도 좋겠다. 아예 아이들과 동시집 읽는 모임도 할 수 있다. 일주일에 한 번, 따뜻한 차 한 잔을 앞에 두고 함께 시 읽는 시간을 가지는 거다. 마음에 들어온 시를 예쁜 공책에 옮겨 적어 본다. 잔잔한 음악을 들으며 활동하면 더 좋겠다. 옮겨 적은 시를 소리 내어 읽고, 떠오른 생각이나 느낌을 도란도란 이야기 나눈다. 화려하고 시끄러운 자극에 익숙한 아이들에게 일부러 이런 정적인 경험을 갖게 해 줄 필요가 있다. 동시 읽기는 아이들이 속도를 늦추고, 차분하게 자신의 감정을 들여다보는 기회를 준다. 꼭 책 모임이 아니더라도 부모와 아이가 주말 아침마다 동시집 읽기를 해보면 어떨까.

《책 읽는 도토리》 아이들도 한 달 동안 시 읽기를 마음껏 즐겼다. 집에서 동시집을 읽으려고 마음먹어도 며칠 하다 흐지부지될 텐데 책 모임에서는 그럴 일이 없다. 한번 시작하면 끝까지 해낸다. 함께 하는 친구들이 있고, 함께 읽자는 약속이 있기 때문이다. '함께'의 힘이 어찌나 강력한지 지시와 강요 없이도 아이들은 기꺼이 읽는다. 매주 정한 날에 모여 동시집을 함께 읽고 간단한 활동을 했다. 다시 말하지만 별다른 활동을 하지 않고 그저 소리 내어 함께 읽기만 해도 된다. 모임에서 시를 읽고 나누는 건 생각보다 쉽다. 이미 아이들 마음이 활짝 열려 있고, 시를 흠뻑 느낄 준비가 되어있기 때문이다. 도란도란 이야기 나누는 일도 익숙하니 감상도 잘 말한다. 《책 읽는 도토리》에서는 기회가 될 때마다 동시를 함께 읽었는데, 여기서는 4학년 때 『라면 맛있게 먹는 법』을 읽은 이야기를 나누려 한다.

『라면 맛있게 먹는 법』 함께 읽기

먼저 오늘의 기분을 프리즘 카드에서 골랐다. 프리즘 카드는 여러 해석이 가능한 이미지를 카드 형태로 만들어 놓은 것이다. 마음에 드는 이미지를 고르고, 그 이미지를 고른 까닭을 설명하면서 자기 생각과 느낌을 더욱 쉽게 표현할 수 있다. 짝꿍이 필통에 물을 쏟아 속상한 아이는 물방울이 뚝뚝 떨어지는 사진을, 시험을 100점 맞아 신났던 아이는 윈드 서핑하는 사진을 골랐다. 학교에서 소방 훈련을 한 날이어서 아이들은 더위와 열에 대한 사진도 골랐다. 책 모임을 처음 꾸려 말하고 듣는 연습이 필요하다면 프리즘 카드를 활용해 생각 나누기를 하면 도움이 된다. 나를 소개하는 이미지 고르기, 나의 기분에 어울리는 이미지 고르기, '책 모임' 하면 떠오르는 이미지 고르기 등. 편하게 서로 알아가는 활동을 할 수 있다.

이번에는 '시'하면 떠오르는 생각이나 느낌을 나타내는 이미지를 골랐다. 큰 풀잎 위에 개구리가 앉아 있는 사진을 고른 아이는 "시의 세계는 아주 넓은데, 나는 아직 다 모르니까. 나는 이 작은 개구리 같아요." 했고, 책이 빽빽하게 꽂힌 책장 사진을 고른 아이는 "시는 이 책처럼, 이렇게 긴 시간 동안 만들어진 거예요." 했다. 깜깜한 밤을 촛불이 밝혀주는 사진을 고른 아이는 "내게 시는 평화로움을 줘요. 시의 주제가 따뜻한 마음이고, 시는 넓은 세상을 보여주니까요." 했다. 우리 아이는 음식이 한가득 담긴 접시 사진을 골랐는데, "시는 여러 가지 음식이 담긴 한상차림이에요. 이것저것 다양하니까 좋아요." 했다. 자기 생각을 담아낼 적당한 문장을 고르느라 아이들은 심각한 표정이었다. 뜬구름 같은 느낌에 딱 알맞은 낱말을 고르고, 몇 개의 낱말을 조화롭게 연결해서 말하기 위해 저마다 애를 쓰고 있었다. 아이들 생각 주머니가 쑥쑥 자라는 것 같아 보기 좋았다.

읽고, 고르고, 쓰고, 낭송하고

동시집으로 하는 모임의 기본 활동은 당연히 시 읽기다. "지금부터 각자 천천히 시를 읽어보자. 읽다가 마음에 드는 시가 나오면 인덱스를 붙이는 거야." 하니 아이들이 진지한 표정으로 시를 읽어나간다. 금방 시를 골라내는 아이가 있는가 하면 천천히 시를 음미하며 고르는 아이도 있다. 옆의 친구가 자기와 같은 시를 고른 걸 확인한 아이 얼굴에는 웃음꽃이 활짝 피었다. 고른 시 중에, 또 한 편만 골라서 '나만의 시선집'에 옮겨 적었다. '나만의 시선집'은 살짝 두꺼운

아이를 한 뼘 더 키우는 책 모임 이야기

종이를 접어 책처럼 만든 뒤에 각 장마다 글을 쓸 수 있게 흰 종이를 붙인 것이다. 일종의 미니북이다. 앞표지가 되는 부분에는 길쭉한 라벨지를 붙여 제목을 쓸 수 있게 했다. 이걸 만드는데 아이가 신나서 도왔다. 친구 이름을 하나씩 부르며 미니북을 챙기던 모습이 지금도 눈에 선하다. 모임 때마다 마음에 드는 시를 고르고, 각자 미니북에 옮겨 적었다.

다음으로 각자 고른 시를 앞에 나와 낭송하고, 시를 고른 이유도 말했다. 《책 읽는 도토리》 아이들은 「쟁이」라는 시를 가장 좋아했다. "한 문장마다 내 친구가 하는 행동이 떠올라요.", "우리 반 친구가 떠올라요." 하며 들떠 말했다. 「이사」, 「가로등」처럼 조금 슬픈 감정을 담은 시를 고른 아이도 있었다. 고른 시를 보면 아이의 성격, 관심사, 취향 등을 알 수 있다. 같은 시를 골라도 고른 이유가 다르다. 이야기를 듣다 보면 아이의 숨겨진 마음이 툭 하고 모습을 드러내기도 한다. 동시를 함께 읽으면 아이 마음결을 살피고, 조심스레 다독일 수 있다.

자기가 고른 시 낭송하기

동시집 읽기를 하면서 시 암송도 했는데, 이것도 좋았다. 자기가 고른 시를 외워서 낭송하니 시의 느낌을 잘 표현했다. 아이들은 암송을 마치고 "틀리지 않아서 다행이다.", "잘 낭송해서 뿌듯하다.", "시가 더 잘 느껴진다."라고 소감을 나눴다. 동시는 길지 않아 외우기 쉽다. 책 모임에서는 틀려도 덜 부끄러우니 아이들이 편안하게 낭송한다. 엄마들은 마음 넓은 관객이 되어 뜨겁게 박수 쳐 준다. 별것 아닌 것 같지만 아이들 어깨에 힘이 쭉 들어간다. 자신감을 얻은 아이 얼굴이 반짝 빛난다. 시 읽기와 시 낭송을 자주 하면 좋다. 각자 시 낭송이나 암송을 마치면, 도토리가 뽑은 최고 동시를 한 편 골랐다. 아이들이 함께 뽑은 동시는 함께 낭송하고, 시를 만화로 나타내기, 시를 짧은 연극으로 표현하기, 시 속 인물에게 질문하기 등을 했다.

이렇게 써 놓으니 뭔가 대단해 보이지만 정말 별거 아니다. 아이들과 읽은 동시집을 골랐고, 동시집을 함께 읽었다. 마음에 드는 시를 골라 서로 이야기 나눴다. 이게 전부다. 다른 활동들은 그리 중요하지 않다. 인터넷을 검색하거나 책 놀이 관련 책을 찾아보면 시로 할 수 있는 놀이가 제법 많다. 마음만 먹으면 얼마든지 자료를 얻을 수 있다. 하지만 일단은 아이들과 동시를 읽어보기만 해도 된다. 정해진 날, 정해진 장소에서 함께 소리 내어 읽자. 그렇게만 해도 아이들은 친구 목소리로 전해지는 고운 말과 따스한 마음을 깊이 느낀다. 시를 소리 내어 읽다가 자기 마음에 콕 박히는 말을 만난다. 그 말을 자기 안에 소중히 담는다.

동시 같이 읽을래?

책 모임 하며 일 년 중 한 달은 동시집을 읽으려 노력했다. 아이들은 모임에서 읽는 책이면 다 좋아했지만, 특히 동시집을 많이 좋아했다. 읽는데 부담이 적어서이기도 하지만, 시를 옮겨 쓰고 낭송하는 경험이 색다르게 느껴지기도 했을 거다. 아이들은 "시는 내 옆에 붙어 다니는 친구 같다.", "엄청 재미있다.", "나도 시인이 되고 싶다.", "시 읽기 진짜 재미있다!"는 소감을 들려줬다. 5학년이 되면서는 아이들끼리 모임 하니 동시집을 읽지 못했다. 책 선정을 아이들끼리 하니 동시집을 미처 챙겨 넣지 못한 탓이다. 이 글을 쓰면서 문득 아이들과 동시 읽기를 다시 하고 싶다는 생각이 들었다. 출근하며 두 딸에게 "일요일 아침마다 동시 같이 읽을까?" 하니 바로 "좋아요!" 한다. 역시 책 모임으로 키운 딸들답다. 어떤 동시집을 읽을까. 즐거운 고민 시작이다.

⑤ 벽돌책 읽기

『나니아 연대기』

아이가 스스로 글이 많고, 구조가 복잡한 책으로 넘어가 주면 좋겠지만 그건 쉽지 않다. 오랫동안 독서 지도를 해보니 저학년에서 중학년, 중학년에서 고학년으로 넘어갈 때 아이들이 책 읽기에 흥미를 잃는다. 글이 많아지고, 이야기의 서사가 길어지니 책 읽기를 포기한다. 긴 이야기를 천천히 음미하며 재미와 성취감을 느낄 기회를 얻지 못한다. 학습만화나 웹 소설을 읽으며 책을 많이 읽는다고 착각한다. 독서력도 이해력도 더 이상 자라지 못하고 그 자리에 머문다. 글이 많은 책을 읽어내지 못하니 책과는 점점 멀어진다. 급기야 "나랑 책과는 안 맞아요.", "책을 꼭 읽어야 하는 건 아니잖아요?" 하고 자신을 합리화하기에 이른다. 악순환이다. 이런 상태로 고학년이 된 아이를 다시 책으로 향하도록 하는 건 아주 힘들다. 분명 어릴 때는 책을 좋아했던 아이였을 텐데 안타깝다.

아이가 책 읽기 수준을 높여갈 때 어른이나 동료의 도움이 필요하다. 물론 스스로 높은 단계로 훌쩍 뛰어넘는 아이도 있다. 하지만 내가 만난 아이들 중 많은 수가 자기 학년보다 낮은 단계의 책 읽기에 머물러 있었다. 중학년의 경우 그림책에서 글 책으로 넘어가지 못했고, 고학년의 경우 분량이 많고 서사가 긴 책을 읽어낼 힘을 기르지 못해 중학년 수준의 책을 읽었다. 독서 단계를 높여야 할 때 적절한 도움을 받지 못했기 때문이다. 누군가가 독서 단계를 살짝 높여줄 책을 추천해주고, 그 책을 어떻게 읽어야 하는지 알려준다면 아이는 무난하게 다음 단계로 올라설 수 있을 거다. 책 모임에서는 이게 가능하다. 아이가 책에 대한 흥미를 잃지 않으면시 긴 호흡으로 책 읽는 것에 익숙해지도록 도울 수 있다. 책 모임은 아주 자연스럽게, 그러나 강력하게 아이를 다음 단계로 올려 준다.

《책 읽는 도토리》의 도전, 벽돌책 『나니아 연대기』

초등 1학년 여름에 시작한 모임이 3년째(초등 4학년)가 되고, 134회 모임에 이르렀다. 그 사이 아이들은 그림책에서 저학년 동화로 건너갔고, 제법 긴 책도 무리 없이 읽을 수 있게 됐다. 이제 읽는 책을 한 단계 높여야 할 때가 된 것 같았다. 그래서 《책 읽는 도토리》는 새로운 도전을 시작했다. 한 권의 책을, 긴 기간 동안 꾸준히 읽어보기로 한 거다. 때마침 여름 방학이어서 시간과 여유가 있었다. 호흡이

제법 길고, 인물이 다양하게 등장하면서 재미있는 이야기. 두꺼워서 다 읽었을 때 큰 성취감을 맛볼 수 있는 책을 골라 읽기로 했다. 적당한 책을 찾는 것이 가장 중요했다. 이렇게 저렇게 찾아보니 『나니아 연대기』(C.S 루이스, 시공주니어), 『워터십 다운』(리처드 애덤스, 사계절), 『버드나무에 부는 바람』(케네스 그레이엄, 시공주니어). 이렇게 세 권이 괜찮아 보였다.

우리가 고른 책은 『나니아 연대기』이다. 『나니아 연대기』는 신학자인 C.S 루이스가 쓴 판타지 소설이다. 세계 3대 판타지 소설에 꼽힐 정도로 유명한 아동문학의 고전이다. 1077쪽에 이르는 두꺼운 책이다. 시공주니어에서 두 가지 종류로 나온다. 하나는 네버랜드 클래식 시리즈 『나니아 나라 이야기』로 총 7권이 있다. 주니어용으로 그림이 많고, 활자가 큰 편이다. 다른 하나는 『나니아 나라 이야기』 1~7장을 한 권에 묶은 『나니아 연대기』이다. 활자가 작고, 그림도 적다. 이 책은 크고 무거운 '벽돌책'의 위엄을 자랑한다. 아이에게는 큰 도전인 셈이다. 일단 책 모양새가 근사하다. 검은 배경에 황금빛 사자 아슬란이 정면을 바라보고 있는데 아주 멋지다. 두께가 무시무시하지만, 일단 읽기 시작하면 술술 읽힌다. 판타지라서 특별한 배경지식이 필요하지 않다. 각 장이 하나의 완결되는 이야기 형식이라 여러 날 나눠 읽기도 좋다.

사실 큰아이가 먼저 4학년 때 책 모임 《스페이스》에서 『나니아 연대기』를 완독했다. 과연 끝까지 읽을 수 있을까 걱정했는데, 아이들은 판타지에 열광했다. 완독 후에는 더욱 다양한 분야의 책, 더 두꺼운 책도 '기꺼이' 읽게 됐다. 독서 수준이 한순간에 번쩍하고 뛰어올랐다. 과연 《책 읽는 도토리》 아이들도 그렇게 될 수 있을까? 작은아이는 큰아이보다 한글도 늦게 뗐고, 독서에 대한 흥미도 낮은 편이었다. 책 모임 덕분에 책 좋아하는 아이가 되었지만, 아직 긴 이야기는 읽기 힘들어한다. 글자 많고 두꺼운 책 한 권을 읽기보다 저학년용 동화책 여러 권을 읽는 아이다. 작은아이가 『나니아 연대기』를 끝까지 읽어낼 수 있을까. 나는 이번에도 책 모임의 힘을 믿어보기로 했다.

이때는 한 엄마가 한 달 모임을 책임지던 때라 『나니아 연대기』는 두 엄마가 진행하기로 했다. 책이 1~7장으로 이뤄져 있으니 매주 1장씩 읽으면 7주면 완독할 수 있다. 완독 후 8주 차에는 책 내용을 총정리하는 활동을 하기로 의견을 모았다. 일단 책을 모두 샀다. 낱권으로 된 책도 있는데, 다들 벽돌책 『나니아 연대기』를 선택했다. 책 크기만큼 가격도 비쌌다. 평소 도서관에서 책을 빌려 읽던 아이들도 이번에는 책을 샀다. 책은 되도록 사서 읽는 게 좋다. 긴 기간 읽어야 하기 때문이기도 하지만, 책을 구입하면 아이가 '이건 내 책'이라고 생각한다. 애착을 갖고 열심히 읽는다. 『나니아 연대기』는 더욱 사서 읽어야 한다. 이 근사한 책을 빌려 읽을 수는 없다. 보기만 해도 "와!" 하고 탄성이 나오는 책, 아이가 한 손으로 들 수도 없는 거대한 책이다. 2018년 8월~10월, 《책 읽는 도토리》는 『나니아 연대기』와 한 계절을 보냈다.

벽돌책 읽기의 어려움은 잠시⋯
금세 판타지 세상에 폭 빠지다.

"엄마, 나 같은 데를 몇 번째 다시 읽어요."

독서대 앞에 앉아 있던 아이가 울상을 짓는다. 판형이 크고, 글자가 작은 책은 처음이라 한 줄 읽고 다음 줄로 넘어가질 못했다. 읽은 곳을 놓쳐서 다시 처음 읽은 곳으로 돌아오고, 또 돌아오기를 반복했다. 할 수 없이 아이는 15cm 자를 문장 아래 대어가며 읽었다. 분량도 만만치 않다. 넋을 놓고 있다가는 책 모임 날까지 읽을 수 없다. 나는 아이와 함께 매일 읽을 분량을 나누어 포스트잇으로 표시했다. 1장을 일, 월, 화, 수, 목 5일에 걸쳐 읽는 계획을 세웠다. 『나니아 연대기』 처음 부분을, 아이는 정말 '꾸역꾸역' 읽었다. 솔직히 엄마인 나도 이렇게 두꺼운 책을 꾸준히, 끝까지 읽은 경험이 없던 때이다. 책 모임 친구들도 "이 책을 언제 다 읽나⋯.", "아, 힘들다." 했다는 걸 나중에 전해 들었다.

그러나 아이들은 금세 나니아 세계로 혹하고 빨려 들어갔다. 루시, 피터, 애드먼드, 아슬란⋯. 모험과 도전이 가득한 상상의 나라. "시간 가는 줄 모르고 읽었어요.", "내가 루시라면 툼누스가 불쌍해서 방으로 들여보낼 거예요.", "루시는 정말 용감해요.", "나도 아슬란을 진짜 만나보고 싶어요." 아이들은 그 어느 때 보다 신이 나서 얘기를 많이 했다. 『나니아 연대기』로 한 첫 번째 모임은 대성공이었다. 걱정했던 것과 달리 아이들은 쉽고 재미있게 책을 읽었다고 했다. 인물의 모습과 책 속 장소를 제 나름대로 상상하며 즐거워했다. 인물의 행동에 공감하거나 공감하지 못한 이유를 말하며 신나했다.

첫 모임을 한 뒤로 아이는 술술 책을 읽어나갔다. 중간에 7권짜리 주니어용 『나니아 나라 이야기』 시리즈로 읽기도 했는데, 그림이 많아서 상상하는 재미가 줄어든다며 실망스러워했다. 자기가 상상하던 그 모습이 아니라는 거다. 그림이 없는 게 좋다며 다시 벽돌책 『나니아 연대기』를 펼쳐 들었다. 아이는 친척이 방문할 때마다 "저요. 나니아 연대기로 책 모임 해요." 하며 펼쳐둔 책을 자랑했다. 헉 소리 나게 두꺼운 책을 읽는다니 다들 깜짝 놀랐다. 그 모습을 보며 아이는 더욱 신나서 읽었다. "엄마, 나 오늘 분량 다 읽었어요." 하며 시키지 않아도 책 읽기 계획을 지켰다. 이제 더 이상 자를 대고 읽을 필요가 없었다. 아이는 "엄마, 발제문 올라왔어요?" 하며 다음 모임 날을 기다렸다. 놀라운 발전이었다.

엄마들에게도 『나니아 연대기』는 쉽지 않은 도전이었다. 다양한 인물과 사건으로 이루어진 이야기를 아이들과 어떻게 나눠야 할까 고민이 많았다. 작가와 작품에 대해 찾아보고, 책을 꼼꼼하게 읽었다. 각 장의 내용에 따라 짝 토론, 질문 만들기, 연극, 생각 그물 그리기 등 다양한 활동을 적용했다. 매번 발제나 진행이 잘 되기만 한 것은 아니다. 아이에게서 "다음에는 우리 엄마가 발제인데, 우리 엄마는 발제를 좀 못하셔서 큰일이다."는 애정 어린 조언을 듣기도 했다. 그래도 엄마니까, 꾹 참고 계속했다. 더 잘해보려고 애썼다. 모임을 오래 하니 아이들은 어떤 질문이 좋은 질문인지, 진행을 어떻게 해야 하는지 자연스럽게 알게 됐다. 이게 나중에 아이들끼리 모임 할 수 있는 바탕이 됐다.

『나니아 연대기』를 한 주에 한 장씩 꾸준히 읽었다. 제1장부터 제7장까지를 두 달에 걸쳐 읽었다. 드디어 2018년 10월 12일, 아이들은 『나니아 연대기』를 완독했다. 이날은 우리 아이가 처음 두껍고 긴 책을 끝까지 읽은, 특별한 날이다. 도토리 엄마들은 떡 케이크와 간식을 준비했다. 일종의 책거리였다. 긴 시간 책을 읽었고, 매주 모여 책 이야기를 나눈 우리가 모두 축하받는 자리였다. "축하합니다. 축하합니다. 나니아 완독을 축하합니다." 하며 노래 부르고, 서로에게 박수를 짝짝 쳐 줬다. 한 엄마가 준비한 반짝반짝 빛나는 수료증도 아이들에게 수여 했다. 우리 아이는 어깨에 힘 딱 주고, 수료증을 받았다.

엄마들은 책 읽기를 즐겁고, 특별한 사건으로 만드는 재주를 가졌다. 마음만 먹으면 무엇이든 해낸다. 아이는 수료증을 집에 가져와 며칠 내내 쓰다듬었다. 전보다 자주 책장 앞을 서성였다. "엄마, 나 이제 어떤 책이든 읽을 수 있어요! 돈키호테, 비밀의 화원, 80일간의 세계일주…. 뭐든지 다요!" 아이 얼굴이 반짝반짝 빛났다. 중학생이 된 지금도 아이는 가끔 수료증을 꺼내 보며 뿌듯해한다. 자기가 그때 얼마나 대단했냐며 잘난 척도 좀 한다. 나는 그런 아이 모습이 좋다. 벽돌책 읽기를 끝낸 자신을 꽤 근사하게 여기는 마음, 그 마음이 아이가 스스로 책을 읽게 해주었다. 아이는 이제 어떤 책이라도 끝내 읽을 수 있고, 그렇게 읽고 나면 새로운 생각이나 좋은 감정을 얻게 된다는 걸 알았다.

『나니아 연대기』를 완독한 후 아이는 두꺼운 책도, 글자 많은 책도 더 이상 겁내지 않았다. 어떤 분야의 책이든, 어떤 두께의 책이든 가리지 않고 읽었다. 책 읽기를 더 좋아하며 잘하게 됐다. 독서 수준이 훌쩍 높아졌다. 아이가 고른 책을 보고 내가 "읽을 수 있겠니?"하고 걱정하면 아이는 당당하게 말하곤 했다.

"엄마, 나~~~ 나니아 연대기 다 읽은 사람이에요."
"에이, 나니아 연대기도 읽었는데 이걸 못 읽겠어요!"

아이는 그렇게 독서 계단을 하나 더 올라섰다. 책 모임 덕분에 쉽고 자연스럽게 말이다. 책 모임은 아이에게 독서 징검다리가 되어준다. 친구들과 재미나게 폴짝폴짝 뛰다 보면 다음 단계로 훌쩍 뛰어넘는다. 책 읽기에 흥미를 잃지 않으면서 더 깊은 책 세상으로 나아간다.

6 책 모임의 핵심

질문 만들기

책 모임의 핵심은 질문이다. 질문이 없다면 아이들은 금세 책을 벗어나 제멋대로 이야기를 펼친다. 마구 뻗어 나간 이야기는 책으로 다시 돌아오지 못한다. 뭔가 많이 떠들었지만 남는 것이 없는 대화가 모임을 채운다. 모임 전에 대충 어떤 이야기를 나눌지 정해놓으면 책 중심으로 대화하기 좋고, 혹시 이야기가 책을 벗어나더라도 다시 제자리도 돌려놓기 수월하다. 질문은 이야깃거리이자 함께 나눌 이야기 주제이다. 질문은 '책 읽는 모임'이라는 모임의 성격을 분명히 해주고, 책 내용과 관련된 대화를 해나가도록 중심을 잡아준다. 아이들 모두가 책 모임을 많이 해봐서 책 대화를 잘한다면 질문을 따로 만들지 않는 것도 가능하다. 책을 어떻게 읽었는지, 어떤 부분이 마음에 와닿았는지 간단하게 이야기 나눌 수 있다. 하지만 작품의 주제와 관련해서 좀 더 깊이 이야기 나누려면 질문을 미리 준비해야 한다.

어떤 질문을 하느냐에 따라 아이들 반응이 달라진다. 마음에 드는 질문을 만나면 아이들 머릿속에 새로운 생각이 퐁퐁 솟아오른다. 서로 자기 생각을 말하려 애쓰니 모임이 활기차진다. 질문에 따라 책 읽는 방향이나 해석하는 방법이 달라지기도 한다. 좋은 질문은 혼자 읽을 때는 크게 의미를 두지 않았던 인물이나 장면을 자세히 살펴보게 한다. 다양한 관점에서 책의 주제를 정리해보게 돕는다. 읽은 것에 자신의 모습을 비추어 보며 성찰하게 한다. 모임 마지막에 소감 나누기를 할 때 아이들이 가장 많이 하는 말이 "책을 이렇게 읽을 수 있는지 몰랐다.", "혼자 읽을 때 생각하지 못한 것을 알게 됐다."이다. 질문에 따라 읽은 내용을 다시 살피고, 자기 생각을 정리해보는 과정에서 아이들은 책을 다시, 제대로 읽는 경험을 한다.

목적을 달리하면 질문이 달라진다.

질문은 중요하지만 그렇다고 엄청 대단하거나 심오한 것은 아니다. 특히 아이 책 모임에서는 질문을 조금 편하게 생각할 필요가 있다. 모임을 한 번만 하고 말 거라면 정해진 책을 깊고 넓게 다루는 질문을 심사숙고해서 만들어야 할 거다. 책에서 얻은 통찰을 우리 삶에 적용하는 질문까지 담고 싶어 욕심이 날 수도 있다. 하지만 책 모임은 한 번만 하고 끝나는 이벤트가 아니다. 일정 기간 계속하는 모임이다. 이렇게 생각하면 질문 만드는 데 힘이 덜 들어간다. 질문이 조금 이상하거나 거칠어도 괜찮다. 모임을 오래 하면 자연스럽게 아이들과 대화 나누기 좋은 질문이 어떤 것인지 알게 되기도 한다. 완벽한 질문을 만들겠다는 욕심도 줄어든다. 책 모임에서의 질문은 그저 '아이에게 말 걸기'라고 생각하면 좋겠다. 아이에게 '너의 이야기가 궁금해. 이야기해주겠니?'하고 가볍고 따스하게 묻는 일이다. 책을 잘 읽었는지, 무엇을 알고 있는지 확인하는 게 목적이 아니다. 목적을 달리하면 질문이 달라진다.

책 읽고 나눌 질문을 정하는 일을 '발제'라고 하고, 하나의 양식에 질문을 정리한 것을 '발제문'이라고 한다. 발제문은 질문 목록이라고 할 수 있다. 《책 읽는 도토리》는 처음 4년 정도 엄마들이 발제와 진행을 돌아가며 했고, 이후에는 아이들이 발제와 진행을 돌아가며 했다. 모임 경험이 쌓이면서 아이들 스스로 질문을 만들 수 있게 된 것이다. 진행자는 모임 하루 전까지는 발제문을 밴드에 올린다. 다른 친구들이 미리 읽고 생각을 정리해보도록 돕기 위해서다. 아이는 발제문을 보며 "오, 이 질문 좋은데." 하기도 하고, 책을 다시 펼쳐보며 "이건 내가 놓친 부분이네." 하기도 한다. 발제문을 읽다가 모르는 내용이 나오면 책을 다시 읽는다. 아이가 어리고, 책 모임 한 경험이 많지 않을 때는 미리 엄마가 발제문을 보며 함께 간단히 이야기 나눠주는 게 도움이 됐다. 엄마랑 이야기 나누며 아이는 책을 어떻게 읽었는지, 주요 장면에 대해 어떻게 생각하는지 정리했다.

기본 질문과 발췌 질문

나는 책 모임을 진행할 때 보통 7~10개의 질문을 만드는데, 기본 질문 3가지와 발췌 질문 3~6가지, 책 모임 소감 나누기로 구성한다. 기본 질문은 모든 책에 공통으로 활용하는 질문 세 가지이다. '어떻게 읽었니?', '가장 인상 깊은 장면은 어디니?', '너라면 어떻게 하겠니?'이다. 문학 작품일 때 이 세 가지 질문으로 기본적인 감상 나누기가 가능하다. '어떻게 읽었니?'는 모임을 시작할 때 책을 어떻게 읽었는지 가볍게 묻는 것이다. 이때 별점 주기를 해도 좋다. 소감 말하기가 서툰 아이는 별점 주기를 통해 생각을 정리하게 하면 편하게 말한다. '가장 인상 깊은 장면은 어디니?'는 장면 대신 인물, 문장으로 바꿔 묻기도 한다. 비문학 작품이라면 '인상 깊은 장면' 대신 '인상 깊은 내용'으로 바꿔 물으면 된다. 읽으면서 마음이 머무른 문장, 문구, 인물과 선택한 이유를 돌아가며 말한다. 항상 이 질문으로 시작하기 때문에 아이들은 책 읽으면서 미리 마음에 드는 곳에 표시하는 습관을 갖게 됐다.

'너라면 어떻게 하겠니?'는 인물의 어떤 행동이나 선택에 대해 자신의 의견을 정해보는 것이다. '찬성하니, 반대하니?'하고 묻거나 '공감하니, 공감하기 어렵니?'로 묻는다. 아이마다 의견이 다르니 서로 재미있어한다. 조금 지루해질 때쯤 이런 질문을 하나 하면 아이들 얼굴에 생기가 돌아오고, 눈빛이 초롱초롱해진다. 이때 어느 쪽이 이겨야 하는 대화가 아니라 양쪽 이야기를 들어보며 다양한 방향에서 생각해보기 위한 대화라는 걸 기억해야 한다. 책 대화의 전제는 책 읽기에 '정답은 없다'이다. 모두의 생각과 감정은 존중받아야 한다. 이야기를 충분히 나누다 보면 다양한 의견 중에 더 가치 있고, 좋은 생각이 드러나기 마련이다. 책 모임 소감 나누기를 할 때 아이들은 "○○의 생각이 아주 좋았어요. 저는 주인공이 잘못된 선택을 했다고 봤는데, 그게 아닐 수도 있다는 걸 알았어요.", "친구들 이야기를 듣다 보니 내가 잘못 생각한 점이 있다는 걸 알았어요." 한다. 친구 이야기를 들으며 자기 생각과 비교해보고, 더 나은 생각을 찾아가려 애썼다는 걸 알 수 있다.

기본 질문 세 가지에 발췌 질문 3~4개 정도를 덧붙이면 6명 기준, 한 시간 모임이 가능하다. 발췌 질문은 발제자가 고른 책 속 장면을 발췌하고, 그에 대한 토론자의 생각을 묻는 것이다. 진행자의 의도가 가장 많이 들어가는 질문이라 할 수 있다. 발제를 위해 보통 책을 2~3번 읽는다. 바쁠 때는 한 번만 겨우 읽기도 하지만 최소 두 번은 읽어야 모임을 어떻게 할지가 머릿속에 떠오른다. 처음에는 책을 그냥 읽고, 두 번째 읽을 때 아이들과 머무르고 싶은 장면, 문장에 표시한다. 밑줄 긋고, 인덱스를 붙인다. 급할 때는 책 귀퉁이를 접는다.(발제할 책은 꼭 사서 읽는다.) 이렇게 표시한 부분 중에서 3~4개를 골라서 질문으로 만든다. 아이들이 놓치기 쉬운 인물의 마음 변화가 드러난 부분, 책의 주제를 잘 드러낸 부분, 아이들이 관련된 자기 경험을 이야기할 수 있는 부분 등을 선택한다.

이런 질문 저런 질문

처음 책 모임 할 때는 질문을 어떻게 만들어야 할지 막막하다. 조금이나마 이해를 돕기 위해 내가 모임에서 활용한 질문 몇 가지를 소개한다. 이것이 잘된 질문이거나 본이 될 만한 질문이라서가 절대 아니다. 나도 여전히 우왕좌왕 길을 찾아가는 중이다. 읽는 분들이 '이렇게도 해볼 수 있구나'하고 용기를 얻기를 바란다. 먼저, 『이상한 나라의 앨리스』(루이스 캐럴, 비룡소)를 읽고 만든 질문이다. 이 책은 영국의 작가 겸 수학자인 루이스 캐럴(본명: 찰스 루트위지 도지슨)이 쓴 이야기이며, 유머와 환상이 가득한 이야기로 오랫동안 사랑받고 있다. 작은아이가 5학년일 때 책 모임에서 읽었다. 아이들과 이야기 나누려고 질문 10개를 만들었다. 앞서 소개한 기본 질문과 발췌 질문 외에 단답형 질문도 넣었다. 여기서는 기본 질문과 발췌 질문만 추려 소개한다.

1. 별점을 주고, 읽은 소감을 나눠 봅시다.

별점	☆　☆　☆　☆　☆
이유	

2. 가장 기억에 남는 부분은 어디인지 이유와 함께 말해봅시다.

3. 앨리스는 강둑에서 책 읽는 언니 곁에 있었습니다. 그때 분홍 눈의 하얀 토끼가 앨리스 옆을 휙 지나쳐 갑니다. 내가 만약 앨리스라면, 토끼를 따라 갈까요? 따라 가지 않을까요?

① 따라 간다.　　　② 따라가지 않는다.

4. 이야기의 마지막 장면에 대해 어떻게 생각하나요?

> 앨리스는 언니의 무릎을 베고 누워 잠을 자고 있었던 것이다. 언니는 앨
> 리스 얼굴 위로 떨어진 나뭇잎들을 살며시 털어 내고 있었다.
> 언니가 말했다.
> "얘, 앨리스, 그만 일어나. 무슨 잠을 이렇게 많이 자니?"
> "아, 정말 이상한 꿈도 다 있네!" (p.200)

『이상한 나라의 앨리스』에 이어서 『프랑켄슈타인』(메리 셸리, 비룡소)도 읽
었다. 질문 거리가 무척 많은 책이다.

1. 책을 어떻게 읽었는지 별점을 주고 이유를 말해봅시다.

별점	☆ ☆ ☆ ☆ ☆
이유	

2. 인상 깊은 장면을 골라 봅시다.(쪽수/이유)

장면(쪽)	이유

3. 괴물은 빅터에게 자신의 짝을 만들어달라고 요구합니다. 실제로 빅터는 괴물의 짝을 만들다가 그만두지요. 내가 빅터라면 어떤 결정을 하겠습니까?
- 만들어준다.
- 만들어주지 않는다.

4. 괴물은 오두막의 장님 노인에게 자신의 심정을 이야기합니다. '그 상냥한 존재들에게 나를 알리고 사랑받고 싶은 열망'(p.230)에 오두막 사람들의 '친절과 연민'(p.231)을 얻고 싶어 합니다. 괴물의 말에 대해 어떻게 생각하나요?

'저는 불행하고 버림받은 존재입니다. 주위를 둘러봐도 친척 하나, 친구 하나 없지요. 제가 지금 찾아가는 그 상냥한 분들은 저를 본 적도 없고, 저에 대해 알지도 못합니다. 지금 제 마음은 두려움으로 가득합니다. 실패하면 세상으로부터 영영 버림받게 될 테니까요.' (p.233)

'그들은 친절한 분들입니다. 세상에서 가장 훌륭한 존재이지요. 하지만 불행하게도 저에 대해 편견을 갖고 있습니다. 저는 선량한 품성을 지니고 있고, 지금까지 살아오면서 아무런 해도 끼친 적이 없습니다. 오히려 얼마간 도움을 주기도 했고요. 하지만 그들의 눈에는 치명적인 편견의 장막이 드리워져 있습니다. 그래서 마음을 봐야 하는데, 친절한 친구를 봐야 하는데, 대신 꼴 보기 싫은 괴물만 본답니다.' (p.234)

5. 빅터는 드디어 생명 창조에 성공합니다. 하지만 일을 마치고보니 '아름다웠던 꿈은 사라지고 숨 막히는 공포와 혐오감만이 가슴을 가득 채웠'습니다. 빅터는 자신이 창조한 '끔찍한 괴물'(p.100)을 피해 도망칩니다. 이 장면을 어떻게 보았나요?

아아! 산 사람이라면 아무도 그 끔찍한 얼굴을 견딜 수 없으리라. 미라가 다시 살아난다 해도 그 흉물만큼 흉측하지는 않을 것이다. 완성하기 전에 그놈을 찬찬히 살펴본 적이 있었다. 그때도 추하기는 했지만 놈은 근육과 관절을 움직일 수 있게 되면서 단테도 감히 상상조차 못 했을 존재가 돼 버렸다. (…)
나는 거리로 달려 나가 빠르게 걸었다. 모퉁이를 돌 때마다 그 흉물이 나타날까 봐 두려웠다. 숙소로 돌아갈 엄두는 나지 않았다. (…) (p.102)

아이를 한 뼘 더 키우는 책 모임 이야기

이때는 내가 숭례문학당에서 독서토론 리더과정을 수료한 뒤라 질문 형식이 바뀌었다.(숭례문학당은 다양한 강좌나 읽기 모임을 운영하는 독서공동체이다.) 숭례문학당 독서프로그램에서 활용하는 양식이다. 질문의 근거가 되는 쪽수를 밝혀 적고, 책을 읽지 않은 사람도 질문 의도를 이해할 수 있도록 자세히 쓴다. 이런 질문은 책의 주요 장면이나 문제 상황을 제시하여 깊게 읽어내게 돕는다. 사고를 확장시켜 새로운 해석이나 통찰에 이르게 한다. 질문을 잘 만들면 아이들이 기대 이상으로 이야기를 풍성하게 나눈다. 다만, 어린아이들은 질문을 이해하지 못해서 대화 나누기가 어려워지기도 한다. 책 종류에 따라, 아이들의 독서 수준이나 모임 경력에 따라 알맞게 활용하면 좋겠다.

질문하며 아이에게 말 걸기

나는 질문을 넉넉히 준비하고, 모임 날 아이들이 대화 나누는 모습을 보며 질문을 골라서 이야기 나눈다. 아이들이 이야기를 많이 하고 싶어 하는 질문이 있다면 다른 질문은 포기하고, 그 질문만 한참 다루기도 한다. 꼭 만든 질문을 다 활용해야 하는 것도 아니고, 꼭 다뤄야 하는 질문이 정해져 있지도 않다. 상황에 따라, 아이들 수준에 따라 질문 유형이나 개수를 적절히 조절한다. 모임을 꽤 오래 했지만 여전히 나는 질문 만들기가 어렵다. 질문을 잘못 만들어서 모임을 만족스럽게 끝내지 못하는 날이 많다. 애써 만든 질문을 아이들이 이해하지 못해서 정적이 흐르기도 하고. 질문이 너무 길어서 시작부터 모임이 지루해져 진땀 흘리는 날도 많다. 그래도 괜찮다. 계속하는 게 중요하다. 하다 보면 실패만큼 성공 경험도 쌓인다. 나와 아이들이 이야기 나누기 좋은 질문 형식을 갖추게 된다.

책 모임은 책을 도구로 슬쩍 아이에게 말 거는 일이라고 나는 생각한다. "엄마는 이렇게 생각해."라는 일방통행 말하기를 멈추고, "네 생각은 무엇이니?" 하고 묻는다. 아이의 눈빛과 표정을 살피며 잘 듣는다. 이때 질문은 아이에게 어떤 이야기를, 어떻게 하면 되는지 알려준다. "우리는 네 이야기를 정말 듣고 싶어, 이런 이야기를 들려주면 좋겠어."라고 말해주는 것이다. 질문을 길잡이 삼아 아이들은 실컷 이야기판을 벌인다. 서로의 이야기를 모아 새로운 이해와 감동을 얻는다. 그러다 어느 순간에 자신만의 질문을 만들어낸다. 그 질문을 해결하기 위해 또 읽고, 생각하고, 묻는다. 내가 던진 질문은 미래에 아이가 만들 질문의 씨앗이 된다. 아이만의 질문, 아이만의 대답을 기대하며 나는 오늘도 책을 읽고, 질문을 만든다.

⑦ 함께라면 뭐든지 읽는다

한국사 시리즈

　작은아이가 5학년이 되면서 역사책을 읽어야 할 필요성을 느꼈다. 학교 교육과정에 한국사가 나오는데, 과연 교과서만으로 방대한 한국사를 잘 이해할 수 있을까 걱정됐기 때문이다. 한국사를 특정 사건이 일어난 날짜나 위인 몇 사람 정도를 외우는 공부로 받아들여서는 안 되었다. 아이가 좀 더 넓은 시야로 한국사 전체를 읽고, 과거 사람들의 이야기를 알아가는 재미를 느끼길 바랐다. 아이 스스로 역사에 관심을 두고, 역사책을 찾아 읽어주면 좋으련만. 우리 아이는 그런 아이가 아니었다. 동화나 과학책(동물, 환경, 인체 따위)은 가리지 않고 읽는 편이나 역사책은 읽어본 적도 없고, 읽자고 권해도 고개를 저으며 멀리 도망갔다. 사실 '지금, 여기'의 삶에 충실한 아이들에게 몇백만 년 전 사람들의 이야기를 궁금해하길 기대하는 게 무리다.

이렇게 아이에게 어떤 책을 슬쩍 읽히고 싶을 때는 '함께 읽기'를 하면 된다. 책 모임에서 친구들과 함께 읽기로 약속하면 된다. 책 모임은 어떤 책이라도 일단 읽어야 하는 강력한 동기가 되어 준다. 그렇다고 아이에게 "무조건 읽어야 해!" 하고 책을 던져주는 것은 아니다. 왜 이 책을 읽었으면 좋겠는지 잘 설득한다. 사실 설득이랄 것도 없다. 책 내용을 간단히 설명해주고, 모임에서 읽으면 좋겠다고 하면 아이는 선선히 고개를 끄덕인다. 아이는 그동안 모임하면서 함께라면 어떤 책이든 읽어낼 수 있다는 걸 경험했다. 혼자보다는 함께 읽을 때 책 읽기가 즐겁다는 것도 안다. 아이는 중학생이 된 지금도 내가 "이 책은 모임에서 읽어보면 어때?"라고 하면 언제나 흔쾌히 "네. 좋아요!" 한다. 혼자 읽고 감동 받은 책이 있으면 꼭 "모임에서 같이 읽을래요." 한다. 책 모임에서는 무엇이든 즐겁게 읽는다. 책 모임의 마법이다.

한국사 읽기를 시작하다

엄마들과 어떤 한국사 책을 읽을까 의논했다. 한 권으로 한국사를 요약한 책도 있지만 이왕 읽는 거 여러 권으로 자세히 정리된 책을 읽기로 했다. 나는 이미 큰아이가 책 모임에서 역사책 시리즈를 읽어내는 것을 경험했기 때문에 큰 고민 없이 시리즈 읽기를 선택했다. 이맘때 6학년인 큰아이는 친구들끼리 책 모임을 했고, 그 모임에서 5학년 때『용선생의 시끌벅적 한국사』(사회평론)를, 6학년 때 『교양으로 읽는 용선생 세계사』(사회평론)를 읽었다. 어른 도움 없이 저희끼리 돌아가며 발제와 진행을 했다. 지금 생각해보면 아이들 이 참 대단하다 싶다. 긴 호흡으로 시리즈를 포기하지 않고 읽어냈 다니 놀랍다. 그냥 읽는 것도 어려운데 질문을 만들고 서로 이야기 나누기까지 했다. 몇 년간 책 모임해온 아이들이었기에 가능했다고 생각한다.

『용선생의 시끌벅적 한국사』는 모두 10권이다. 역사책을 연이어 읽으면 지루하고 힘들 것 같아 매월 1권을 2주에 나눠 읽었다. 마 지막 10권까지 읽는 데 10개월이 걸렸다. 한국사를 읽고 이어서 세 계사까지 읽었는데, 용선생 시리즈가 익숙하다 하여 세계사도 같은 시리즈로 읽었다. 시리즈물은 서술방식이나 편집 형식이 일정하므 로 처음 몇 권만 익숙해지면 읽어나가는데 큰 어려움이 없다. 이것 이 장점이기도 하고 단점이기도 하다. 비슷하고 익숙하니 일정 권 수가 넘어가면 지루해지기 때문이다. 당시『교양으로 읽는 용선생 세계사』는 계속 출간 중인 상태였는데, 현재는 15권까지 나왔다. 큰 아이와 친구들은 8권까지 읽었다. 시리즈 마지막 권까지 읽지는 못 했지만 이렇게 읽어낸 경험이 이후 책 읽기에 도움이 됐다. 아이들 이 중학생이 되면서『이만큼 가까운 미국』,『세계는 왜 싸우는가』 등의 책으로 자연스럽게 넘어갈 수 있었다.

『한국사 편지』 함께 읽기

작은아이 모임에서는 함께 읽을 책을 『한국사 편지』(박은봉, 책과 함께어린이)로 정했다. 여러 책을 살펴본 후 문체나 내용, 권수 등을 고려해서 골랐다. 10권짜리 한국사 책을 읽은 큰아이가 힘들고 지루했다는 평을 해준 것도 참고했다. 큰아이는 한국사를 자세히 알아볼 수 있어 좋았지만 10권을 끝까지 읽느라 꽤 힘들었다고 했다. 《책 읽는 도토리》에서는 한국사 책을 이번 한 번만 읽고 끝낼 것이 아니니 너무 질리지 않게 5권짜리 책으로 훑고, 차차 다양한 역사책을 읽어가기로 했다. 1권을 2~3개의 부분으로 나눠 여러 주에 걸쳐 읽고, 2~3명이 나눠 발제와 진행을 하기로 했다. 3월부터 읽기 시작해서 8월 무렵 한국사 읽기가 끝나도록 계획을 세웠다.

한국사 책만 읽으면 지치고 힘들 수 있다. 그래서 한국사 책 1권을 읽고 나면, 각자 고른 동화책을 한 번 읽기로 했다. 한 달에 한국사 1권을 2~3명이 발제하고, 한국사 책 읽은 후 동화책을 1명이 발제하는 거다. 한국사 발제 순서와 동화책 발제 순서를 따로 정해서 서로 겹치지 않도록 조정했다. 이렇게 세운 계획대로 한국사 읽기를 진행했다. 모두가 맡은 역할을 정성껏 해준 덕분에 8월 무렵 『한국사 편지』 제5권을 읽고, 한국사 시리즈 읽기를 무사히 마칠 수 있었다. 책모임 책은 꼭 읽는다, 발제와 진행은 돌아가며 한다, 모임 날 꼭 만난다 등의 약속이 잘 지켜진다면 모임에서는 어떤 책이든 끝까지 읽을 수 있다. 탄탄하게 다져진 책 모임은 아이들이 낯선 책, 어려운 책으로 수월하게 올라서게 돕는다.

『한국사 편지』로 발제와 진행은 어떻게 하면 좋을까? 정답은 없다. 책 모임 경험이 많은 아이들이라면 각자가 인상 깊었던 부분, 의문가는 부분을 골라 나누기만 해도 좋다. 진행자가 읽은 부분에서 역사 퀴즈를 내고, 나머지 아이들이 맞추는 활동도 좋다. 책 읽는 도토리에서는 이때쯤 엄마들 도움을 줄여가며 아이들끼리 발제하고 진행하는 연습을 하고 있었다. 책 모임 독립을 위한 일종의 과도기였다. 나는 이게 오히려 좋았다. 만약 엄마들이 발제와 진행을 맡았다면 한국사 수업이 되었을지 모른다. 책 내용을 암기해야 할 지식으로 여기고, 하나도 빠트리지 않고 아이들과 확인하려 들었을 거다. 엄마 도움 없이 아이들이 질문을 고르고, 퀴즈를 만들었다. 어른들 보기에 가볍고 엉성해 보일 수 있지만 덕분에 아이들은 책을 즐겁게 읽었다.

책을 고를 때는 엄마 생각이 많이 들어갔지만, 책을 읽어나갈 때는 아이들이 주인이 되어 놀이하듯 즐겼다. 물론 엄마의 욕심을 끝까지 내려놓을 수가 없어 수업처럼 되어버린 날도 있다. 아이 발제를 도와주려다가 발제문에 엄마 생각이 너무 많이 들어간 경우다. 역사책 발제를 하다 보면 이것도 중요하고, 저것도 중요해 보인다. 욕심내어 발제문에 내용을 많이 집어넣는다. 그런데 모임 진행은 아이가 했기 때문에 수준 높은 발제를 제대로 다루지 못했다. 자기가 만든 질문이 아니라서 즉석에서 질문을 바꾸거나 보충하지 못했다. 책 모임에서는 아이들에게 뭔가를 가르치려 하면 안 된다. 한국사 책을 읽을 때도 마찬가지다. 함께 읽고, 왁자지껄 떠드는 중에 아이가 느끼고 배우고 성장한다. 그걸 믿어야 한다.

아이가 만든 질문들

『한국사 편지』를 읽으며 아이가 만든 질문 몇 가지를 소개한다. 주로 읽은 내용을 확인하거나 특정 사건이나 인물에 대한 생각을 묻는 질문이다.

• 단군 신화에서 나라 세운 이야기를 신비롭게 표현한 이유는 무엇일까?
• '국가'를 중심 낱말로 해서 다섯 손가락에 관련된 내용을 정리해서 써 보자. (다섯 손가락 그림)
• 내가 임꺽정이었다면, 부하 서림이 배신했을 때 어떤 생각과 느낌이 들까?
• 나만의 신록을 만들어 보자.
(예) 체체왕 신록 - 오늘 아침7시 체체왕 기상. 정각에 사냥하다 발이 꺾여 넘어졌다. 도토리 학자 중 가희, 신우와 인스턴트 식품을 먹고, 다있

어요로 구경감. 베스킨라빈스에서 시원한 디저트를 먹었음. 5시 30분 도토리 학자들과 책 모임 연구. 8시 25분 피구에서 멋진 포즈를 취하려다 발이 꼬꾸라져 반깁스 후 통깁스를 한다고 함.

- 내가 조선의 농민이라면 탐관오리가 괴롭혔을 때 어떻게 했을까?
- 조선 농민의 삶은 어떠했던 것 같니?

읽는 분들은 '에이, 이 정도밖에 안 돼?' 할지도 모르겠다. 아이 스스로 질문을 만든 지 얼마 되지 않았을 때다. 2년 정도 아이들끼리 모임을 한 뒤에는 질문 만들기를 훨씬 잘하게 됐다. 그런데 이런 엉성한 질문만으로도 아이들은 1시간 동안 이야기를 실컷 나눈다. 질문에 답을 하다가 자기가 아는 다른 인물이나 역사적 사실을 꺼내놓고, 자기가 겪은 일을 한참 얘기한다. 예전에 읽은 이야기도 두서없이 꺼내놓는다. "그런데 여기서 말이야." 하고 자기가 궁금했던 부분을 짚어 보여주기도 하고, "○○는 왜 그런 선택을 했을까?" 하고 친구 생각을 묻기도 한다. 자연스럽게 "나라면~" 하고 지금, 여기서의 우리 이야기로 엮어낸다.

책 모임에서의 한국사 읽기는 역사 수업과 다르다. 분석하고, 정리하고, 학습하지 않는다. 가볍게, 재미있게 읽고 우리가 만든 질문으로 이야기 나눈다. 한국사에 자연스럽게 관심을 갖게 해주고, 한국사를 계속 알아갈 수 있도록 힘을 불어넣어 준다. 일종의 불쏘시개 역할이랄까. 이렇게 한국사를 읽고 나면 다음에 더욱 깊이 있는 역사책을 골라 함께 읽을 수 있다. 읽을 수 있는 책의 수준이나 범위가 확장된다.

함께 읽으면 뭐든 읽는다.

책 모임이 아니었다면 우리 아이가 한국사 시리즈를 읽을 수 있었을까. 나는 아니라고 생각한다. 책 좋아하는 아이라도 평소 읽지 않던 분야의 책을 만나면 멈칫하기 마련이다. 어른이 '이거 꼭 읽어야 한다.'하고 덧붙인다면 책을 슬쩍 옆으로 밀어둔다. 하지만 책 모임에서는 무엇이든 읽을 수 있다. 책 모임은 아이가 새로운 책 세계로 나아갈 때 갖는 두려움 혹은 거부감을 많이 줄여준다. 아이는 지루한 책도 친구들과 웃고 떠들며 읽으면 덜 지루하다는 걸 알고, 두꺼운 책도 친구들과 함께 여러 날 나눠 읽으면 끝까지 읽을 수 있다는 걸 안다. 친구들과 함께 읽기로 한 책은 무엇이든, 끝까지 읽는 습관을 들인다.

한국사, 세계사, 정치, 사회 등. 아이는 세상을 더 넓게, 깊게 이해하기 위해 읽어야 하는 책을 책 모임의 힘에 기대어 읽는다. 다만, 아이가 어리다면 재미있는 책, 쉬운 책으로 친구들과 즐겁게 이야기 나눌 수 있는 자리를 더 많이 마련해주길 권한다. 모임 한 경험이 충분히 쌓이고, 아이가 세상일에 궁금해할 나이가 될 때까지 기다려줘야 한다. 달콤한 책 모임 경험을 차곡차곡 쌓은 후에야 씁쓸한 책 읽기도 가능하다. 너무 일찍 쓰고 고된 책을 내밀면 아이가 마음의 문을 닫아버린다. 책 읽기도 모임도 엉망이 된다. 아이가 책 모임에 푹 빠지게 돕는 일이 먼저다. 책 모임이 일상이 되면 아이는 친구들과 함께 뭐든 읽는다. 그렇게 책 모임에서 아이 마음의 키가 한 뼘 더 자란다.

(8) 초등 5학년 책 모임

《스페이스》

큰아이는 4학년 2학기에 친구 문제로 힘든 일을 겪었다. 학급 친구 여럿에게 무시 받고, 놀림당했다. 뒤늦게 그 사실을 알고 나는 여러 날 동안 잠을 이루지 못했다. 어떻게 내 아이가 그런 일을 당할 수 있지? 왜 이런 일이 일어난 거지? 내가 뭘 잘못한 걸까? 수도 없이 떠오르는 질문에 답하느라 심신이 지쳐갔다. 이 일을 처리하는 과정에서 아이도 상처를 많이 받았다. 아이 얼굴은 나날이 어두워졌고, 감정 기복이 심해졌다. 그런 아이를 다독이겠다며 나는 함부로 아이 상처를 들추었다. 빨리 괜찮아지라고 다그쳤다. "예방주사 맞은 거다.", "다들 겪는 일이다."라며 어른이랍시고 아무 소용없는 조언을 했다. 그런 말들이 아이를 더 힘들게 한다는 걸 그때는 몰랐다.

아이와 나는 누가 먼저랄 것도 없이 짜증과 화를 던지고 받았다. 서로의 마음에 깊게 생채기를 냈다. 결국 아이는 입을 다물었고, 나

아이를 한 뼘 더 키우는 책 모임 이야기

는 다급해졌다. 무엇이든 해야 했다. 사람에게 받은 상처는 사람에게서 치료받아야 한다. 아이를 보듬어줄 안전하고, 따뜻한 공동체가 절실했다. 또래 친구가 있고, 소통과 공감이 이뤄지는 공동체. 그런 공동체가 어디에 있을까? 내가 아는 건 책 모임밖에 없었다. 마침 1년 동안(3학년 겨울~4학년 겨울) 해오던 책 모임 《책사냥꾼》을 정리한 뒤였다. 《책사냥꾼》은 남녀 구분 없이 일주일에 한 번씩 우리 집에서 모여 책 대화를 나눴다. 나 혼자 진행했는데 어려운 점이 많았다. 우선, 모임 인원이 너무 많았고, 책을 읽어오지 않는 아이도 있어 책 대화가 어려웠다. 책 모임 경험이 적은 내가 능숙하게 이끌지 못한 탓도 있다. 아쉬운 마음을 달래며 모임을 정리했다.

다시 시작하는 책 모임

《책사냥꾼》은 1년밖에 하지 못했지만, 우리 아이는 책 모임에서 꾸준히 친구들 만나는 걸 좋아했다. 수줍어하면서도 제 이야기를 했고, 다른 아이 이야기를 들으며 많이 웃었더랬다. 지금이야말로 아이에게 좋은 책과 친구가 필요한 순간이라는 생각에 다시 용기를 냈다. 책 모임을 새로 시작하기로 한 거다. 이번에는 여자 친구끼리의 모임이어야 했다. 아이에겐 속마음을 털어놓고, 서로 공감해줄 친구가 필요했기 때문이다. 《책사냥꾼》을 함께 했던 친구, 전에 같은 반이었던 친구, 엄마가 나와 책 모임을 같이 했던 친구. '사춘기'라는 말로만 설명되는 미묘한 변화를 느끼기 시작한, 이제 막 12살이 되려는 소녀 넷이 모임을 시작했다. 자기 몸과 마음에 관심이 많고, 어른의 눈 밖으로 나가고 싶어 하는 아이들. 책 모임은 그 아이들만의 비밀 공간이 되어야 했다. 시작은 어른이 함께하지만 최대한 빨리 어른이 사라져 줘야 한다. 모임의 주체를 아이들로 세우자. 그런 마음으로 모임을 준비했다.

엄마 모임 먼저 하기

아이 책 모임을 탄탄하게 운영하려면 엄마끼리 이야기를 많이 나눠야 한다. 엄마가 아이 책 모임의 가치를 알고, 중요하게 생각해야 모임이 잘 되기 때문이다. 어른 없이 아이끼리 모임 할 때는 더 그렇다. 그래서 큰아이의 두 번째 책 모임을 시작하기 전에 엄마 모임을 가졌다. 늦은 밤 8시에 집 앞 카페에 모였다. 나는 내 아이의 아픔을 다른 엄마들에게 이야기하지 못했다. 나 자신도 아직 감정을 추스르지 못한 상태로 섣불리 그 일을 남에게 털어놓을 수 없었다. 아이도 친구들이 그 일을 아는 걸 원치 않았다. 나도 아이도 아무 일 없던 것처럼 웃고 떠들 공간이 필요했다.

엄마들과 이런저런 얘기 나누면서 다른 아이들에게도 책 모임이 필요하다는 걸 알게 됐다. 5학년이 되면서 아이들은 감정 기복이 심해지고, 비밀이 많아졌다. 엄마들은 아이가 큰 변화를 겪고 있으며,

이제 부모가 도울 수 있는 것이 많지 않다는 데 공감했다. 우리 아이만 그런 게 아니었다. 아이들에게는 좋은 친구와 안전한 공동체가 필요하다. 엄마들은 온화한 표정으로 내 이야기를 듣고, 부드러운 말투로 자신의 생각을 나눠줬다. 얘기를 나누다 보니 아이로 인해 생겨난 내 불안한 마음도 스르륵 사라졌다. 책 모임이 우리 아이에게 좋은 책과 친구를 선물해 줄 거란 확신이 들었다. 시간이 좀 걸리더라도 분명 아이는 제힘으로 다시 일어설 것이다. 친구들과 소통하고 공감하며, 자신에 대한 믿음을 되찾을 것이다. 그렇게 생각하니 새로 시작하는 책 모임을 제대로 꾸려보겠다는 의욕이 솟아났다.

책 모임 운영 방법 정하기

엄마 모임에서 나눈 이야기를 바탕으로 아이 책 모임 운영 방법을 다음과 같이 정했다. 내가 곁에서 돕는 기간은 최대한 짧게 잡았다. 아이들끼리 읽고 싶은 책 읽고, 하고 싶은 이야기 실컷 나눠야 하기 때문이다.

- 매주 1회, 금요일 모임 하기
- 2016년 12월~2017년 2월은 엄마와 함께 모임 하기(질문하기, 진행하기 연습)
- 2017년 3월부터 아이들끼리 차례를 정해 책 선정, 발제, 진행하기

- 각자 공책을 마련해 매번 모임이 끝나면 모임 소감 기록하기
- 매월 1회 엄마 모임 하기 - 아이 책 모임 상황 공유 및 의견 교환

엄마 모임에서 정한 내용을 아이들에게 전하고, 동의를 구했다. 아이들은 저희끼리 모임 한다는 것만으로도 좋아했기 때문에 무엇이든 좋다 했다. 이후 2년 동안, 아이들끼리 모임 했는데 처음 결정한 내용을 거의 그대로 지켰다. 고학년이라서 월 2회 모임하면 어떨까 생각도 했다. 하지만 처음 모임 할 때는 다소 무리가 되더라도 자주, 꾸준히 모이는 게 좋다. 매주 한 번씩 꼬박꼬박 모이니 아이들은 더욱 친밀해졌고, 책 읽는 일을 쉽게 일상으로 받아들였다. 아이들이 나이와 성별이 같고, 이미 아는 사이라서 안정된 분위기에서 책 대화를 나눴다.

고학년이 되면서 다니는 학원이 늘면, 자칫 책 모임이 학원에 밀릴 수 있다. 영어, 수학, 독서 논술, 피아노, 미술……. 책 모임이 학원 목록 중 하나로 전락하는 일이 생긴다. 아이가 바빠지면 제일 먼저 책 모임을 그만두고 싶어진다. 당장 공부에 영향이 없으니 쉽게 '끊을' 수 있다. '책 모임이 우리 아이에게 꼭 필요하다.'는 생각을 가져야 한다. 감사하게도 이 아이들과는 중학교 3학년이 된 지금까지도 모임 한다. 중학교 입학 후 학교 공부와 과제 양이 폭발적으로 늘어났지만 책 모임은 그만두지 않았다. 상황에 맞게 모임 횟수나 읽는 책을 조정하면서 계속 만난다. 덕분에 우리 아이는 웃음을 되찾았고,

그 누구보다 유쾌하고 자신감 넘치는 사람으로 자랐다. 책과 벗들 덕분이다.

2016년 12월 16일, 《스페이스》 첫 모임 하던 날

엄마 모임이 끝나고 첫 번째 아이 책 모임을 했다. 친구들을 우리 집으로 초대했다. 우리 아이가 내민 손을 흔쾌히 잡아준 친구들. 내 겐 아이 한 명 한 명이 곱고 귀했다. 책 모임이 잘되도록 뭐든지 하겠다고 다짐했다. 당분간은 내가 참여해서 이야기 주고받는 방법을 익히게 돕기로 했다. 처음 모인 자리에서 모임 이름과 규칙을 정했다. 아이들은 '스페이스(SPACE)'를 골랐다. 읽을 책도, 할 이야기도 우주처럼 무한대라는 뜻이다. 어른인 나는 순우리말로 좀 더 그럴듯한 이름을 정하길 바랐다. 하지만 아이들 모임이니 어른의 생각은 꿀꺽 삼키고 내뱉지 말아야 한다. 이날 정한 《스페이스》라는 모임 이름처럼 책 이야기는 끝도 없이 이어졌고, 아이들은 2년 동안 무탈하게 책 여행을 즐겼다.

이름을 정한 후 간단히 규칙도 정했다. 아이들이 정한 규칙은 모두 네 가지이다. 다른 친구 험담하지 않기, 모임에서 한 이야기는 서로 비밀 보장해주기, 되도록 책은 읽고 모이되 책을 못 읽어도 모임에는 나오기, 서로의 이야기를 비난하지 말고 잘 들어주기이다. 한참 예민한 여자아이들이다 보니 비밀 보장과 서로 비난하지 않는다는 약속이 가장 중요했다. 아이들은 무엇이든 이야기할 수 있는, 안전한 공동체를 원했다. 서로 친밀하게 지내되 지킬 것은 지키자고 약속했다.

아이가 다시 웃다

첫 모임 사진 속 아이들 모습에서 긴장과 설렘이 느껴진다. 주방 식탁에 둘러앉은 아이들은 따뜻하게 서로를 응시한다. 필통, 공책, 이야기 카드 따위를 잔뜩 늘어놓은 식탁을 오후 햇살이 살포시 덮는다. 이제 막 무슨 이야기인가를 시작한 아이, 그 아이를 향해 부드럽게 웃으며 경청하는 아이들. 그날 아이들은 자신이 좋아하는 게 무엇인지 이야기 나눴다.

"나는 그림 그리는 거 좋아하고 돌아다니는 건 별로 안 좋아해."
"응? 나는 돌아다니는 거 좋아하는데."
"나는 역사책 좋아해."
"아, 그래? 난 역사 모르는데."

아이들은 준비한 면 파우치에 책 모임을 상징하는 글자와 그림을 그려 넣으며 이야기꽃을 피웠다. 같은 성별에 또래 친구이니 어떤 얘기를 해도 서로 통했다. 나는 그저 '함께 책을 읽는 모임'이라는 놀이

아이를 한 뼘 더 키우는 책 모임 이야기

판만 내어주면 되었다. 그 놀이판 위에서 우리 아이가 신나게 뛰어놀 준비를 했다. 아이는 다시 밝게 웃었다. 교실에서 자신을 향해 쏟아졌던 차가운 시선과 거친 말들 대신에 친구들의 따스한 눈빛과 공감하는 말을 가슴에 담았다. 아이가 웃는 게 좋아서 나는 눈물이 났다. 아이의 마음을 살펴줄 책 한 권과 이 좋은 친구들만 있으면 되는 거다. 그러니 조급해하지 않아도 된다. 이렇게 생각하니 안심이 됐다. 눈가의 눈물이 마르지도 않았는데 이번엔 웃음이 났다.

친구들이 집으로 돌아가고 아이와 오랜만에 책장 앞에 섰다. 모임에서 함께 읽을 책을 정해야 했기 때문이다. "엄마, 『나니아 연대기』 어때요?" 아이의 목소리가 오랜만에 높고 가벼웠다.

9 이제 엄마 없어도 돼요

아이의 독립

어린이는 어른이 없는 사이에 자란다.

『거짓말하는 어른』(김지은, 문학동네, 2016)

불안한 엄마, 자라지 못하는 아이

나는 불안도가 높은 엄마였다. '어른이 없는 사이'를 큰아이에게 내준 적이 없다. 첫 아이라 더 그랬다. 집 밖 험한 세상에 아이를 내놓기가 두려워 품에 꼭 품고 다녔다. 아이가 놀이터에 갈 때는 따라나서서 안전한 것과 위험한 것을 구분했다. 행여나 아이가 혼자 길 나섰다가 잘못되기라도 할까 봐 가까운 곳도 따라갔다. 마트에서 간식거리를 고를 때는 식품영양 정보를 꼼꼼히 따지고, 아이를 향해 "이건 안 돼."를 줄기차게 외쳤다. 아이가 보는 것, 듣는 것, 먹는 것 모두 내가 결정했다. 스스로 무엇을 선택해본 적 없는 아이는 늘 "엄마가 골라주세요." 했다. 자기가 무엇을 좋아하는지, 무엇을 잘할 수 있는지 도통 모르는 아이, "나 이거 하고 싶어요."를 말하기 위해 여러 번 머뭇거리는 아이. 그게 내 아이였다.

그러다 4학년 때 아이가 같은 반 친구들에게 따돌림과 괴롭힘을 당했다. 아이는 꽤 긴 시간 동안 친구들의 무례한 말과 행동을 받아냈다. 나는 그제야 정신이 번쩍 들었다. 모든 게 내 잘못된 양육 태도 때문이었다. 집에서도 자기감정과 생각을 꺼내놓지 못하는데, 학교에서 잘할 리가 없지 않나. 혹시라도 아이가 내게 힘든 내색을 했더라도 나는 "남에게 피해 주면 안 된다.", "네가 참아야 한다."라며 아이 말을 끊었을 것이다. 분명 그랬을 거다. 그렇게 엄마 품에 갇혀 지내느라 아이 마음이 자랄 틈이 없다는 걸 그때는 왜 몰랐을까. 뒤늦은 후회가 몰려와 가슴을 무겁게 짓눌렀다.

어디서부터 바로 잡아야 할까 고민하며, 급한 대로 아이 책 모임부터 꾸렸다. 마음 따뜻한 친구들에게 내 아이를 맡기고 싶었다. 부랴부랴 모임은 만들었는데, 나는 여전히 불안한 엄마였다. 아이들끼리 모임 하게 둘 수 없어서 내가 발제와 진행을 도왔다. 말이 돕는 것이지 아이들 하는 것을 속속들이 지켜보고 있었던 거다. 그런데 네 번째 모임 만에 아이가 "엄마 없이 해볼래요. 이제 엄마 없어도 돼요." 했다. 잔뜩 힘이 들어간 그 목소리를 나는 아직도 기억한다. 아이 마음 어디에 그런 당당함이 깃들어 있던 걸까. 기분 탓인지 아이 눈빛마저 전과 달라 보였다. 그렇게 아이는 엄마에게서 독립하는 첫발을 내디뎠다.

어린이에게 좋은 세계는 어른이 얼마쯤 눈길과 손길을 거두어도 편안하게 놀 수 있고 이것저것 마음껏 해볼 수 있는 세계다. 그런 세계에서 어린이는 '우리끼리 해봤는데 재미있는걸.', '조금만 더 하면 어른들이 만든 것보다 더 멋지게 되겠다.'하면서 더 나은 세상을 향한 기운을 모은다. 『거짓말하는 어른』(김지은, 문학동네, 2016)

아동문학평론가 김지은의 말을 빌리자면, 아동문학은 아이들을 위한, 어른 없는 좋은 세계가 되어준다. 《스페이스》에는 그 좋은 세계로 함께 떠나 줄 친구들이 있었다. 엄마인 나는 책 속 세상 그리고 함께 하는 친구들을 믿고, 조금씩 아이를 옭아매던 눈길과 손길을 거두었다. 책 모임이 아니었다면 내가 아이에게 빈틈을 내어주기까지는 더 긴 시간이 필요했을 거다. 그 사이 아이는 더 작아지고, 자기를 잃어버렸을지 모른다. 책 모임 덕분에 우리 아이는 "엄마 없어도 돼요."라며 제 목소리를 내었다. 자기 영역 밖으로 엄마를 밀어냈다. 그 밀어냄이 나는 싫지 않았다. '아, 이제 됐다.' 싶어 안도했다.

어른 없는 곳에서 아이가 자란다

그때부터 모임의 모든 것을 아이들에게 맡겼다. 책 선정, 발제와 진행 등 모든 것을 아이들이 정했다. 아이들은 돌아가며 각자 발제하고 싶은 책을 골랐고, 함께 나눌 질문을 뽑아 발제문을 만들었다. 이제 막 5학년이 된 아이들은 컴퓨터 사용 경험이 적었다. 우리 아이도 극성 엄마 덕분에 인터넷 사용이나 TV 시청을 거의 하지 못했다. 처음 발제문을 컴퓨터로 작성하려니 시간이 오래 걸렸다. 아이는 한글 프로그램 사용에도 서툴렀고, 원하는 글자를 키보드에서 찾아 입력하는 것도 어려워했다. 어른인 내가 하면 5분이면 끝날 일을 아이는 30분 넘게 걸려 겨우 마쳤다. 아이를 돕지 않고 지켜보기만 하자니 엄마 마음은 답답하고 힘들었다. 머릿속에 참을 인(忍)자를 수십 번 새기며 기다렸다.

그렇게 책 모임 《스페이스》는 온전히 아이들만의 모임으로 자리 잡았다. 두 달 정도 우리 집에서 모이고, 이후에는 집 앞 작은 찻집으로 장소를 옮겼다. 4명씩 앉을 수 있는 테이블이 2개 밖에 없는, 아주 작은 찻집이다. 손님이 없는 시간을 골라 1시간 정도 모임 했다. 아이들만 가서, 자유롭게 떠들었다. 찻집 주인 입장에서는 영업에 방해가 된다 생각할 수도 있는데, 다행히 마음씨 좋은 분이어서 언제나 아이들을 반갑게 맞아주었다. 나는 종종 찻집에 들러 주인아주머니에게 감사 인사를 했다. 그때마다 아주머니는 "아휴, 애들이 책 얘기를 아주 재미나게 해요. 딴 얘기로 갔다가도 금방 책 얘기로 와요." 하고 아이들 이야기를 해줬다. 아이들이 어떻게 모임 하는지 궁금해서, 슬쩍 옆에 가서 앉아있어 보려고 한 적도 있다. 그때마다 우리 아이가 '엄마, 안 가세요?' 하는 눈빛을 보내서 잠시도 머무르지 못하고 일어섰다.

나는 집에 돌아온 아이에게 모임 이야기를 해달라고 졸랐다. 아이가 슬쩍 꺼내 주는 이야기는 언제나 내가 기대했던 것 이상이었다. 아이들은 어른 없는 공간에서 훨씬 자유롭게, 풍성하게 이야기 나눴다. 어른이 정해준, 어른이 바라는 이야기가 아니라 자기들이 하고 싶은 이야기를 했다. 뿐만 아니라 아이들은 모임을 어떻게 하면 더 재미있을까 궁리했다. 별명 짓기, 책 내용으로 퀴즈 만들기, 그림책 한 권씩 골라서 읽어주기, 마니또 정해서 챙겨주기, 생일 챙겨주기 등. 책 이야기에 소소한 이벤트를 섞어 즐겼다. 누가 시킨 것도 아닌데, 잘하면 보상을 받는 것도 아닌데. 책 모임을 즐겁고 의미 있는 시간으로 만들려고 애썼다. 열두 살 소녀들의 예민한 감성과 풍부한 수다가 만나 《스페이스》만의 색깔을 만들었다.

아이들끼리 2년 동안, 책 모임 하며 자라다

2016년 겨울부터 2019년 봄까지, 아이들은 그렇게 저희끼리 100회 이상 모임을 했다. 사정이 있어 한 주 쉬고 만난 적도 있고, 방학에는 가족여행 일정으로 빠지는 아이가 있긴 하다. 하지만 거의 매주 금요일마다 빠지지 않고 모였다. 아이들은 모임에서 맡기로 한 역할을 책임감 있게 수행했다. 한 명씩 돌아가며 발제하고, 진행했다. 발제를 맡은 아이는 모임 하루 전까지 밴드에 발제문을 올렸다.(물론 항상 잘 되는 것은 아니지만, 늦게라도 꼭 올린다.) 발제자는 발제문을 참가자

아이를 한 뼘 더 키우는 책 모임 이야기

수만큼 종이에 뽑아서 모임에 가져왔다. 아이들은 약속한 시각에 모여 1시간 30분 정도 모임 했다. 각자 역할을 잘 해내는지, 모임 약속을 잘 지키는지 검사하는 어른은 없었다. 그런데도 아이들은 긴 시간 동안 읽고 생각 나누는 일을 잘해줬다.

물론 엄마들이 손 놓고 지켜만 본 것은 아니다. 한 발짝 뒤에서 모임이 잘되도록 도왔다. 안전한 모임 장소를 마련해주고, 종종 맛난 간식을 챙겨주었다. 아이들 사이에 문제는 없는지 살피고, 특별히 아이들이 읽었으면 하는 책을 넌지시 권하기도 했다. 하지만 되도록 모임 운영에는 참견하지 않았다. 《스페이스》는 아이끼리의 비밀스러운 모임이 되어야 했기 때문이다. 엄마가 가까이서 뜨거운 입김을 불어 넣는 순간, 이 모임이 한 번에 깨져버릴 것을 우리는 잘 알고 있었다. 엄마들은 아이에게 하고 싶은 말을 꾹 참고, 이것저것 가르치고 싶은 마음을 꾹 참았다. "이제 엄마 없어도 돼요" 하는 아이 마음을 존중하려 부단히 애썼다.

우리 아이가 변하다

약 2년 동안, 우리 아이가 책 모임 《스페이스》에서 친구들과 어떤 이야기를 나눴는지 나는 알지 못한다. 하지만 함께 읽은 책 목록과 아이가 모임 후 쓴 글을 통해 아이의 변화를 확인할 수 있었다. 모임 하며 아이가 고르는 책이 달라지고, 아이가 쓴 글이 달라졌다. 아이는 엄마가 권하는 책 목록에서 벗어나 자기가 좋아하는 책을 선택했다. 왕따, 친구 관계에서부터 동물 행복권이나 소외당하는 아이들에 대한 책까지 자기 마음을 담은 책을 골랐다. '나는 잘 모르겠다.'며 얼버무리던 아이가 '나는 ~에 대해 찬성한다.', '나는 ~가 싫다.'로 자기 생각을 점점 뚜렷이 드러내었다. 무엇보다 큰 변화는 아이의 표정과 말투에서 느껴졌다. 아이는 한결 밝아진 표정과 유머러스한 말로 나를 자주 웃게 했다. 책 모임 《스페이스》가 나와 아이에게 뜻밖의 해방구가 되어줬다.

큰아이는 올해 중학교 3학년이 되었다. 훌쩍 자라 엄마보다 키가 커졌다. 힘들었던 시간을 웃으며 이야기할 만큼 성숙해졌다. 아이는 유쾌하고 명랑한 성격으로 많은 사람에게 사랑받는다. 요즘은 그림 그리는 재미에 푹 빠져있다. 엄마의 통제도 없고, 자신을 함부로 하는 사람도 없는 곳에서 자신만의 세계를 창조한다. 아이가 "이제 엄마 없어도 돼요." 하지 않아도 나는 알아서 저만치 물러나야 한다. 내 품에 담을 수 없을 만큼 아이가 자랐다. 몸도 마음도 너무 커버렸다. 나는 그게 그렇게 고맙다.

제 3 부

아이 책 모임의 변화

여러 빛깔로 읽기

① 아이끼리 책 모임 하기1

질문 연습

"엄마, 우리도 우리끼리 책 모임 하고 싶어요."

"우리는 언제 우리끼리 해요?"

초등 5학년이 되고, 책 모임 5년 차가 되니 작은아이가 조르기 시작했다. 엄마에게 도움받지 않고 자기들끼리 모임하고 싶다 했다. 초등 1학년 때부터 엄마들과 함께 책 모임을 해온 아이들이다. 읽을 책을 고르거나 질문 만들 때 아이 의견을 듣기는 했지만 모임 운영을 온전히 아이에게 맡긴 적은 없다. 모임 할 때도 엄마들은 한쪽에 모여 앉아 아이들 이야기를 엿들었다. 워낙 오래 그렇게 해오니 아이들도 크게 신경 쓰지 않고 이야기를 잘 나눴다.

그런데 아이가 성장하면서 조금씩 엄마가 모르는 자기만의 이야기를 하고 싶어 했다. 엄마가 해주던 역할을 자신이 하려 했다. 이때 큰아이는 친구들끼리 책 모임을 2년 가까이하고 있었는데, 둘째 아이가 보기에 그런 언니 모임이 좋아 보였나 보다. 언니처럼 하고 싶다고, 친구들하고만 모임하고 싶다고 말했다. 다른 친구들은 어떤가 물어보니 다들 비슷한 생각이었다. 모임을 스스로 해보겠다는 아이 말을 듣고 나는 속으로 환호성을 질렀다. "우리끼리 책 모임 할래요!"라는 말을 아이에게서 듣다니! 드디어 책 모임 독립기가 왔다.

아이끼리도 책 모임 할 수 있어요!

아이들과 책 모임 하는 방법은 여러 가지가 있다. 읽는 책의 종류나 모이는 횟수, 운영 방법(온라인/오프라인)에 따라 모임의 모양새가 달라진다. 어른과 아이 중 누가 운영의 주체가 되는지에 따라서도 모임 형식이 달라진다. 어른 여럿이 도와가며 모임 이끌어 가기, 어른 혼자 아이 여럿을 데리고 모임 하기, 아이끼리 모임 하기, 어른 주도의 모임과 아이 주도의 모임을 번갈아 가며 하기 등. 상황과 여건에 따라 다양한 방법으로 모임을 할 수 있다. 내 경우에도 모임이 잘되도록 애쓰다 보니 한 가지 방법을 고집하기 어려웠다. 해마다 아이들 상황이 달라지고, 모임 하는 사람이 바뀌는 경우도 있기 때문이다.

어떤 방식으로 하느냐는 크게 상관없지만 어느 정도 모임한 후에는 아이들끼리 모임 할 수 있어야 한다. 내가 아이 책 모임에 공을 들이는 이유는 아이가 어른이 되어서도 누군가와 책을 읽고, 생각하고 나누며 살아가길 바라서다. 책 이야기를 나누고 싶을 때 언제든 가까이 있는 사람에게 "같이 책 읽을까요?"하고 말을 걸 수 있다면 아이는 외롭지 않을 거다. 누군가의 이야기를 들으면서 책을 깊이, 새롭게 읽을 수 있다는 걸 안다면 아이는 경청하는 사람이 될 거다. 그러니 책 모임은 엄마가 하는 책 수업에 머물러서는 안 된다. 아이가 주인공이 되고, 아이가 주인이 되는 기회를 늘려가야 한다.

당장은 어렵더라도 언젠가는 《책 읽는 도토리》가 아이끼리의 모임이 되길 바랐다. 그런데 막상 아이들이 자기끼리 모임하고 싶다 하니 기분이 이상했다. 모임에 대한 내 책임이 줄어드니 시원하면서도 아이들과 함께할 수 없게 될 걸 생각하니 섭섭했다. 다른 엄마들은 아이들이 그런 생각을 했다는 게 너무 기특하지만 아이끼리 잘할 수 있을까 마음이 놓이지 않는다 했다. 아이들 이야기를 슬쩍 엿듣는 즐거움을 놓치고 싶지 않다는 엄마도 있었다. 책 모임에서 우리는 단지 책을 많이 읽기만 한 게 아니었다. 엄마들은 아이들이 자신의 이야기를 잘 꺼내놓을 수 있게 도왔고, 아이들이 속마음을 말해주는 게 고마워서 정성껏 들었다. 아이와 눈 맞추고, 아이에게 귀 기울이며, 아이에게 오롯이 집중했다. 그런 책 모임을 아이들만의 공간으로 내어주려니 아쉬운 마음이 드는 건 당연했다.

걱정되는 점도 많았는데, 가장 큰 걱정은 어른이 돕던 일들을 아이들 스스로 해낼 수 있는가였다. '아이끼리 진지하게 이야기 나눌 수 있을까', '장난만 치다 모임이 끝나는 건 아닐까', '모임 하다 싸우면 어쩌지!' 등 걱정이 꼬리를 물고 이어졌다. 고민 끝에 아이들이 모임 운영 방법을 익힐 수 있는 기간을 갖기로 했다. 약 6개월 정도를 일종의 과도기로 운영한 거다. 점차 어른의 영역을 줄이고, 아이의 영역을 늘려가도록 계획을 세웠다. 책 고르기, 질문 만들기, 활동 정하기, 활동 준비물 마련하기, 간식 준비하기, 다음 모임 안내 글 밴드에 올리기 등을 하나씩 아이가 하도록 내어주는 거다. 여러 번 하면 아이도 제 나름대로 일하는 순서와 방법을 익힐 거라고 기대했다.

조금씩 아이에게 자리 내어주기

"얘들아, 이제 곧 너희끼리 모임을 하게 될 거야. 그러려면 진행도 잘하고, 서로 이야기도 잘 나눌 수 있어야겠지?"
"우와, 신난다."
"언제부터 내가 해요?"

자기들끼리 모임 할 수 있게 될 거라는 소식에 아이들 표정이 단번에 밝아졌다. 어른 없는 공간에서 자기들만의 시간을 가질 것을 생각하니 흥분되는 모양이었다. 아이들 목소리가 커졌고 말도 많아졌다. 모임 진행자가 어떻게 말하고 듣는지, 행동하는지를 눈여겨보라 했더니 사뭇 진지한 표정을 지었다. 그런 아이들 모습이 귀엽고 고마웠다. 4년 반의 세월이 그냥 흘러간 게 아니었다. 열심히 애쓰는 엄마들을 보며 아이들도 책 모임이 중요하다는 걸, 소중하다는 걸 배웠다.

첫 걸음, 질문 만들기

모임이 장난이나 수다로 흐르지 않으려면 좋은 질문이 있어야 한다. 질문은 책 모임을 든든하게 받쳐주는 중심이다. 아이들이 책 모임의 주인이 되려면 자신들이 나눌 이야기, 즉 질문을 잘 만들 수 있어야 한다. 모임을 아이들에게 넘겨주기로 하고, 가장 먼저 한 일이 질문 만들기 연습이다. 한 달 동안 책 이야기 나누기보다는 질문 만들기를 주로 했다. 질문을 만들고, 질문을 가지고 대화 나누면서 좋은 질문의 특징을 알아봤다. 질문 만들기 연습을 하는 동안 책 읽기는 잠시 멈췄다. 모임 날 짧은 이야기 한 편을 읽고, 질문 만들기를 많이 했다. 그 방법을 간단히 소개해보면 이렇다.

[1단계] 짧은 이야기 읽고, '왜' '어떻게' '만약에' 넣어 질문 만들기

① 빈 공책에 프린트한 이야기를 붙인다.

② 함께 소리 내어 읽고, 내용을 확인한다.(인물, 사건 등)

③ '왜', '어떻게', '만약에'를 넣어 질문을 만들어 적는다.(각자 되도록 질문을 많이 만들기)

④ 서로 공책을 돌려보며 친구들의 질문을 살펴본다.

[2단계] 좋은 질문 골라내기

① 지난 모임에서 만든 질문을 다시 보며 활동해도 되고, 새로운 이야기로 질문을 다시 만들어도 좋다.

② 자신이 만든 질문 중 좋은 질문이라고 생각하는 3개를 고른다.(좋은 질문에 빨간 스티커 붙이기)

③ 3개 중에서 가장 좋은 질문이라고 생각하는 질문 1개를 고른다.(붙여둔 빨간 스티커에 별표 하기)

④ 각자 고른 질문을 흰 종이에 크게 적어 칠판이나 벽에 붙인다.

⑤ 가장 생각할 거리가 많고 좋은 질문이라고 생각되는 걸 고른다.(오늘의 최고 질문)

⑥ 최고의 질문으로 이야기 나눈다.

[3단계] 가치 질문 만들기

① 짧은 이야기를 읽고, 이야기에 담긴 가치 혹은 미덕을 찾아본다. (배려, 용기, 도전, 감사 등의 가치 낱말 카드 활용)

② 찾아낸 가치(미덕) 낱말이 들어가게 질문을 만든다.

(예) 전래동화 '우렁각시' 이야기를 읽고 만든 질문

우렁각시가 총각에게 무엇인가 받기를 바라고 배려한 것이라면 그것은 배려일까?

평소 너는 누구에게 감사하는 마음을 많이 느끼니?

③ 각자 만든 질문으로 둘씩 짝을 지어 이야기 나눈다.(묻고 답하기를 번갈아 가며 하기)

[4단계] '너라면~'을 넣어 선택 질문 만들기

① 주요 인물이나 사건을 정리한다.

② 문제 상황을 찾는다.(인물의 선택이 드러난 장면 찾기)

③ '너라면~' 넣어 질문 만든다. 되도록 많이 만든다.(너라면 어떻게 할 거야? 너라면 어떤 기분일까? 등)

④ 만든 질문으로 둘씩 짝을 지어 이야기 나눈다.

[5단계] 만든 질문으로 돌아가며 진행하기

① 처음 모임에서는 이야기 읽고, 질문 만들고, 좋은 질문 고르기만 한다. 아이들이 각자 고른 최고 질문 3가지씩을 정리해서 발제문을 만든다.

② 두 번째 모임에서 발제문으로 이야기를 나누는데, 질문 만든 사람이 진행한다.(아이들이 돌아가며 한 번씩 진행하게 된다.)

③ 소감을 나누면서 어떤 질문이 좋았는지, 진행이 어떠했는지 이야기 나눈다.

이건 어떤 책에 나와 있거나 전문가에게 검증받은 방법이 아니다. 당시에 아이들이 어떻게 하면 질문을 잘 만들게 도울까 고민한 결과일 뿐이다. 나는 아이들이 좋은 질문이 어떤 것인지 자연스럽게 알고, 질문 만들기를 수월하게 할 수 있도록 도우려 애썼다. 아이들과 함께 질문을 만들고, 그중 좋은 질문을 고르고, 만든 질문으로 진행하는 연습을 했다. 아이들은 이 과정을 무척 흥미로워했다. 하나의 이야기에서 결이 다른 질문이 쏟아져 나오는 것을 보고 놀랐고, 자신이 만든 질문으로 진행할 때는 긴장하면서도 뿌듯해했다. 이맘때 아이는 모임 소감에 '도토리 책 모임을 하면서 가장 기쁘고 완벽했던 날'이라고 적었다. 글을 다시 보니 스스로 해내는 기쁨을 만끽하며 환하게 웃던 아이 모습이 떠올라 웃음이 난다. 참으로 가슴 벅찬 나날이었다.

아이의 글

발제문에 내 질문이 있으니 자랑스럽기도 하고 기뻤다.
토론할 때는 누구 한 명이 생각을 펑! 하고 터뜨려줘야 한다.
도토리 모임을 하면서 가장 기쁘고 완벽한 날이었다.

아이를 한 뼘 더 키우는 책 모임 이야기

② 아이끼리 책 모임 하기2

진행 연습

질문하고 진행하기

6주(6회 모임) 정도 아이들과 질문 만들기 연습을 했다. 짧은 이야기(탈무드, 이솝우화, 전래동화)를 읽고, 질문을 만들고, 질문을 골라 이야기 나눴다. 1~4회 모임에서는 질문 만들기를 주로 했고, 5~6회 모임에서는 진행 연습에 집중했다. 그동안 엄마들이 만든 발제문과 엄마들이 진행했던 모습이 좋은 본보기가 되어 주었다. 아이들은 엄마들이 해온 것을 그대로 따라 해보기만 하면 되었다. 자신이 만든 질문이 일정한 형식을 갖춘 발제문이 되고, 그 발제문으로 이야기 나누는 과정을 여러 번 경험했다. 새로운 걸 많이 하기보다 꼭 필요한 활동만 반복해서 익혔다. 배워서 익힐 수 있는 것보다 직접 모임하면서 느끼고 익혀야 하는 것이 더 많기 때문이다.

뭐든 즐기며, 편안하고 자연스럽게

처음 질문 만들기를 할 때는 일단 질문을 많이 만들었다. 질문 만드는 게 익숙해진 후에 좋은 질문을 골라 발제문으로 만들었다. 좋은 질문은 주제(작가의 의도)를 깊이 들여다볼 수 있고, 새로운 생각이나 관련된 경험을 떠올리게 돕는 질문이다. 아이들 눈높이에서는 '친구들이 할 말이 많은 질문이 좋은 질문'이다. 질문을 던지는 순간 친구들이 말을 하고 싶어 입을 달싹인다면 좋은 질문이다. 아이들이 만든 질문으로 이야기 나누는 기회를 많이 가졌다. 이야기해보면 어떤 질문이 친구들의 생각을 잘 끌어내는지, 좀 더 가치 있는 생각을 할 수 있게 돕는지를 자연스럽게 알 수 있다. 나는 "이 질문 참 좋다. 친구들의 다양한 생각을 들을 수 있겠다.", "오, 이런 질문도 만들 수 있구나! 재미있는 이야기가 많이 나오겠다.", "이야기의 주제에 딱 맞는 질문이네." 하고 구체적인 피드백을 해주려 애썼다. 책 모임은 일방적인 수업이나 따분한 정답 찾기가 되어서는 안 된다. 항상 즐겁게, 자연스럽게, 편안하게 활동할 수 있도록 신경 썼다.

진행 연습을 할 때도 마찬가지다. 잠시라도 아이가 진행을 하고 나면 "친구들 이야기를 잘 들어줘서 좋았어.", "친구의 말을 정리해준 게 좋았어."하고 폭풍 칭찬을 했다. 나는 아이들이 얼마나 잘하느냐가 아니라 얼마나 즐기느냐가 더 중요하다고 생각한다. 《책 읽는 도토리》 아이들은 이미 책 모임의 기본 틀을 잘 알고 있다. 읽고 나누는 일을 좋아한다. '우리끼리도 잘 할 수 있다.'는 자신감만 한껏 올려주면 되었다. 질문 만들기와 진행 연습을 오래 하지 않아도 괜찮았다. 아이들이 책 모임한 경험이 많지 않다면 이런 활동을 몇 개월 더 해도 좋을 것이다. 글이 적은 그림책에서 글이 조금 많은 책으로, 줄거리 정리에서 주제 찾기로 단계를 나눠서 질문 만들기와 진행 연습을 할 수도 있다. 연습을 많이 할수록 책 모임의 기본 틀을 잘 익힐 수 있고, 아이끼리 모임 해나가기가 수월해진다.

『샌지와 빵집 주인』으로 진행 연습하기

본격적으로 진행 연습을 할 때 읽은 책은 『샌지와 빵집 주인』(로빈 자네스, 비룡소)이다. 사막의 도시 풍경과 인물의 특징을 잘 살린 유쾌한 그림에 재미난 논쟁거리를 담고 있어 아이들이 좋아하는 책이다. 샌지와 빵집 주인이 '빵 냄새에 돈을 받을 수 있는가?' 하는 문제로 재판관 앞에 선다는 게 주요 내용이다. 이 책은 각자 집에서 미리 읽었고, 아이마다 질문 5개를 만들었다. 모임 날에 아이들이 만든 질문 5개 중 좋은 질문을 3개씩 골라 하나의 발제문을 만들었다. 발제문은 특별한 형식이 있지는 않고, 아이들이 만든 질문을 보기 좋게 정리하면 된다.

책 모임 연습(6)   2018/11/30/금

1. 이야기를 읽고 난 생각이나 느낌을 이야기해줘. (별점주기 ☆☆☆☆☆)

> 인물이나 일어난 일에 대한 생각, 비슷한 나의 경험,
> 관련된 세상 일, 내용, 감동, 재미, 지식

2. 미영이가 만든 질문

샌지는 일부러 빵집 위에 있는 방을 빌린 걸까? 우연히 빌리게 된 걸까?

내가 샌지라면, 빵집 주인에게 냄새를 맡았다고 말할까? 말하지 않을까?

샌지는 그냥 빵 냄새를 맡으면 될 텐데, 왜 기계까지 만들어서 빵 냄새를 맡

았을까?

3. 가희가 만든 질문

내가 빵집 주인이라면, 샌지가 빵 냄새를 맡는다는 걸 알고 어떻게 했을까?

만약에 빵집 주인이 은화 다섯 냥을 가져가면 이야기가 어떻게 바뀔까?

과연 빵집 주인이 정말 원하는 건 무엇이었을까?

4. 남준이가 만든 질문

만약 내가 재판관이라면, 어떤 판결을 내렸을까?

재판관은 왜 액수가 큰 은화를 가져오라고 하였을까?

(친구들에게 은화를 빌린 이자를 갚아야 하지 않을까?)

샌지는 나중에(늙어서) 다시 여행을 떠날까? 떠난다면 언제쯤 떠날까?

5. 명수가 만든 질문

샌지는 왜 여행을 다닐까?

샌지는 일을 할까? 직업은 무엇일까?(어디서 돈을 구해 여행을 다닐까?)

샌지는 착한 사람일까, 나쁜 사람일까? 이유도 말해줘.

6. 신우가 만든 질문

빵집 주인은 샌지가 빵 냄새를 맡았다는 것을 알고 어떤 생각을 했을까?

이 이야기와 비슷한 전래동화를 알고 있니? 있다면 이야기해줘.

재판관이 가지고 있는 미덕은 무엇일까?

7. 채연이가 만든 질문

샌지는 왜 집을 떠나 바다, 사막을 지나 후라치아까지 오게 되었을까?

샌지처럼 빵 냄새를 맡아 빵집 주인과 재판을 받은 사람이 또 있을까?

빵 냄새는 샌지의 집에 저절로 올라왔다고 한다. 빵 냄새를 맡은 값을 내야

할까?(찬성/반대)

8. 책 모임 소감 나누기

떨리지만 즐거운 진행 연습

6회 모임에서 이 발제문을 가지고 진행 연습을 했다. 사실 1~5회 모임에서도 진행 연습을 조금씩 해왔다. 둘씩 짝지어 질문하고 답하기를 했고, 각자 만든 질문 하나씩을 돌아가며 진행했다. 6회 모임에서는 좀 더 구색을 갖춰서 진행해보는 기회를 가졌다. 아이들은 돌아가며 진행자 자리에 앉아서 질문 3가지를 가지고 모임을 진행했다. "자, 지금부터 『샌지와 빵집 주인』으로 이야기를 나눠볼게.", "○○는 어떻게 생각해?", "아하, 그렇구나.", "또 얘기해볼 친구 있어?", "이것으로 이야기를 마칠게." 하고 모임의 시작부터 끝까지 진행하는 말을 연습했다. 아이들은 진행하려니 떨린다면서도 막상 진행자 자리에 앉으면 기대 이상으로 잘 해냈다.

하지만 책 모임 진행자는 질문만 하는 게 아니라 발표자에게 적당한 피드백을 주고, 이야기하지 못하는 참석자를 챙기며, 이야기의 흐름이 매끄럽게 이어지도록 조정하는 어려운 일을 한다. 몇 번의 연습으로 아이들이 진행자 역할을 능숙하게 해내길 기대하는 건 무리다. 타인을 존중하고 배려하는 자세, 열린 생각과 작품에 대한 깊이 있는 이해, 책 모임에 대한 애정 등 좋은 진행자가 갖춰야 하는 자질은 단기간에 길러지는 게 아니다. 아이들이 진행자 역할이 무엇인지 알고, 진행자의 태도가 어떠해야 하는지만 알면 족하다. 나머지는 모임을 해나가며 직접 겪고, 느끼고, 배워야 한다.

아이를 한 뼘 더 키우는 책 모임 이야기

이렇게 총 6회(약 한 달 반)의 연습을 끝내고, 아이끼리의 모임을 시작했다. 아이들이 돌아가며 자기가 발제할 책을 정하고, 질문 7~8개로 발제문을 만들고, 1시간 정도 모임을 진행하기로 했다. 미리 발제 순서를 정했고, 발제할 책을 정해 목록을 완성했다. 여전히 '이 녀석들이 잘 해낼까?' 걱정하는 엄마들과 달리 아이들은 저희끼리 작당할 생각에 잔뜩 들떴다. 초등 5학년은 뭐든 어른 빼고, 저희끼리 해야 좋은 나이다. 책 읽기도, 책 수다도 그렇다. 이제 모임에서 엄마들이 빠져줘야 할 때가 온 것이다. 섭섭하지만 어쩔 수 없다.

책 읽는 도토리가 책 읽는 참나무가 되다.

집에 돌아온 아이가 엄마 컴퓨터 앞에 앉아 잔뜩 폼을 잡는다. 어설픈 독수리 타법으로 뭔가를 띄엄띄엄 써넣는다. 가까이 가서 보니 책 모임 이름, 날짜, 발제자 이름을 첫 줄에 써 넣었다. 엄마의 발제문을 흉내 내어 자기 발제문을 만들고 있다. 아이가 싱긋 웃으며 "엄마, 별점 주기부터 하면 되겠지요?" 한다. 아이가 저리 흥을 내며 모임을 준비하는 걸 보니, 아이가 알게 모르게 많은 걸 스스로 배웠구나 싶었다. 책과 책 이야기를 좋아하는 아이로 자라주어 고마웠다. 한참을 컴퓨터 앞에 앉아 있던 아이가 불쑥 물었다.

"엄마, 우리는 이제 다 커서 도토리가 아니에요. 책 읽는 참나무가 됐어요."

그러고 보니 정말 그랬다. 초등 1학년 때 고만고만한 키에, 올망졸 망하던 아이들이 이제 몸도 마음도 쑥 자라 열두 살, 5학년이 됐다. '도토리'라고 부르기가 왠지 어색하다.

"그래, 친구들하고 얘기해보고 모임 이름도 새로 짓자."

아이는 내 말을 듣고, 다시 고개를 숙이고는 하얀 화면 가득 질문 을 채워갔다. 그런 아이 모습이 기특해서 코끝이 찡해졌다. 아이는 그렇게 훌쩍 자랐다.

③ 아이끼리 책 모임 하기3

조금씩 스스로

아이들은 어릴 때 부모에게 의지해서 해결하던 일을 하나씩 혼자, 제힘으로 해내면서 성장한다. 처음에는 부모가 하는 것을 따라 하지만 점차 자기만의 방법을 찾아간다. 책 모임 역시 그렇다. 모임을 시작할 때는 어른의 도움이 필요하다. 일단 아이들이 모임 할 수 있는 안전한 공간을 마련해주고, 책 읽고 이야기 나눌 시간을 넉넉하게 제공해야 한다. 그런 다음에 여럿이 모여 책 이야기를 나눌 수 있고, 그것이 꽤 재미나다는 것을 아이들에게 알려줘야 한다. 어떤 책을 읽고, 어떻게 이야기 나누면 좋은지 시범 보일 수 있다면 더 좋겠다. 그렇다면 어른의 도움 없이 아이들끼리 모임 하는 것은 언제쯤 가능할까? 아이의 성향, 독서 경험, 가정의 분위기 등에 따라 다를 것이다. 여기서는 나의 경험에 기초해서 생각을 정리해보려고 한다. 확실한 답은 아니지만 아이 책 모임을 해보려는 분들에게 참고가 될 거라 생각한다.

책 모임 시작하는 나이는 빠를수록 좋아

당연한 말이지만 아이가 어릴수록 어른의 도움을 많이 받는다. 모임 진행뿐만 아니라 모임에서 생기는 소소한 갈등도 해결해야 하는데 어린아이들이 스스로 하기 힘들다. 이래저래 부모가 신경 써야 할 것이 많고, 손이 많이 간다. 대신 아이들이 금방 책 모임의 재미에 폭 빠지고, 읽고 나누는 일을 일상으로 자연스럽게 받아들인다. 그러니 아이 책 모임의 시작은 빠를수록 좋다. 어린아이들은 스펀지처럼 책 모임이 주는 영양분을 쏙쏙 빨아들인다. 부모는 아이가 책을 자연스럽게 꺼내 읽고, 제 생각을 잘 정리해서 말하는 모습을 보며 보람을 느낀다. 아이와 함께 모임 준비를 하면서 소소한 즐거움을 맛볼 수 있고, 오랜 시간이 지나도 그런 순간들이 따스한 추억으로 남는다.

물론 모임을 만들고, 꾸려가는 일이 결코 쉽지만은 않다. 아이와 함께 책을 읽어야 하고, 모임에 필요한 것들을 챙겨야 한다. 모임 하는 사람들과의 관계도 신경 쓰인다. 무엇보다 아이들이 이야기를 잘 나누도록 분위기를 만들고, 좋은 질문을 던지며 진행하는 일이 큰 부담이다. 하지만 부모의 수고가 아이를 책 좋아하는 아이, 타인과 깊게 소통할 줄 아는 아이로 키운다. 부모는 책 모임을 통해 아이가 성장하는 걸 가까이서 지켜볼 수 있다. 독서 논술학원에 아이를 맡겨서는 얻기 힘든 열매다. 다행히도 아이가 자라면서 혼자 할 수 있는 일이 하나둘 늘어난다. "내가 해볼래요." 하며 읽을 책을 함께 고르고, 모임에서 나눌 질문 몇 가지를 스스로 만들기도 한다. 나중에는 능숙하게 모임을 진행해서 부모를 깜짝 놀라게 할 수도 있다.

내 경험상 초등 4학년 정도 되면 아이가 책 모임을 진행할 수 있다. 책 모임 경력이 있다면 어른이 해오던 책 선정이나 질문 만들기 등을 흉내 내며 금방 모임 진행법을 익힌다. 부모는 조금씩 모임에서 아이들이 결정할 일과 할 일을 늘려주면 된다. 모임을 오래 하면 아이들이 모임 절차나 방법, 주의사항을 잘 알기 때문에 아이끼리 모임하는 데 큰 어려움은 없다. 《책 읽는 도토리》에서 했던 것처럼 아이끼리 모임하기 전에 일정 기간 과도기를 두는 것도 좋다. 질문 만들기, 질문 정리해서 발제문으로 정리하기, 모임 진행 시 주의할 점 등을 한 번 짚어주면 도움이 된다. 이후에는 아이들끼리 시행착오를 겪는 동안 어른들이 곁에서 최소한의 도움만 주면 된다.

초등 고학년 책 모임

초등 고학년 아이들은 모임 진행 방법을 금방 익힌다. 나는 해마다 맡은 반 아이들과 교실에서 책 모임을 한다. 고학년의 경우 주 1회 2개월 정도 꾸준히 모임하면 아이들이 모임의 틀을 어느 정도 익혔다. 5~6명으로 이루어진 작은 책 모임을 만들고, 모임마다 이끔이를 두어 동시에 여러 개의 책 모임을 진행했다. 이끔이의 자질에 따라 모임의 질이 달라졌지만 큰 무리 없이 책 이야기를 나눴다. 큰아이 책 모임 《스페이스》도 초등 5학년 여자아이 넷에서 2년 가까이 저희끼리 운영했다. 2개월 정도 모임 진행법을 익히고, 돌아가며 발제와 진행을 맡아 알차게 모임 했다. 고학년 아이들은 약간의 도움만 받으면 자기들끼리 모임을 잘한다. 어른의 영향에서 벗어나 자신들이 모임의 주체가 되는 걸 좋아한다.

고학년 책 모임 할 때 가장 고민되는 일은 '아이를 어떻게 책 모임으로 초대하는가?'일 것이다. 책을 잘 읽지 않고, 대화 나누는 걸 좋아하지 않는 아이라면 더욱 힘들다. 아이에게 친한 친구가 있다면 친구 찬스를 이용하면 좀 수월하다. 친구 부모님과 연락해서 친구가 책을 함께 읽을 수 있도록 한다. 정해진 책을 구해서 읽고, 약속한 날에 아이를 보내주기만 하면 된다고 하면 대부분 흔쾌히 응한다. 아이는 일주일에 한 번씩 좋아하는 친구를 만난다는 것만으로도 흥미로워한다. 고학년을 담임할 때 신청자를 받아 방과 후 책 모임을 했는데, 아이들이 신청한 이유가 대부분 '친구가 가자고 해서'였다. 학년 전체 아이들을 대상으로 신청을 받았지만 과반수가 우리 반 아이들이었다. 내가 "○○도 한다더라.", "그냥 친구들 이야기 듣고만 있어도 돼.", "맛있는 거 먹으면서 이야기하는 거야." 하고 바람 잡기를 잘한 덕분이 아닐까 생각한다. 아이들을 모임에 초대하는 일에 성공하면, 모임을 진행하는 건 생각보다 어렵지 않다.

책 모임을 경험해본 아이라면 전혀 모르는 친구들과 모임하고 싶어 하기도 한다. 자신과 다른 성격을 가진 사람들과 대화하는 재미를 알기 때문이다. 이럴 때는 공개 게시판에 책 읽을 친구를 구하는 글을 올려서 모임 구성원을 모으기도 한다. 이렇게 함께 책 읽을 친구를 구했다면 뭔가 특별하고, 재미난 일을 벌이는 분위기를 만들어주면 좋다. 집의 특정 공간을 모임 장소로 꾸미거나 평소 가보지 못했던 예쁜 카페를 모임 장소로 정한다. 카페는 주변 소음이 있기 때문에 가까운 도서관에 동아리로 등록하고 공간을 빌려도 된다. 첫 번째 모임 날에는 맛있는 간식과 보드게임 등 아이들이 좋아하는 것을 잔뜩 준비한다. 여건이 된다면 모임 후 영화 관람하기, 만화카페 가기, 함께 운동하기 등 아이들이 좋아하는 활동을 해도 좋다. 아이들 마음을 얻고, 모임 분위기를 편안하게 만들기 위해 애를 좀 써보는 거다. 친구들과 어떻게 시간을 보내고 싶은지 아이에게 물어보고 준비한다. 아이가 활달하고 적극적인 성격이라면 아이가 직접 첫 모임을 이끌어도 좋겠다.

처음 모임 할 때는 읽기에 쉽고, 아이들이 할 말이 많은 책을 고른다. 대화 나누는 게 익숙해질 때까지 글은 적지만 생각할 거리가 많은 그림책을 읽어도 좋다. 아이들이 특별히 애쓰지 않아도 생각을 편히 이야기할 수 있는 책이면 뭐든 좋다. 내 경우에는 아이들 또래가 주인공이고, 아이들이 가정이나 학교에서 겪을 법한 일을 다룬 생활동화나 마음껏 상상하며 읽을 수 있는 판타지 동화가 좋았다. 일단 아이들이 '책 읽고 정해진 날에 모인다.'는 약속을 지켜주면, 모임 해 나가기가 한결 수월해진다. 2~3회 정도 어른이 책 모임을 이끌며 모임에서 어떻게 이야기를 나누는지, 진행을 어떻게 하는지를 보여준다. 완벽하게 본을 보여야 한다는 부담은 갖지 말자. 내가 만난 아이들 대부분이 편안한 자리만 마련되면 자기 이야기를 하고, 친구 이야기 듣는 것을 좋아했다. 어른은 정성껏 질문하고, 잘 듣는 모습을 보여주면 된다.

진행을 돕는 도구들

고학년 아이들을 책 모임에 초대했다면 일단 성공이다. 이제 세부적인 진행 방법을 익히게 도우면 된다. 하지만 부모가 책 모임 경험이 없고, 평소 아이들과 책 대화를 나눠본 적이 없다면 아이들을 돕기 어려울 거다. 이럴 때는 간단한 진행 도구를 활용할 수 있다. 독서교육 전문가 김은하가 쓴 『처음 시작하는 독서동아리』(학교도서관저널)는 쉽고 알찬 독서동아리 매뉴얼이다. 독서동아리가 무엇인지부터 독서동아리의 종류와 운영 방법까지 정리했다. 독서동아리는 책 모임과 지향하는 바나 운영하는 모습이 거의 같다. 명칭 차이라고만 봐도 무방하다. 이 책은 독서동아리의 이론과 실제를 핵심 내용만 집약해서 알려준다. 특히 독서동아리에서 당장 활용할 수 있는 양식을 실어두어 도움이 된다.

아이 책 모임 할 때 이 책에 실린 양식을 활용하면 막막함이 덜하다. 나는 고학년 아이들과 모임 할 때 이 책에 실린 질문을 참고해서, 이야기 카드를 만들었다. 인물, 사건, 배경, 작가 등을 살펴보는 질문과 아이들의 생각이나 느낌을 물어보는 질문을 카드 형태로 만들었다. 처음에는 색지에 손글씨로 질문을 써서 붙였고, 시간이 좀 지나서는 인쇄해서 붙였다. 모임 할 때 아이마다 나누고 싶은 질문 카드 2개씩을 고르고, 그 질문으로만 이야기를 나누어도 좋았다. 독서 감상문을 쓸 때도 마음에 드는 질문 카드를 고르고, 순서를 정한 뒤 보며 글을 써보기도 했다. 아이들끼리 모임 할 때 이 카드 중 몇 가지만 골라서 간단히 대화 나눈 적도 있다.

진행자 아이를 위해서 진행 달력을 만들어 사용해보기도 했다. 낡은 탁상 달력에 진행 순서를 써 붙여서, 진행자가 넘겨가며 보고 진행할 수 있도록 한 거다. 모임 시작하는 말하기, OX 퀴즈하기, 별점 주고 소감 말하기, 가장 인상 깊은 장면 말하기 등을 하얀 종이에 매직으로 쓱쓱 써서 붙였다. 최근에는 독서질문카드(수업디자인연구소)나 독서토론카드(학토재) 등을 구입할 수 있다. 다만, 이렇게 정해진 질문만으로는 아이들의 관심사와 욕구를 꺼내어 나누기 어렵고, 읽은 책의 주제를 깊숙이 다루기에는 한계가 있다. 모임 횟수가 늘수록 '우리만의 질문'을 찾는 일이 중요해진다. 책 대화 나누는 일이 어느 정도 익숙해진 다음에는 직접 만든 질문으로 이야기 나누자.

아이끼리 책 모임 하면 책을 자유롭고 즐겁게 읽는다. 아이는 "오늘은 ○○가 꽤 근사한 이야기를 했어요.", "○○가 이젠 책을 잘 읽어요." 하며 밝은 표정으로 모임 이야기를 전했다. 반면 아이들 사이에 갈등도 자주 생긴다. 집에 온 아이가 "○○이가 책을 잘 안 읽었는지, 과자만 먹고 얘기를 안 해서 짜증 났어요.", "○○가 자꾸 딴소리를 해서 속상해요." 하며 씩씩대며 갈등 장면을 얘기한 날도 많다. 모임이 잘된 날은 아이 얼굴에 기쁨과 뿌듯함이, 모임이 잘 안 된 날은 짜증과 속상함이 그대로 드러났다. 하지만 '어떤 일이 있어도 책 모임은 계속한다.'는 생각으로 모임은 쉬지 않았다.

어느 정도 시간이 지나니 아이들은 저희끼리 문제를 해결하려고 노력했고, 자기만의 색깔로 모임을 만들어갔다. 부지런히 책을 읽었고, 함께 이야기 나누는 일을 멈추지 않았다. 아이들은 좌충우돌하며, 시행착오를 겪으며 '그럼에도 불구하고' 제힘으로 우뚝 섰다. 앞에서도 말했듯이 여기서 말한 내용은 순전히 나의 경험을 정리한 것이다. 이것 말고도 더 좋은 방법이 많이 있을 거다. 아이를 책과 책 벗 속에서 성장하게 돕겠다는 의지만 있다면 누구든지 아이 책 모임을 잘 이끌 수 있다. 자기만의 방법으로 모임을 해나가면 된다. 다른 사람과 비교하지 않고, 너무 완벽하려는 욕심을 내려놓는다면 아이 책 모임을 통해 소소하지만 확실한 행복을 얻을 수 있다. 매일 아이 생각과 마음이 자라는 걸 볼 수 있다는 건 부모에게 큰 기쁨이다. 일단 아이 책 모임을 시작하고, 어떻게 해나갈지는 나중에 고민하자. 그래도 된다.

④ 초등 5학년 책 모임

《작은 도서관》

4년 반 동안 엄마들이 이끌었던 《책 읽는 도토리》가 아이끼리 하는 모임으로 바뀌었다. 약 6개월의 연습 기간을 갖고 아이들이 돌아가며 발제와 진행을 했고, 엄마들이 지켜보며 도왔다. 언제쯤 아이끼리 모이게 해야 할까를 정하기 어려웠다. 조금만 더 능숙하게, 조금만 더 보기 좋게 모임 할 수 있다면 좋겠다는 부모의 욕심 혹은 기대 때문이다. 하지만 부모가 이끄는 모임도 완벽할 수 없다. 어른인 내게도 다른 사람과 의견 나누고, 감정을 공유하는 일은 평생의 숙제다. 많은 삶의 기술이 그러하듯이 책 모임 하는 데 필요한 기술도 아이가 성장하며 자연스럽게 알게 되거나, 직접 모임을 해나가며 조금씩 터득하게 된다. 엄마들은 아이들을 믿고, 그만 자리를 내어주어야 했다.

《책 읽는 도토리》181회 모임 날, 아이들과 모임 이름을 새로 짓고, 모임 규칙과 각자 할 일을 정리했다. 책 모임을 시작할 때는 일종의 의식처럼 이런 시간을 갖는다. 이렇게 해야 성실하게 책 읽고, 진지하게 대화하려는 마음이 생긴다. 모임 이름을 새로 짓기 전에 '내가 책 모임을 계속하는 이유'가 무엇인지 돌아가며 이야기했다. 4년 반 동안 쉬지 않고 모임한 아이도 있고, 모임을 그만두었다가 얼마 전에 다시 시작한 아이도 있었다. 2년 남짓 활동한 아이도 있었다. 이 아이들은 왜 책 모임을 계속하려고 하는 걸까? 궁금했다. 엄마들 없이도 모임을 잘하려면 아이들이 이 질문에 대한 자기만의 답을 갖고 있어야 한다.

아이들은 "정해진 책을 읽으니 골고루 읽어서 좋아요.", "내 생각을 말하고, 친구 이야기를 듣는 게 좋아요.", "다른 곳에서 만날 수 없는 친구들이 있어서 좋아요."라고 했다. 우리 아이는 "어릴 때는 책 모임이 좋다고 생각하기보다 그냥 자연스럽게 했어요. 지금은 책 모임이 좋다고 생각해요. 좋은 친구도 사귀고, 책으로 이야기 나눈다는 게 좋아요. 얘기를 하다 보면 친구의 감정을 알 수 있어요. 책 모임이 내 일상이 됐어요."라고 했다. 아이들은 책 모임이 좋은 까닭으로 좋은 친구, 읽을 책, 함께 나누는 이야기를 꼽았다. 이야기 나누는 아이들 표정은 밝았고, 목소리에서 자신감이 묻어났다. 듣는 나도 덩달아 기분이 좋아졌다. '아이끼리도 잘 할 수 있겠구나!' 싶어 마음이 놓였다.

"이제 진짜 너희끼리 모임할 거야. 모임 이름도 새로 정해보자."

아이들은 자기가 생각해온 이름을 꺼내 놓았다. 책 읽는 참나무, 책 읽는 큰 도토리, 온새미로, 책다모(책을 다함께 읽는 모임)…. 저마다 그럴듯한 이유를 대며 자기가 정한 이름이 멋지다 내세웠다. 1차 투표를 통해 뽑힌 이름은 '온새미로'와 '작은 도서관'이었다. 2차 투표에서 모든 아이들이 '작은 도서관'을 골랐다. '우리 책 모임은 여러 가지 책과 즐거운 활동 그리고 좋은 친구가 있는 공간'이니까 '작은 도서관'이 어울린다고 했다. 자기가 골라온 이름이 뽑힌 아이는 어깨를 으쓱하며 자랑스러워했고, 나머지 아이들도 밝은 표정으로 모임 이름을 공책에 적었다. '온새미로'를 골라갔던 우리 아이는 "엄마, 차마 내 것을 고를 수가 없어서…." 하며 씩 웃었다. 그 마음이 고마워서 아이 손을 꼭 잡아줬다.

아이끼리 모임하면 갈등이 생겨도 중재해줄 사람이 없다. 문제가 생겼을 때 합리적으로 해결하려면 합의된 규칙이 있어야 한다. 개인의 행동이 모임 전체에 끼치는 영향을 알고, 각자가 정해진 약속을 지키려 애쓸 때 모임이 잘 된다. 모임을 4년 반 해온 아이들이라 모임에 방해되는 행동을 구체적으로 안다. 어떻게 해야 모임이 잘 되는지도 안다. 각자 3~5가지 규칙을 적고, 함께 모아두고 비슷한 것끼리 묶었다.

1. 모임 시간 지키기

2. 진행자 존중하기

3. 주제에 맞는 말과 행동하기

4. 친구 발표 잘 듣고 호응해주기

5. 좋은 생각 좋은 얘기 많이 하기

이렇게 다섯 가지로 정리했다. 아이들이 중요하게 생각하는 게 무엇인지 알 수 있었다. 서로에 대한 배려와 존중 그리고 경청이다. 각자 공책에 함께 정한 규칙을 적었다. 한 아이가 "규칙을 정했으니 잘 지켜야겠다."하고 말하는 소리가 들렸다. "규칙이 생겨 부담된다."는 아이도 있었다. 공적인 틀이 주어지니 아이들이 긴장도 하고, 기대도 하는 모습이었다.

정한 규칙을 소리 내어 한번 읽어본 뒤, 모임 할 때 각자 해야 하는 일을 살폈다. 아이들은 엄마가 책 모임을 진행하는 모습을 보며 자랐다. 어떤 태도로, 어떤 말로 진행해야 하는지 어느 정도는 안다. 하지만 진행자와 토론자의 역할을 명확히 정리해본 적은 없다. 아이들끼리의 모임을 앞두고, 모임 진행에 필요한 일들을 살펴보았다.

1. 발제자가 할 일

- 발제문(질문 8~10개)을 만들어서 모임 전날까지 밴드에 올리기
- 책임감을 갖고 진행하기, 모임 후 뒷정리에 신경 쓰기
- 모임 후 밴드에 모임 일기(모임 소감) 써 올리기
- 독서 감상문 쓰기(공책)

2. 다른 친구들이 할 일

- 책 열심히 읽고, 발제문 보고 미리 생각해오기
- 사진 촬영하기(모임 중/ 모임 후)

- 모임 후 발제자가 올린 모임 일기에 댓글 달기(모임 소감/한 줄 이상)
- 독서 감상문 쓰기(공책)

이렇게 《작은 도서관》 모임 준비를 끝내고, 진행 순서를 정했다. 누가 먼저 해도 상관 없었다. 아이들은 발제도, 진행도, 토론도 자연스러운 것으로 받아들였다. 우리 아이는 발제자가 되어 모임의 모든 것을 책임지는 게 두렵다면서도 엄마 눈치 안 보고 재미있게 할 거라며 웃었다. '엄마 눈치 안 보고'가 의미하는 게 무엇인지 잘 알기에 나도 웃음이 났다. 아이들이 가져온 책을 살펴 읽을 책 목록도 완성했다. 『산왕 부루1,2』,『어두운 숲속에서』,『찰리와 초콜릿 공장』,『나는 뻐꾸기다』,『몽실 언니』,『샬롯의 거미줄』. 아이마다 좋아하는 영역이 달라서 골라온 책도 각양각색이었다. 책상 위에 늘어놓고 보니 든든했다.

우리 아이는 "우리만의 모임이 생겼다."며 잔뜩 신이 났고, "엄마, 나 다른 책 모임도 또 만들고 싶어요." 했다. 모여서 책 읽는 게 좋다고, 많이 하고 싶다며 제자리에서 콩콩 뛰었다. "엄마, 산왕 부루 책 얼른 빌려주세요. 모임 잘하려면 두 번 읽어야 해요." 하며 재촉했다. 아이는 더는 모임에서 나누는 이야기를 엿들을 수 없게 된 엄마의 헛헛한 마음을 알지 못한다. 그저 엄마 없는 공간에서 친구들과 벌일 일을 생각하면 웃음만 나는 모양이다. 저만치 앞서 뛰어가는 아이 뒷모습을 보며 좋기도 하고, 서운하기도 했다. 아이는 자라고, 엄마는 한 걸음씩 아이에게서 멀어진다. 그게 당연한 줄 알면서도 가슴 한쪽이 시렸다.

《작은 도서관》은 얼마 전에 35회 모임을 했고, 모임 이름을 《예다움》으로 바꿨다. 몇몇 아이가 모임을 그만두고, 여자아이 넷이 한다. 저희끼리 발제도 진행도 척척 한다. 특별한 일이 없으면 매주 토요일 저녁마다 만나 책 이야기를 나눈다. 코로나 상황이 되어 화상으로 만나는데, 한 번도 쉬지 않았다. "이번에는 쉬면 안 되나요?"라는 애교 섞인 투정도 한 번 없다. 오히려 어쩌다 모임이 없는 날이면 "엄마, 심심한데, 엄마랑 책 모임하면 안 되나요?" 한다. 함께 모임 하는 친구들은 우리 아이의 소중한 벗이며, 책 읽기 동료다. 책 모임을 새로 꾸리고, 모임 이름을 바꾸더라도 이 친구들은 오래 함께해 줄 거라는 믿음이 있다. 그 믿음이 우리 아이를 올곧게 키운다.

"책 모임은 언제까지 하게 될까?" 하고 물으니 아이가 답한다. "어른 돼서도 할 거예요. 스무 살에 친구들이랑 여행 갈 건데, 여행 가서 책 모임 할 거예요."라고. 아이가 혼자가 아니어서 다행이다. 아이는 책과 친구들에 둘러싸여 자란다. 책 모임이 준 선물이다.

⑤ 우리 아이
처음 책 모임 진행하던 날

『안읽어 씨 가족과 책 요리점』

"엄마, 이 책이 어떨까요?"

"아니야, 이건 너무 어렵겠네."

"이건 애들이 할 말이 없을 것 같고."

아이는 엄마에게 물었다가 혼자 대답하면서 책장 앞을 서성인다. 모임에서 함께 읽을 책을 고르느라 진땀을 빼는 중이다. 아이는 생애 첫 책 모임 진행을 앞두고 있다. 자신이 직접 발제와 진행을 해야 하니 아무 책이나 고를 수 없단다. 이 책 저 책 골라 탑을 쌓는 아이 모습이 제법 진지하다. 서너 개의 책 탑을 쌓은 후에야 책 고르기가 끝났다.

아이가 고른 책은 『안읽어 씨 가족과 책 요리점』(김유, 문학동네)이다. 안읽어 씨 가족은 집에 책이 많지만, 책은 잘 읽지 않는다. 이런 안읽어 씨 가족이 책 요리점에 가서 책 요리를 맛보며 책의 매력을 알게 된다. 작가는 안읽어 씨 가족이 책 요리를 먹고, 책을 대하는 태도가 달라지는 과정을 재미나게 풀어낸다. 아이는 책을 읽으면서 자기가 책을 어떻게 읽고 있는지 돌아봤고, 맛보고 싶은 책 요리를 상상하며 즐거워했다. 『안읽어 씨 가족과 책 요리점』은 책에 관한 이야기이면서 우리 아이가 좋아하는 이야기다. 분량도 적어 줄거리 파악이 쉽고, 친구들과 나눌 이야기도 비교적 수월하게 정리할 수 있다. 첫 번째 진행할 책으로 안성맞춤이다.

중요한 부분에 인덱스 붙이기

아이는 그 자리에 앉아 책을 읽어나갔다. 이미 여러 번 읽은 책이지만 또 읽는다. 줄거리와 주제를 알아야 질문을 만든다. 질문을 만들려면 책을 여러 번 읽지 않을 수 없다. 자연스럽게 책을 다시 읽으면서 처음 읽을 때 놓쳤던 부분을 발견하고, 문장의 의미를 명확하게 깨닫게 된다. 아이는 책을 읽다가 마음에 와닿는 장면이나 문장에 표시한다. 인덱스를 척척 붙여나간다. 엄마가 발제할 때 어떻게 하는지를 눈여겨보았다 따라 하는 것이다. 책을 읽으면서 의미 있는 장면, 의문이 가는 부분, 토론 거리가 생길만한 부분에 인덱스를 붙여두면 발제할 때 유용하다. 뭔가 대단한 일을 하는 듯이 진지한 아이 모습을 보고 있자니 신기하고 뿌듯했다.

질문 만들기

책이 두껍지 않아 인덱스 붙이기는 금방 끝났다. "휴~" 하고 깊은 숨을 내쉰 아이는 "엄마, 질문 만들어야 하는데 어떻게 하는지 모르겠어요." 한다. 나는 아이 일에 엄마가 끼어들어 이것저것 가르치면 안 될 것 같아서 멀리서 지켜보고만 있었다. 아이가 도움을 요청하니 얼른 달려갔다. 아이와 늘 해왔던 대로 가볍게 책 이야기를 나눴다.

"이 책이 왜 마음에 들었어?"

"안읽어 씨 가족의 모습이 재미있어요. 안읽어 씨는 책은 갖고 다니는데 안 읽어요. 산만해 여사는 산만해서 책을 못 읽어요. 안봄은 책을 갖고 놀기는 하는데 이름처럼 책을 전혀 안 보고요. 아, 개 왈왈 씨도 있어요. 책을 밥그릇으로 써요. 하하."

"아하, 그러네. 이 책은 인물 특징이 잘 드러나 있구나. 너는 어때? 책 읽는 거 좋아하니?"

"그럼요. 그런데 읽는 것도 좋지만, 책으로 집 만들기 하거나 책 탑 쌓는 것도 좋아해요."

"이 책이 마음에 든 또 다른 이유가 있을까?"

"책 요리점이 신기하고 재미있어요. 메뉴판에 책 요리가 나오는데, 맛보고 싶어요. 절로 웃음이 나는 맛이 제일 궁금해요."

아이는 어느새 질문 만들기는 잊어버리고, 책 이야기하는 재미에 빠졌다. 실컷 책 이야기 나눈 후에 "지금 엄마랑 나눈 이야기를 친구들이랑 하면 될 것 같은데?" 하니 눈을 동그랗게 뜨며 "아하!" 한다. 인물의 특징을 살펴보고, 재미있었던 장면을 골라보고, '나라면~'하고 생각해보는 것. 문학 작품으로 책 이야기 나눌 때 가장 기본적으로 할 수 있는 질문이다. 질문 만들기가 잘 안될 때 이 세 가지를 활용하면 도움이 된다. 이렇게 해서 아이는 자신만의 첫 발제문을 완성했다. 컴퓨터로 질문을 정리했는데, 표 만들기나 그림 넣기 등 편집은 아이 요청에 따라 내가 도와줬다. 무엇을 어떻게 하고 싶은지 아이에게 묻고, 아이가 원하는 만큼만 도왔다. 엄마인 내 생각이 들어가지 않도록 조심했다.

우리 아이, 생애 첫 번째 책 모임 진행

드디어 아이가 첫 진행을 하는 날이다. 뭐든 처음 할 때는 실수할까 봐 걱정되고, 잘할 수 있을까 두렵기 마련이다. 아이도 처음 책 모임을 진행하던 날에 많이 떨었다. 엄마 목걸이를 행운의 부적인 양 목에 걸고서야 표정이 조금 밝아졌다. 나중에 아이에게 물어보니 친구들이 말을 잘 안 하면 어쩌나, "응.", "아니."로만 답하면 어쩌나 하는 게 가장 걱정이었다고 한다. 그래도 아이는 제법 의젓한 모습으로 모임을 진행했다. 출력해온 발제문을 친구들 자리에 놓아주고, 책상 가운데에 앉아서 모임을 이끌었다. 당시 모임은 도서관 강의실을 빌려서 했다. 엄마들은 강의실 한쪽 끝에 앉아 아이들이 모임 하는 모습을 지켜봤다. (물론 안 보는 척, 안 듣는 척하면서) 그러다 아이가 진행하는 걸 많이 어려워하면 슬쩍 곁에 가서 도왔다.

"자, 그럼 별점 주기부터 해볼게." 하고 아이가 진행을 시작했다. 아이의 걱정과는 다르게 친구들은 활발하게 이야기 나눴다. 3점에서 5점까지 책 점수를 줬고, 저마다 점수를 준 까닭도 나눴다. 인물의 특성이 잘 드러났다, 책 요리가 재미있다, 책 싫어하는 친구들이 읽으면 책이 좋아지겠다는 의견도 있었고, 어떤 아이는 이야기가 짧아 아쉬웠다고 했다. 아무래도 아이가 진행하다 보니 질문이 단조롭고, 참석자의 말에 이어지는 추가 질문을 하지 못해 이야기가 풍성하게 이뤄지지는 못했다. "어떻게 그런 생각을 하게 됐니?", "조금 더 설명해줄래?" 같은 말해주면 좋겠다는 생각이 들 때가 많았다. 한달음에 달려가 이렇게 저렇게 말하라고 알려주고 싶었지만 꾹 참았다. 엄마가 자꾸 가르치려 들면 '너는 잘못하고 있어.'라는 메시지를 주게 될 것 같아서다. 아이가 할 말을 찾지 못해 난처해할 때만 얼른 가서 귓속말로 해주었다. "잘하고 있어. 계속 그렇게 하면 돼. 지금은 이렇게 말해보면 좋을 것 같아."하고.

이날 발제문 중에 가장 인기가 많았던 활동은 〈나만의 메뉴판 만들기〉다. 아이들은 책 가게 주인이 되어 자기가 원하는 메뉴를 만들었다. 편안한 레스토랑, 신기한 책 요리 가게, 신선한 문제집 요리점, 신비하고 즐거운 요리점, 모두 다 책 요리점 등 재미있는 가게 이름을 짓고, 책의 재미를 알려줄 맛난 책 요리를 상상했다. '윤봉구 짜장책'은 『복제인간 윤봉구』 책을 재미있게 읽은 아이가 만든 책 요리다. 윤봉구 책을 맛보면 책이 저절로 좋아질 거란다. '차별 없는 아무나 책'은 맛보면 모든 사람을 평등하게 대하게 되는 책 요리이다. '엄마가 읽어주는 따뜻한 뜨끈 책'도 있다. 아이마다 그동안 읽어온 책, 자신이 중요하다고 생각하는 가치를 담아 맛난 책 요리를 완성했다.

나는 뭐든지 할 수 있어요.

모임 마치고 집으로 돌아가는 길, 아이 발걸음이 무척 가벼웠다.

"엄마, 나도 이제 엄마처럼 잘할 수 있어요. 이제 뭐든 할 수 있을 것 같아요."

이렇게 말하는 아이의 두 볼은 발그레하게 물들어 있었고, 나를 보는 두 눈은 세상 두려울 게 없다는 듯 밝게 빛났다. "친구들이 칭찬을 많이 해줘서 너무 좋아요." 하며 아이는 밝게 웃었다. 오늘은 내 아이가 주인공이었다. 자기가 고른 책으로, 자기가 이끄는 대로 친구들이 책 이야기를 나눴고, 친구들이 무척 즐거워했다는 게 아이에게 큰 성취감을 맛보게 해 주었다.

한참 뒤에 우연히 이날 아이가 사용한 발제문을 보았는데, 곳곳에 아이가 적어놓은 메모가 눈에 띄었다. '별점 먼저 묻고, 이유는 나중에 묻기', '여기에는 요리점 이름 적으라고 하기', ' 레스토랑 이름 발

아이를 한 뼘 더 키우는 책 모임 이야기

표', '나의 메뉴 중 괜찮은 것 2개 고르기' 등 진행하며 챙길 것들을 적어 둔 메모였다. 발제문 빈 곳에는 친구가 말한 것을 잘 듣고, 중요한 내용만 간단히 적어 두기도 했다. 아이가 모임을 잘 진행하려고 애쓴 흔적을 보니 말로 표현할 수 없는 감동이 밀려왔다. 책 읽고 생각 나누는 일에 이토록 정성을 들이다니 대견했다. 아이는 부담되는 역할을 맡아 최선을 다했고, 다정한 친구들 덕분에 첫 임무를 무사히 완수했다.

《책 읽는 도토리》에서는 아이끼리의 모임이 자리를 잡을 때까지 당분간 엄마가 발제나 활동 준비를 돕기로 했다. 곧 엄마들이 지켜보는 일도 하지 말자고, 되도록 아이들끼리 시행착오를 겪으며 해나가게 하자고 약속했다. 아이들이 만든 질문으로, 아이들이 진행하는 책 모임은 아무래도 어른이 하는 것보다 서툴고 엉성했다. 책의 주제나 중요한 장면을 다루지 못하고 지나가거나 나누는 이야기의 반 이상을 농담이나 웃음으로 채운 날이 많았다. 간혹 엄마가 만들어준 질문으로 진행하다 진행자조차 질문의 뜻을 몰라 애매한 소리만 늘어놓다 모임이 끝난 적도 있고, 진행자가 친구들을 가르치려 들어 서로 기분 상한 적도 있다. 그래도 나는 되도록 끼어들지 않고 지켜보면서 기다렸다. 엄마들도 처음 책 모임 할 때 그랬으니까 아이들도 당연히 그럴 거였다. 아이들을 믿고 기다려야 했다.

아이가 하는 일에 불쑥 끼어들고 싶을 때마다 나는 첫 번째 책 모임 진행을 마친 후 아이 모습이 어땠는지 떠올린다. '나는 내가 자랑스러워요.' 하던 아이의 당당한 눈빛이 떠오르면 나는 입을 다문다. 아이는 제힘으로 해냈고, 앞으로도 그럴 것이다. "나는 뭐든지 할 수 있어요." 하고 외치면서.

6 아이 책 모임
다양하게 운영하기

작은아이는 초등 1학년 때 시작한 모임을 중학교에 입학하는 지금까지, 큰아이는 초등 4학년 때 시작한 모임을 중학교 3학년이 되는 지금까지 하고 있다. 그동안 모임 구성원이나 모임 방식, 읽는 책의 종류가 많이 바뀌었다. 그래서 사용한 책 모임 이름도 여러 개다. 작은아이 책 모임은 《책 읽는 도토리》, 《작은 도서관》, 《소녀들의 명작읽기》, 《예다움》. 큰아이 책 모임은 《책사냥꾼》, 《스페이스》, 《다온》이란 이름을 썼다. 현재는 《예다움》, 《다온》으로 모임 하는데, 이것도 언제 또 바뀔지 모른다. 졸업시킨 제자들과 2년째 하는 책 모임 이름은 《아무거나》이다.

책 모임은 다양한 형태로 운영할 수 있다. 하나의 이름이나 형식을 고수할 필요는 없다. 어떤 모임이든 어느 정도 자리를 잡으려면 시간이 필요하다. 구성원들이 서로에게 익숙해지고, 모임 하는 방법을 익힐 때까지 기다려야 한다. '조금씩 나아질 거야.' 하는 마음으로 3개월 정도는 모임을 해본다. 그래도 잘 안될 때는 모임 방식이나 읽는 책 또는 구성원에 변화를 주자. 그렇게 했는데도 도무지 모임이 잘되지 않는다면 모임을 정리하고, 새로이 꾸리면 된다. 모임을 알차게 운영하려 애를 쓰는 것은 좋지만 잘해야 한다는 부담은 갖지 말자. '안 되면 다시 만들면 되지.' 하며 가벼운 마음으로 할 때 모임이 더 잘된다.

나는 언제든 지금 하는 모임에 변화를 주거나 새로운 형식의 모임을 다시 시작할 수 있다고 생각한다. 현재에 최선을 다하되 지나친 책임감은 갖지 않으려고 노력한다. 그동안 내가 아이들과 해온 책 모임의 다양한 결을 '함께 읽는 사람, 함께 읽는 책, 함께 읽는 방법, 함께 읽는 장소와 시간'에 따라 정리해보았다. 워낙 이것저것 많이 시도했기 때문에 명료하게 정리하긴 어려웠다. 다소 억지스러운 부분도 있다. 하지만 이렇게라도 정리를 해두면 아이 책 모임의 여러 형태를 살피는 데 도움이 될 거라 생각한다.

함께 읽는 사람

엄마 여럿과 아이 여럿

작은아이 책 모임 《책 읽는 도토리》를 운영한 방법이다. 모임을 만들고 운영하는 모든 과정에 엄마 여럿이 함께했다. 엄마들이 차례를 정해 돌아가며 모임을 이끌었다. 자신이 맡은 날에 읽을 책을 고르고, 발제와 진행을 맡았다. 이렇게 엄마 여럿이 책임을 나누면 모임을 운영하는데 부담이 줄어든다. 사정이 생겨 내가 모임에 참석하지 못해도 대신 진행을 맡아줄 누군가가 있다. 덕분에 우리 아이는 나와 상관없이 모임 참석이 가능하다. 모임 전체로 봐도 모임을 쉬게 되는 날이 적어 좋다. 엄마가 모임에서 읽는 책, 나누는 이야기 전반에 관심을 가지니 아이가 책을 잘 읽고, 모임에도 진지한 태도로 참여한다.

아무래도 여러 사람이 모임 운영에 관여하다 보니 의사소통에 어려움이 생길 때도 있다. 모임에 기대하는 바나 각자 중요하게 여기는 부분이 다르기 때문이다. 사람 사이의 일이라 미묘하게 감정이 어긋날 때도 있다. 정기적으로 책 모임 문제를 의논하는 자리를 마련해서 의견을 나누면 좋다. 또 모임은 계속되지만, 구성원은 언제든 바뀔 수 있다고 생각하고 편하게 모임하자. 그래야 오래, 계속할 수 있다.

아이끼리

작은아이 책 모임 《책 읽는 도토리》는 모임 5년 차에 아이들끼리 모임하기 시작했다. 큰아이는 엄마가 진행하는 책 모임을 1년 하고 나서 친구 셋과 《스페이스》를 시작했다. 두 아이 모두 아이끼리 모임을 초등 5학년 때부터 한 거다. 아이끼리 하는 모임은 일단 아이들이 좋아한다. 어른 간섭 없이 자기들끼리 읽을 책을 고르고, 자유롭게 이야기 나누는 것 자체를 특별하게 여긴다. 차례를 정해 돌아가며 한 번씩 모임을 진행하니까 모든 아이가 진행자와 토론자 역할을 골고루 경험한다. 진행자는 자기가 맡은 날 모임을 잘해보려고 애쓰며 책임감을 기른다. 토론자는 좋은 생각을 말해서 모임이 활발하게 되도록 돕는다.

아이끼리 모임 할 때 아쉬운 점도 물론 있다. 아무래도 읽을 책이나 나누는 이야기 수준을 높여가기가 어렵다. 아이들이 책을 고르다 보니 한 분야의 책만 계속 읽거나 너무 쉬운 책만 연이어 다루기도 한다. 질문을 만들거나 진행하는 데 서툴러서 모임 내내 주제에서 벗어난 이야기만 잔뜩 나누기도 한다. 하지만 난 초등 고학년 이상이면 아이들끼리 책 모임을 꼭 해봐야 한다고 생각한다. 자율적이고 자발적인 책 읽기를 경험할 수 있기 때문이다. 1~2년 정도 아이들끼리 실컷 책 수다 나누고, 중학생이 되면 어른이 이끄는 책 모임을 다시 꾸려도 좋겠다.

엄마 한 명과 아이 여럿

큰아이가 초등 4학년 때 운영한 《책사냥꾼》은 나 혼자 아이 7명을 데리고 했던 모임이다. 학급 게시판에 글을 올려 책 읽을 친구를 모았다. 여자아이 4명에 남자아이 3명이 모였다. 아이들만 정해진 날에 정해진 책을 읽고 우리 집에 왔다. 1년 조금 넘게 모임 했는데, 내겐 조금 힘들었던 기억으로 남아있다. 인원이 너무 많고, 내가 모임 운영에 서툴렀던 탓에 만족스럽게 진행하지 못했다. 엄마 모임을 종종 가지며 책 모임의 취지를 안내했지만 책을 읽지 않고 오거나 참여 태도가 좋지 않은 친구가 있었다. 아이들은 모임에 오는 걸 즐거워했는데, 책 읽는 모임이라는 성격을 잘 가져가는 데는 실패했다. 그래도 모임에 관련된 모든 사항을 내가 정하니 이것저것 시도해볼 수 있어 좋았다. 발제와 진행을 내가 하기도 했고, 질문은 내가 만들되 진행만 아이들에게 맡겨 보기도 했다. 아이들이 돌아가며 OX 퀴즈를 출제하기도 했다.

이때의 경험을 통해 어떤 방식으로 책 모임을 운영할 수 있는지, 모임 운영에 필요한 사항이 무엇인지 나름대로 정리할 수 있었다. 《책사냥꾼》은 여자 친구끼리의 모임 《스페이스》로 이어졌고, 이후 큰아이가 중학교 1학년이 되었을 때 《다온》으로 재정비했다. 《다온》은 초등학교에서 중학교로 넘어가면서 읽는 책 분야나 깊이를 확장해주고 싶어서 시작한 모임이다. 4학년 때부터 함께 모임 한 친구 3명, 새로 알게 된 친구 2명에 우리 아이까지 총 6명으로 꾸렸다. 발제도 진행도 내가 한다. 아이들은 책을 읽고, 발제문을 보며 자기 생각을 정리해서 모인다. 《다온》 엄마들은 책 모임에 관심이 많고 협조적이다. 아이들도 성실하게 모임에 참여한다. 덕분에 아이들에게 어렵게 느껴질 정치, 사회, 역사를 다루고, 『모비 딕』, 『열하일기』처럼 아이들에게 도전이 되는 책을 함께 읽을 기회도 마련했다.

함께 읽는 책

골고루 읽기

책 모임에서는 특별히 책을 가려서 읽지는 않는다. 구성원이 읽고 싶어 하는 책이라면 무엇이든 가능하다. 월별로 주제나 영역을 정해 그것에 맞게 책을 읽으면 좀 더 다양한 분야의 책을 읽게 된다. 《책 읽는 도토리》에서 엄마들이 주도해서 책을 고를 때는 과학, 수학, 역사, 철학, 문학 등을 골고루 읽었다. 정해진 영역이나 주제에 맞게 각자 읽을 책을 추천하면 그것을 그대로 읽기도 했고, 읽을 책 목록을 함께 의논해서 정하기도 했다. 함께 읽기 책으로 선정되면 아이가 평소 읽지 않던 책이라도 일단 읽는다. 읽다 보면 "오, 꽤 재미있어요." 하기도 하고, "내가 몰랐던 걸 알게 됐어요." 하기도 한다. 물론 "이거 별로예요." 할 때도 있다. 아이가 새로운 세계를 고루 맛본다는 것만으로도 의미 있는 책 읽기라고 생각한다.

어른이 주도해서 책을 고르면 여러 분야, 다양한 주제의 책을 목록에 넣을 수 있다. 하지만 엄마가 아이에게 읽히고 싶은 책을 욕심 내어 골랐다가 낭패를 보는 경우가 종종 있다. 뭔가를 아이 머릿속에 많이 넣어주려는 의도가 뻔히 보이는 책, 어른이 보기에는 감동적이지만 아이 눈높이에는 전혀 맞지 않는 책. 이런 책으로 모임 하는 날은 아이들 반응이 영 좋지 않다. 어른이 읽을 책 목록을 정하더라도 아이와 함께 이야기 나누며 책을 고르면 좋겠다. 책 몇 권을 골라서 아이에게 먼저 보여주자. 어떤 책을 읽고 싶은지, 왜 그렇게 생각하는지 물어보자. 아이 이야기를 듣다 보면 어른이 권하고 싶은 책과 아이가 읽고 싶은 책 사이 어디쯤 있는, 적당한 책에 가까워진다.

아이끼리 모임 할 때는 '읽고 싶은 책' 위주로 고르다 보니 어느 한 분야에 편중되는 경향이 있다. 주로 동화나 소설이기 쉽다. 만약 아이마다 좋아하는 분야가 다르다면 다양한 분야의 책을 읽을 수 있다. 작은아이가 5~6학년 때 했던 책 모임 《작은 도서관》은 아이마다 독서 취향이 달라서 여러 종류의 책을 읽었다. 덕분에 역사나 철학에 관심 없던 우리 아이가 삼국지, 묵자 이야기, 한국사를 읽었다. 아이들끼리 책을 정하면 아이들이 스스로 책 고르는 재미를 느끼고, 좋은 책 고르는 안목을 키우는 데 도움이 된다. 이때 책을 골고루 읽고 싶다면 읽을 책 분야나 주제를 정하거나 한 달에 한 번씩은 어른이 권한 책을 읽기로 정하면 된다.

한 종류의 책만 읽기

시리즈물이나 두꺼운 책을 정해 끝까지 읽는 방법이다. 작은아이가 5~6학년 때 했던 책 모임 《소녀들의 명작읽기》에서는 세계 명작을 읽었다. 『이상한 나라의 앨리스』, 『크리스마스캐럴』, 『프랑켄슈타인』, 『워터십 다운』, 『작은아씨들』 같은 명작을 읽고 이야기 나눴다. 이때 읽기 쉽게 내용을 줄이고 다듬은 책보다는 되도록 원작을 구해 읽었다. 영상 매체와 짧은 글에 길들여진 아이들은 고전 읽기를 어려워한다. 딱딱하고 함축적인 문장을 낯설어한다. 모임에서는 함께 읽기의 힘에 기대어 일단 읽어보게 하는 거다. 아이들은 숨겨진 의미와 주제를 찾기 위해 천천히 책을 읽는다. 딱 한 권만 이렇게 깊이 읽어보면 고전 읽기에 익숙해진다. 문장 사이의 여백을 내 경험이나 생각으로 채워나가는 재미를 알게 된다. 한 권, 두 권 읽은 책이 쌓이는 만큼 아이의 생각하는 힘이 자란다.

큰아이 책 모임 《다온》에서는 약 두 달 동안 『모비 딕』을 읽었다. 이 책은 두께도 두께지만, 하나의 장르로 규정할 수 없는 서술 방식 때문에 읽기가 고되다. 주말을 제외하고 매일 읽을 분량을 정해서 꾸준히 읽었다. 우리 아이 혼자서는 절대 읽을 수 없다. 함께 읽으니 게으름 피우지 않고, 지루함을 견디며 끝까지 읽어냈다. 지금은 『열하일기』 읽기를 하고 있는데, 이 또한 쉽지 않지만 의미 있는 도전이 될 거라 본다. 하지만 꼭 이렇게 두껍고 어려운 책만 읽어야 하는 건 아니다. 한동안 시집만 읽기, 그래픽 노블만 읽기처럼 조금 편안한 책 읽기를 해도 좋다. '함께 읽기의 힘'을 잘 활용하면 아이들과 어떤 책이든 도전해볼 수 있다.

함께 읽는 방법

읽고 모여 이야기 나누기

정해진 책을 읽고 모임 날 모여 이야기 나누는 방법이다. 《책 읽는 도토리》는 매주 모였기 때문에 일주일에 한 권씩 읽었다. 《소녀들

아이를 한 뼘 더 키우는 책 모임 이야기

의 명작읽기》와 《다온》은 2주에 한 번 모였으니 2주에 한 권을 읽었다. 대부분의 독서 모임에서 하는 방법이다. 책이 정해지면 각자 책을 구해서 읽고 모인다. 모임이 잘 되려면 각자 책을 잘 읽어 와야 한다. 부득이 사정이 생겨서 읽지 않고 모임에 참여할 수도 있지만 계속 그러면 곤란하다. 특히 아이들은 삶의 경험이나 배경지식이 적어서 책을 읽지 않고 눈치껏 대화에 끼어들기 어렵다. 본인이 지루해서 못 견뎌 하며 엉뚱한 소리를 늘어놓아 모임 분위기를 해친다. 같이 모임 하는 친구뿐만 아니라 본인을 위해서도 책은 꼭 읽어야 한다.

아이들 각자가 책을 읽을 때 저마다 독서력이 달라 정해진 책이 너무 쉽거나 혹은 너무 어려울 수 있다. 너무 쉬울 때는 다른 책을 더 찾아 읽으면 되는데, 책이 너무 어려울 때가 문제다. 아이가 평소 관심이 없던 분야의 책이라면 더 그렇다. 이럴 때는 부모 도움이 필요하다. 다음 모임 전날까지 며칠이 남아있는지, 매일 어느 정도 분량을 언제 읽을지 아이와 함께 정한다. 계획대로 아이 혼자 읽거나 부모가 읽어주면 된다. 책을 잘 읽어낸 아이는 모임에 적극적으로 참여하며, 좋은 이야기를 많이 한다. 모임에 참여하는 아이들 각자가 책을 얼마나 잘 읽어오느냐가 모임에서 나누는 대화의 질을 결정한다.

함께 모여 읽기

책을 미리 읽지 않고 모임에 와서 함께 읽을 수도 있다. 일종의 낭독 모임인 셈이다. 나는 아이들과 동시집 읽기를 했다. 각자 집에서도 읽었지만 모여서 함께 읽을 때 더 좋았다. 모임 날에 함께 읽기로 한 동시집을 가지고 모인다. 시 고를 시간을 충분히 주고, 마음에 드는 시에 포스트잇을 붙이게 한다. 모든 아이가 시를 골랐으면 돌아가며 자기가 고른 시를 소리 내어 읽는다. 이때 시 고른 이유를 짧게 덧붙여 말한다. 모임 인원이 적으면 같은 활동을 몇 번 더 하면서 동시집에 실린 시를 꼼꼼하게 살핀다. 이렇게 별다른 활동 없이 읽고 감상 나누기만 해도 아이들은 즐거워한다.

모임을 한 지 얼마 되지 않았거나 아이가 혼자 읽기를 힘들어할 때는 모임에서 함께 읽으면 좋다. 책을 읽어야 한다는 부담이 없으니 모임에 참여하기가 쉽다. 혼자 읽을 때 어려웠던 부분도 친구들과 함께 읽다 보면 자연스럽게 이해되기도 한다. 동시집 읽기뿐만 아니라 단편 동화 읽기도 좋다. 단편은 분량이 적으니 모임 시간 내에 다 읽을 수 있다. 낭독을 마치고 몇 가지 질문을 준비해서 이야기 나누면 훌륭한 책 모임이 된다.

특히 『어린왕자』처럼 아름다운 문장이 많은 책은 함께 소리 내어 읽기 좋다. 모임 날에 모여 일정 분량만 읽으면 된다. 읽다가 좋은 문장이 나오면 '이 문장을 읽으며 어떤 생각이나 느낌이 들었니?', '무엇이 떠오르니?'하고 편하게 이야기 나눈다. 책 한 권을 금방 읽고 끝내려는 조급함을 버리고, 느긋하게 아이들과 문장을 즐길 수 있다. 마음에 든 문장 하나씩을 예쁜 종이에 옮겨 적어보는 건 어떨까?

매일 함께 읽기

큰아이가 중학생이 되어 친구들과 『모비 딕』을 읽을 때 사용한 방법이다. 밴드나 카톡으로 매일 읽을 분량을 안내해서 아이들이 매일 책을 읽게 하는 방법이다. 천천히 내용을 살피며 읽어야 하는 책, 두꺼워서 아이들이 읽기 두려워하는 책을 읽을 때 유용하다. 읽을 엄두가 나지 않는 책도 매일 조금씩 읽다 보면 어느새 완독한다. 읽을 분량을 안내할 때 간단한 미션이나 안내 자료(영상, 신문기사, 리뷰 등)를 함께 제공해서 책 읽기를 돕는다.

매일 책 읽는 습관을 기르고 싶을 때도 이 방법이 좋다. 대부분의 아이들이 어쩌다, 할 수 없이 책을 읽는다. 주말에 밀린 숙제하듯 책을 몰아 읽기도 한다. 이런 책 읽기는 아이 삶에 녹아들기 어렵다. 일정 시간을 정해서, 매일 조금씩이라도 꾸준히 읽는 경험을 하면 독서를 생활화하는 데 도움이 된다. 뿐만 아니라 계획을 세우고 완수하면서 큰 성취감을 맛보게 되어 다음 책 읽기를 좀 더 즐거운 마음으로 시작할 수 있다.

단, 매일 함께 읽기를 하려면 진행자가 챙겨야 할 것이 좀 많다. 매일 읽은 분량과 관련 자료를 안내하고, 아이들이 잘 읽고 있는지 확인해야 한다. 아이들이 읽기 어려워하면 읽는 분량을 줄이거나 참고 자료를 제공한다. 뒤처지는 아이의 마음을 살뜰히 살펴 포기하지 않도록 다독이기도 한다. 쉽지는 않다. 하지만 매일 올라오는 아이들의 글에서 속 깊은 생각을 발견할 때, 모든 아이들이 정해진 책을 완독했을 때 크나큰 보람을 느낀다. 그간의 수고는 금방 잊고 다시 함께 읽을 책도 찾게 된다.

함께 읽는 장소와 시간

집

두 아이 책 모임 모두 처음 할 때는 집에서 했다. 우리 집에서 또는 친구네서 모였다. 아이에게 집은 안전하고 편안한 공간이다. 공간을 빌리는데 비용도 따로 들지 않고, 모임 하는 시간에도 제약이 없어 좋다. 친구 집에 가서 모임 한다고 하면 아이들은 금방 마음을 연다. 책 읽고 이야기 나누고, 친구와 놀이도 할 수 있으니 엄마도 아이도 좋아한다. 나는 책 모임 하려고 긴 책상을 사서 거실에 놓았다. 언제든 여럿이 모임 할 준비를 해두었다. 친구네 집에는 낮은 탁자가 있어 옹기종기 모여 앉아 모임 했다. 모임하다 필요한 것이 있으면 집안을 뒤져 바로 가져다 썼다. 아이들에게 보여주고 싶은 책이 떠오르면 책장에서 바로 꺼내 읽어줬다. 집에서 모임하면 여러모로 편리하다.

하지만 모임 하는 기간이 길어지니 계속 집에서 하긴 어려웠다. 모임 하는 시간에 집이 항상 비어있어야 하고, 손님맞이를 해야 하니 청소도 해야 한다. 어린이 손님은 맛있는 간식을 기대한다. 집주인이 간식 준비를 도맡아도 부담이고, 오는 사람들이 올 때마다 간식을 챙기는 일도 신경 쓰였다. 그래서 공적인 장소를 찾아보기 시작했다.

아이를 한 뼘 더 키우는 책 모임 이야기

도서관

작은아이 책 모임 《책 읽는 도토리》는 도서관 동아리로 등록해서 강의실을 빌려 모였다. 도서관에 간단한 서류를 제출하고 사용 시간만 잘 협의하면 됐다. 넓은 강의실을 사용하니 처음에는 어색했는데, 책과 관련된 활동을 다양하게 할 수 있어 좋았다. 간식도 꼭 필요한 만큼만 함께 준비하거나 각자 자기 것만 준비하니 부담이 줄었다. 집이 주는 안락함은 기대하기 어려웠지만 책 모임이 공적인 만남으로 자리 잡는데 도움이 됐다. 책을 고르거나 모임 하는 중에 필요한 책은 바로 서가에서 찾아와 살필 수도 있었다. 아이들은 모임 후 바로 집으로 가지 않고 도서관에 남아 책을 읽기도 했다. 여러모로 책 모임과 도서관은 환상의 조합이다.

하지만 도서관은 여러 사람이 사용하는 장소라서 기본적인 공공예절을 잘 지켜야 한다. 아이들이 활동하는 소리가 강의실 밖으로 새어 나가 다른 사람에게 불편을 주기도 한다. 아이들이 어릴 때는 도서관에서 모임 할 때 이 부분을 신경 써야 한다. 집 가까운 곳에 도서관이 없다면 도서관에서 모임 하기는 어려울 것이다. 집 가까운 곳에 공용 공간이 있는지 살펴보자. 큰아이 책 모임 《스페이스》는 아파트 내 협의실을 이용했다. 미리 사용 시간을 예약하여 아이들끼리 모였다. 관리하는 어른이 있고, 예약한 사람만 이용할 수 있는 곳이라 좋았다.

카페

작은아이 책 모임 《소녀들의 명작읽기》와 큰아이 책 모임 《다온》은 주말 저녁에 모였다. 집도 도서관도 활용하기 어려웠다. 할 수 없이 집 근처 카페에서 모였다. 대형 프랜차이즈 카페도 가보고, 개인이 하는 작은 디저트 카페도 갔다. 큰 곳은 오랜 시간 앉아 모임을 해도 눈치 보이지 않아 좋지만 소음이 많아 대화 나누기가 불편했다. 작은 곳은 자리를 차지하고 오래 앉아 있기 어려웠다. 아이들을 데리고 카페에서 모임 하는 건 쉽지 않다. 일단 주변 소음이 너무 심해서 차분하게 대화를 나눌 수가 없다. 혹시 소모임 하는 공간이 따로 마련된 곳이라면 가능할 수도 있겠다.

카페 모임을 아이들은 좋아한다. 새로운 공간이 주는 자극이 있고, 이것저것 먹거리를 골라 맛보는 재미도 있기 때문이다. 모임 분위기 전환이 필요할 때 한 번씩 카페 모임을 해봐도 좋겠다. 꼭 카페가 아니더라도 집 앞 공원에 돗자리만 펴놓고 모임해도 새롭다. 코로나 상황에서 온라인 모임만 하다가 공원 모임을 한 적이 있다. 때마침 화창한 봄날이어서 모임하기 좋았다. 엄마들은 오랜만에 모여 서로의 안부를 묻고, 아이들은 저희끼리 와글와글 책 이야기 나눴다.

온라인

최근에는 코로나19로 아이들과 온라인으로 만난다. 직접 만나지 못하지만 책 모임은 계속하고 싶었다. 이런저런 시도를 해보았고, 결국 줌(ZOOM)과 카카오톡으로 모임하기로 했다. 처음 줌으로 만났을

아이를 한 뼘 더 키우는 책 모임 이야기

때 나도 아이들도 잔뜩 긴장했고, 새로운 방식의 모임에 익숙해지는 데 시간이 좀 걸렸다. 화상 대화는 직접 만나 나누는 것과 전혀 달랐다. 일단 아이들끼리 자유롭게 이야기를 주고받기 어렵고, 진행자가 던지는 질문에 한 명씩 답해야 하는 게 불편하다. 직접 만났을 때 표정을 살피고, 함께 웃고 이야기 나누며 감정을 공유하는 기분을 화상 대화에서는 느끼기 어렵다.

물론 줌 모임이 좋은 점도 있다. 누구나, 언제, 어디서든 참여 가능하다. 사는 곳이나 개인 일정에 크게 구애받지 않고 모임 참여자를 모을 수 있다. 한 사람의 이야기를 모두가 집중해서 잘 들을 수 있다는 것도 좋은 점이다. 마이크와 스피커 덕분에 목소리가 작은 아이의 말도 잘 들린다. 줌에서는 모든 참여자가 정면을 향해 있어 얼굴이 잘 보인다. 발표자를 지정해 큰 화면으로 볼 수도 있다. 진행자가 참여자의 표정이나 반응을 살피기 좋다. 모임 중 모두가 웃음이 터져서 아이들 웃는 모습이 화면을 가득 채우는 순간이 있는데, 이때 나는 행복하다. 칸칸이 들어 있는 아이들 웃는 모습을 보며 모임 할 힘을 얻는다.

큰아이 책 모임 《다온》에서는 『모비 딕』, 『열하일기』 읽기를 카카오톡으로 진행했다. 매일 읽을 분량을 정해 읽고, 매일 발췌와 소감을 카카오톡에 올려 공유했다. 요즘 아이들은 워낙 SNS 소통에 능숙하다. 채팅을 활용하면 매일 책 읽기를 독려하고, 감상을 글로 나누는데 편리하다. 말로 하면 정리되지 않은 생각을 즉흥적으로 쏟아내게 되는데, 글로 쓰려면 생각을 잘 전달하기 위해 다듬고 정리하게 된다. 글은 시간을 두고 천천히, 다시 살펴볼 수 있어 좋다.

　이렇게 아이 책 모임을 운영하는 방법은 다양하다. 각자 처한 상황에 따라, 아이들 성향에 따라 모임 하는 모습은 제각각이 될 수밖에 없다. 정답이 없어 답답하기도 하지만 그래서 더 자유롭고 부담이 없다. 마음껏 상상하고, 이것저것 해보면 된다. 모임에서 아이들이 책을 즐겁게 읽고 있는지를 살피며, 우리 아이가 가장 편안해하는 방법을 선택하자. 모임을 오래 한 아이는 모임 형식에 크게 신경 쓰지 않는다. 새로운 모임 방법을 금방 익혀 즐겁게 읽고 나눈다. 내가 마련한 이야기판에서 아이는 책을 읽고, 제 이야기를 하고, 친구 말을 듣는다. 잘해야 한다는 부담을 내려놓으면, '다음에는 아이에게 어떤 이야기판을 만들어줄까' 고민하는 것도 즐거운 일이 된다.

⑦ 소녀들만의 달콤한 책 수다

『이상한 나라의 앨리스』

아이끼리 책 모임 《작은 도서관》을 6개월 정도 하니 모임이 어느 정도 안정됐다. 집에 온 아이는 "오늘은 ○○가 진짜 멋진 생각을 얘기했어요.", "○○가 진행을 진짜 잘했어요."라며 기분 좋게 웃었다. 자기가 진행한 날은, "친구들은 자기 경험 얘기하는 걸 제일 좋아하더라고요.", "엄마, 애들이 딴소리를 막 했는데, 내가 질문으로 돌아오자고 얘기해서 책 이야기 잘 나눴어요."라면서 엄지를 척 세워 보였다. 모임이 잘되지 않아도 아이는 전처럼 속상해하지 않고, "이런 날도 있는 거죠. 다음에는 잘 될 거예요." 했다. 아이들이 골라 읽은 책 목록도 나쁘지 않았다. 『푸른 사자 와니니』, 『몽실 언니』, 『불량한 자전거 여행』, 『우리말 모으기 대작전 말모이』, 『책과 노니는 집』 등 우리나라 동화도 많이 읽었고, 『어린이를 위한 시골 의사 박경철의 아름다운 동행』, 『나는 여성이고, 독립운동가입니다』, 『파브르 곤충기』 등 비문학도 챙겨 읽었다.

소녀들의 책 수다를 꿈꾸다.

그런데 5학년이 되자 아이에게 신체적·정신적 변화가 찾아왔다. 몸이 변하면서 감정도 따라 요동쳤다. 외모에 관심이 많아졌고, 남자 친구보다는 여자 친구와 어울리는 걸 더 편하게 여겼다. 아이는 소녀 감성을 만족시켜줄 책을 읽고, 여자들만 아는 이야기를 실컷 나누길 원했다. 그런 아이를 보며 『빨간 머리 앤』, 『이상한 나라의 앨리스』, 『알프스 소녀 하이디』 같은 책이 떠올랐다. 아기자기한 배경, 풍부한 감수성을 지닌 인물이 나오는 소녀들의 이야기. 아이는 그런 책을 읽으며 자신에게 찾아온 변화를 이해하고, 친구들과 감정을 공유하며 힘을 얻을 거였다. 때마침 아이들이 고전을 좀 읽었으면 하고 바라던 터라 소녀들끼리 고전 읽는 모임을 해보면 어떨까 싶었다.

아이와 친구들에게 권하니 해보겠다는 답이 돌아왔다. 그런데 요즘 아이들에게 고전 문체는 낯설고, 그 의미를 깊이 헤아리기 어렵다. 결국 내가 또 이끔이 역할을 자처했다.

소녀들의 책 모임 《소녀들의 명작읽기》

2주에 한 번씩, 소녀들끼리 모여 세계 명작을 읽는 모임 《소녀들의 명작읽기》를 시작했다. 이 모임은 내가 모든 걸 결정한다. 나 혼자 책을 정하고, 아이들이 생각해봤으면 하는 질문을 정리한다. 진행도 내가 한다. 모임 준비를 위해 신경 써야 할 것이 많고, 모임을 잘 이끌어야 한다는 부담감도 크다. 하지만 우리 아이에게 좋은 책을 골라 권할 수 있고, 내가 의도하는 대로 아이들의 생각 나눔을 이끌어갈 수 있다. 집에서 아이에게 아무리 좋은 책을 권하고, 아무리 의미 있는 이야기를 해줘도 아이는 잔소리로 들을 뿐이다. 책 모임에서는 똑같은 얘기를 해도 아이가 받아들이는 자세가 다르다. 엄마가 친구들 모두에게 건네는 따스한 조언으로 여긴다. 이렇게 《소녀들의 명작읽기》는 아이의 요구와 엄마의 욕구를 동시에 충족시키는 모임이다.

처음 읽은 책은 『피터팬』(제임스 매튜 배리, 비룡소)이다. 누구나 알지만, 원작 읽은 사람은 거의 없는 이야기 중 하나다. 책보다는 애니메이션이 유명하고, 아이들도 주요 인물이나 주요 사건은 알고 있지만 원작은 모르고 있었다.《소녀들의 명작읽기》에서는 여기저기서 자주 언급되고, 다양한 장르로 변형되어 즐기는 이야기의 원작을 읽어보는 게 좋겠다고 생각했다. 아이들은 『피터팬』을 처음 읽고 무척 당황스러워했다. "시간과 공간이 자주 바뀌어 혼란스럽다.", "자주 읽어본 말투(문체)가 아니라 잘 읽히지 않는다."고 엄살을 부렸다. 고전은 여백이 많다. 독자가 문장과 문장 사이의 숨겨진 의미를 스스로 채워가며 자기만의 이야기로 읽어야 한다. 아이들은 그동안 읽기 쉽게 쓰인 책을 주로 읽어왔으니 고전 읽기가 낯선 건 당연했다.

『이상한 나라의 앨리스』 함께 읽기

아이들은 고전 문체에 금방 적응했다. 『피터팬』을 읽고, 이어서 『이상한 나라의 앨리스』(루이스 캐럴, 비룡소)를 읽을 때는 아이들이 훨씬 편안해 보였다. 우리 아이는 책 읽은 후 같은 제목의 영화도 챙겨 봤는데, 영화보다 책이 더 재미있다며 "책 읽고 내 마음대로 상상하는 게 훨씬 좋아요."라고 했다. 자기는 『이상한 나라의 앨리스』가 정말 좋다며 책을 여러 번 다시 읽었다.

중학생이 된 지금도 아이는 책장에 꽂힌 책을 볼 때마다 "이거 내가 진짜 좋아하는 책이다!"한다. 이렇게 혼자 재미있게 읽은 책으로 모임 하면 아이가 이야기를 풍성하게 꺼낸다. 자기가 생각하고 느낀 것을 전하고 싶어 입을 달싹이고, 다른 사람이 책을 어떻게 읽었는지 궁금해서 귀를 쫑긋 세운다.

『이상한 나라의 앨리스』로 나눈 책 대화

가장 먼저 책에 점수 주기를 했다. 우리 아이는 『이상한 나라의 앨리스』에 5점을 줬다.(5점 만점) 아이들은 예측하지 못한 일이 자꾸 일어나니 재미있고, 다음 이야기가 무엇일까 기대된다고 했다. 다만 여러 인물이 나오고, 사건이 빨리 전환되어 기억하기 어렵다는 건 단점으로 꼽았다. 그런 '이상한' 점이 이 이야기의 매력이란 걸 아이들이 알아줬으면 싶었다. 나는 "인물과 사건이 왜 이렇게 자주 바뀌고, 앨리스가 여기저기 왔다 갔다 할까?"하고 질문을 던졌다. 아이들은 이야기의 결말을 보아 앨리스는 꿈을 꾼 것이고, 그 꿈이 엄청 생생한 꿈이라 답했다.

아이들은 자기가 꾼 꿈 이야기를 한참 나눴다. 우리 아이도 신이 나서 꿈 이야기를 했다. 꿈에서 아이는 절대 수영을 하면 안 되는 나라에 있었다. 아빠가 엄청 큰 종이로 비행기를 접었고, 아이는 아빠랑 그 비행기를 탔다. 갑자기 비행기가 날아서 커다란 벽을 뚫고 들어갔는데 그곳에 끝이 안 보일 정도로 넓은 워터파크가 있었다. 친구들을 데리고 함께 원 없이 수영하는데 세상이 갑자기 흔들렸다. 왕이 나타나 "내가 수영을 하지 말랬지! 모두 죽여라!"하면서 꿈이 끝났다. 이야기를 듣고 다 같이 배꼽을 잡고 웃었다. 나머지 아이들도 '내 꿈이 제일 이상하고 웃기다'면서 이야기를 하겠다고 나섰다.

그렇게 한바탕 꿈 자랑이 끝나고, 한 아이가 "맞아! 꿈에서는 말도 안 되는 일이 막 일어나!" 했다. 그렇게 꿈에서는 갑자기 장소가 바뀌고, 맥락 없이 인물이나 사건이 바뀐다는 걸 찾아냈다. 『이상한 나라의 앨리스』도 그런 꿈의 특성을 가지고 있다는 얘기를 나눴다. '이상한 나라'는 우리가 사는 세계와 다르다. 이상한 나라는 이상하다. 모든 게 뒤죽박죽이다. '이게 왜 이래? 잘못된 것 아니야?' 하는 판단을 보류하고 앨리스를 따라 무작정 읽어 가야 재미있다.

내가 앨리스라면 흰 토끼를 따라갈까? 따라가지 않을까?

아이들은 '내가 만약에 ~라면'을 넣어 만든 질문을 좋아한다. 이야기 속에 풍덩 빠져 마음껏 상상한다. 정답도 없고, 뭘 생각해도 내 마음이니 신나서 떠든다. 앨리스는 시계를 찬 흰 토끼를 따라갔기 때문에 이상한 나라에 가게 됐다. 생활 범위가 좁고, 정해진 틀 안에서 생활하는 우리 아이들이라면 어땠을까? 기꺼이 흰 토끼를 따라가서 모험을 즐길까? 아이들 중 반은 따라간다고 했고, 반은 따라가지 않는다고 했다. 하지만 따라간다고 답한 아이들도 '어차피 꿈이니까', '꿈이 아니라면 위험하니까 따라가지 않겠다.' 했으니 결국 모두가 따라가지 않는다고 답한 것과 다름없다. 아이들은 앨리스처럼 이상한 나라에서 이상한 경험을 하는 건 두렵다고 했다. 정해진 대로, 익숙한 곳에서 예측 가능한 생활을 하는 걸 선호했다. 부모의 보호 아래 수동적으로 생활하는 아이들이라 그런가 싶어 씁쓸했다. 아이가 집 밖 세상을 궁금해하고, 알지 못하는 세계를 기꺼이 탐험하려는 마음을 잃게 만든 게 나란 생각에 마음이 아팠다.

이상한 나라, 이상한 인물들

예전에 동네 엄마들끼리 『이상한 나라의 앨리스』를 읽은 적이 있다. 엄마들은 "이게 도대체 무슨 얘기지요?", "무엇을 말하려는 걸까요?"라며 아이들보다 더 혼란스러워했다. 딱 한 엄마가 무척 재미있게 읽었다고 했는데, 그 이유가 어디로 튈지 모르는 이야기가 너무 재미있다는 거였다. 그녀는 평소 남과 다르게 생각하고, 새로운 사람을 만나거나 새로운 일에 도전하는 걸 즐기는 사람이었다. 그때 나는 "아!" 하고 깨달은 게 있는데, 이 책을 즐기지 못하는 건 내가 너무 정답에 얽매여 답답하게 살기 때문이란 사실이다. 원인과 결과로 딱 맞아떨어지고, 기승전결로 깔끔하게 정리되는 삶. 그런 내 삶에는 우연과 상상이 결핍되어 있었다. 뭔가 계획대로 되지 않으면 감정이 요동치고, 자존감이 바닥으로 떨어졌다. 이상한 나라를 이상하다고 생각하는 내가 이상한 거였다.

『이상한 나라의 앨리스』에는 현실에서 볼 수 없는 이상한 인물들이 등장한다. 웃음만 남기고 몸이 사라지는 체셔 고양이, 비정상적인 티타임을 갖는 모자 장수, 먹으면 몸이 커지거나 작아지는 버섯, 말하는 애벌레…. 나는 아이가 그들과의 만남을 두려워하지 않았으면 하고 바랐다. 아는 사람하고만 관계를 맺고, 늘 다니던 길로만 다니는 엄마처럼 되지 말고, 자기 삶을 우연한 만남과 새로운 모험으로 풍성하게 채웠으면 하고 생각했다. 다행히 아이는 앨리스와 함께 '이상한 나라' 여행을 실컷 즐겼다. "이거 왜 이래?" 하지 않고, "아, 재미있어." 했다. 적어도 아직은 엄마보다 더 유연하고 자유롭게 지내는구나 싶어 조금 안심이 됐다.

발제문 따라 이야기를 나누는데 아이들이 "나도 이런 적 있어.", "나도 그런데." 하며 앨리스의 말과 행동에 맞장구치는 일이 많았다.

"나와 앨리스의 닮은 점은 무엇일까?" 하고 질문하니 아이들이 신이 나서 답을 했다.

- 황소고집이다. 자기 마음대로 하고 남의 일에 참견한다.
- 도전해보고 싶은 게 많다.
- 자기주장이 있고, 도전을 많이 한다. 실패하는 경우도 있다.
- 할 말은 다 한다. 도전을 많이 한다. 실패도 잘한다.

자신이 고집 세고, 할 말은 한다고 당당히 얘기하니 참 좋았다. 실패하더라도 도전을 한다니 다행이었다. 까르르 웃으며 자유롭게 얘기하는 아이들을 보며 '그래, 어른인 내가 문제야. 나만 잘하면 돼.' 하고 생각했다.

"앨리스가 내 친구라면 어떨까?"

아이들은 발제문 중에서 이 질문을 가장 마음에 들어 했다. 모두 머뭇거리지 않고 답을 했다.

- 피곤하고 부담스러울 수 있다. 많이 챙겨줘야 할 것 같다.
- 현실적인 친구도 필요하다, 함께 가다가 동물이나 식물을 보고 대화를 나누는 친구라면 불편할 거다.

- 앨리스는 매일 지각할 거다, 나무랑 대화하느라고.
- 앨리스가 꿈에서만 이렇고 현실에서는 안 그럴 수도 있다.
- 현실에서는 앨리스가 아는 것이 많을 수 있다, 이상한 나라에 와서 이상하게 된 거다.

앨리스에 관한 이야기는 어느새 자신에 대한 이야기로 바뀌었다. 한 아이가 학교에서는 규칙과 규율이 있어 자기 본래 모습대로 지낼 수 없다고 운을 뗐다. 그러자 나머지 아이들도 "학교에서는 모범생인 척해야 해요.", "학교에는 어른들이 만든 규칙이 있어요.", "내겐 학교 밖이 이상한 나라이고, 마음대로 이것저것 해볼 수 있어요." 했다. 어쩌면 아이들 모두가 이상한 나라의 앨리스인데, 어른들이 만든 틀 안에 넣어 키우는 건 아닐까. 아이들은 신나서 얘기하는데 어른인 나는 죄스러운 마음이 들어 아무 말도 못했다. 한 아이가 "오, 그러고 보니 피터팬이랑 앨리스랑 친구하면 되겠다." 했고, 그 말에 다 같이 한바탕 웃고 나서야 나도 다시 입을 뗄 수 있었다.

"앨리스는 어떤 어른이 될까?"

앨리스는 상상의 세계로 기꺼이 모험을 떠나며, 낯선 사람(혹은 동물)과도 금방 이야기를 나눈다. 이상한 일이 막 일어나도 당황하지 않는다. 이런 앨리스는 어른이 되어 어떤 일을 하면 좋을까? 아이들은 동물과 대화하는 사육사, 판타지 이야기에 그림 그려주는 사람, 상상력이 풍부한 소설가, 사람들의 생각을 들어주는 상담사라고 했다. 한 사람이 얘기할 때마다 아이들은 "오, 정말 잘 어울린다.", "맞아. 맞아."하며 공감했다. 마치 앨리스가 실제로 자주 만나는 친구인 것 같았다. 손뼉을 치고, 서로 눈 마주치며 웃는 아이들을 보며 나는 생각했다. 우리 아이가 어른들이 만든 세상에서 경험할 수 없는 '이상한' 일들을 꿈꾸고, 살아가며 만날 '이상한' 친구들에게 언제든 마음을 활짝 여는 사람으로 자랐으면 좋겠다고.

앨리스와 이상한 나라를 기억하는 어른이 되길

아이들이 처음에는 고전 읽기가 어렵다, 잘 읽히지 않는다고 했다. 하지만 발제문을 따라 이야기 나누기 시작하니 잔뜩 몰입하여 신이 나서 얘기했다. 형식에 얽매이지 않고 제 생각을 자유롭게 쏟아냈다. 그러면서 뒤늦게 이야기의 재미를 깨닫기도 하고, 무심코 지나친 장면을 다시 찾아 읽기도 했다. 아이들은 가장 기억에 남는 장면, 기억에 남는 인물을 이야기 나누며 '이상한 나라'의 특징을 잘 찾아냈다. 교훈, 규칙, 질서 따위가 없는 '이상한 나라'에서는 마음 가는 대로 모험하고 즐길 수 있다. 아이들은 그런 모험이 꽤 근사하다고 자기도 그런 모험을 하고 싶다고 했다.

이번 모임에서 가장 의미 있었던 것은 아이들이 자기 안의 앨리스

아이를 한 뼘 더 키우는 책 모임 이야기

를 발견했다는 거다. 학교와 학원을 오가며 틀에 박힌 생활을 하지만 아이들 마음속에는 흰 토끼를 만나 이상한 나라로 뛰어들고 싶어 하는 앨리스가 산다. 앨리스와 자신의 닮은 점을 이야기할 때 아이 얼굴엔 오랜만에 생기가 돌았다. 내 안의 앨리스는 지금 어떤 모습일까? 잠깐 생각해보기도 했는데, 괜히 마음이 울적해져서 얼른 생각을 그만두었다. 아이들은 오래도록 자기 안의 앨리스와 이상한 나라를 기억해주었으면 좋겠다고. 엄마인 나는 생각했다.

8 엄마, 난 앤이 좋아요

『빨강 머리 앤』

"주근깨 빼빼 마른 빨강 머리 앤
예쁘지는 않지만 사랑스러워.
상냥하고 귀여운 빨강 머리 앤"

이 노랫말을 보면 자연스레 경쾌한 멜로디가 떠오른다. 따라라 따라라라 따라 따라라라~♬ 멜로디를 따라 한 소녀가 숲길을 걸어간다. 빨간 머리를 양 갈래로 땋아 내린 주근깨 많은 소녀 앤 이다. 『빨강 머리 앤』의 주인공 앤! 나는 그녀를 떠올릴 때마다 마음 한쪽에 불이 탁 켜지는 기분이 든다. 앤처럼 두 팔을 쫙 벌리고 빙빙 돌아보고, 앤처럼 격앙된 목소리로 시와 이야기를 낭독해본다. 앤이 했던 말들을 소리 내어 말해본다. 그러면 어두웠던 마음이 조금 밝아지고, 무거웠던 마음이 조금 가벼워지는 것만 같다. 어릴 때 만난 이야기 속 인물, 빨강 머리 앤은 어른이 된 지금까지도 나의 좋은 친구가 되어주고 있다.

앤은 어려운 환경에서 부모 없이 자랐다. 하지만 슬픔과 상처에 매몰되지 않고, 특유의 상상력과 발랄함을 간직하며 건강하게 성장한다. 앤은 꾸밈없이 자신의 생각과 감정을 표현하고, 꿈꾸는 일을 멈추지 않는다. 이런 앤이 초록 지붕 집에서 매슈와 마릴라와 살게 된다. 이웃의 다이애나와 '마음의 친구'가 된다. 앤과 다른 인물들이 서로를 이해하고, 소중히 여기는 모습은 읽을 때마다 감동을 준다. 캐나다의 프린스 에드워드 섬을 배경으로 했다는 '에이번리 마을'의 숲과 강은 또 얼마나 아름다운지! 『빨강 머리 앤』을 읽으면 내 몸에 신선한 공기를 불어넣는 듯 상쾌해진다. 아이들에게 내 친구 앤을 소개해주고 싶었다. 요즘 아이들은 이 책을 어떻게 읽을까? 빨강 머리 앤과의 만남을 나처럼 좋아할까? 기대하며 아이들과 함께 이야기 나눴다.

『빨강 머리 앤』은 1908년 출간된 후에 『에이번리의 앤』, 『레드먼드의 앤』 등 10여 편의 속편이 나왔다. 국내에서 여러 출판사에서 번역되어 나왔는데, 책 모임에서는 더 모던에서 나온 한 권짜리 『빨강 머리 앤』(루시 모드 몽고메리, 더모던)을 읽었다. 책 크기도, 디자인도 사춘기 소녀들의 마음을 얻기에 충분했다. 빨강 머리 앤 애니메이션의 장면을 원화 그대로 넣은 것도 이 책의 큰 매력이다. 인물이나 배경을 독자 스스로 상상하는 재미가 덜할 수 있는데, 이야기의 배경이 되는 시대나 장소를 떠올리기 어려운 아이들에게는 도움이 되는 면도 있다. 책을 받아본 아이는 "와, 예쁘다." 했고, 미소를 띠며 책장을 넘겼다. 아이는 이야기를 읽는 재미와 그림 보는 재미를 동시에 맛보았다.

이 책에는 모두 38편의 이야기가 담겨 있다. 한 편의 이야기가 길지 않고, 어려운 낱말도 거의 없어서 술술 읽힌다. 다만, 한 번에 읽기에는 분량이 많은 편이라 모임에서는 두 번에 나눠서 읽었다. 1~25회까지 읽고 책 모임, 26~38회까지 읽고 책 모임. 이렇게 두 번 만났다. 『빨강 머리 앤』 1회 모임에서는 앤이 어떤 인물인지에 대해 이야기 나눴다. 2회 모임에서는 성숙해지는 앤의 모습을 보며 '어른이 된다는 것'과 '실패와 도전의 의미'를 살폈다.

아이 책 모임_ 기다림이 중요해요.

이제 몇 달 뒤면 13살, 6학년이 되는 소녀 네 명이 『빨강 머리 앤』을 읽고 카페에 모였다. 아이들은 좋아하는 음료를 고르고, 자리에 앉았다.

"필통이 어디 있지?"

"테이블이 너무 멀다. 좀 밀자."

"음……. 이거 시원하고 맛있다."

저희끼리 주거니 받거니 떠든다. 오랜만에 만난 것도 아닌데 뭐가 그리 반갑고 좋은지. 한껏 들떠 있다. 아이들과 모임 할 때는 이런 소란스러운 순간을 자연스럽게 받아들여야 한다. 특히나 카페에서 모임하면 들뜬 아이들 목소리에 주변 소음까지 더해져서 진행자가 예민해지기도 한다. 나는 준비한 질문을 모두 다뤄야 한다는 생각에 아이들을 통제하거나 재촉하다가 모임을 망친 적이 많다. 마음을 편히 먹고, 기다려줘야 하는데 그걸 자꾸 잊는다.

조금 기다리면 맥락 없는 대화와 깔깔거리는 웃음소리가 서서히 잦아든다. "자, 이제 빨강 머리 앤을 만나볼까?" 하니 아이들이 책을 펼치고, 발제문을 들여다본다. 드디어 앤과 만날 준비가 된 것 같다. 준비한 질문을 하나씩 나눈다. 어떤 질문에는 오래 머물며 깊게 이야기 나누고, 어떤 질문은 가볍게 넘어간다. 어른인 내가 만든 질문이 아이들 눈높이에 맞지 않거나 아이들 관심사와 어긋날 때도 많다. 늘 경계하지만 아이들을 가르치려는 어른의 생각이 질문에 듬뿍 들어가기도 한다. 그런 질문에 아이들은 단답형 대답으로 대응한다. 그렇다고 해서 움츠러들거나 당황할 필요는 없다. "응, 그렇게 생각했구나."하고 말하고 다음 질문으로 넘어가면 된다. 우리에겐 나눌 질문이 아직 많이 남아있으니까. 나도 아이들과 함께 조금씩 성장하는 거니까.

사랑스러운 소녀, 빨강 머리 앤

"나는 앤이 정말 마음에 들어요. 엄청 밝고, 어디서든 상상해요. 그러면 삶이 행복해질 거예요. 슬플 때 엄청 슬퍼하고, 좋을 때는 엄청 좋아하는 앤이 나는 좋아요. 숲이나 하천에 이름을 지어주잖아요. 멋져요!"

아이는 앤에 대해 이야기하며 몸을 들썩이고, 두 팔을 벌렸다 오므렸다 한다. 인물 중 하나를 골라 특징을 말해보자는 질문에 내 아이가 이토록 열렬히 답할 줄은 몰랐다. 기대 이상이었다. 다른 아이들도 앤의 매력 찾기 시합이라도 하듯이 말을 이어나갔다. "상상을 많이 하는 게 앤의 매력이지. 힘든 일을 상상으로 이겨내잖아.", "정말 사람들 입을 딱 벌어지게 만들지. 나도 같이 상상하게 해. 전염되는 것 같아.", "세상에 없는 걸 만들어 내니 같이 있으면 행복해질 것 같아. 이런 친구 곁에 있으면 나도 상상력이 커지고, 같이 놀면 재미나지." 했다.

정말 앤은 밝고 긍정적이다. 힘든 일이 생기고, 사람들로부터 상처받게 될 때마다 상상하며 이겨낸다. 앤은 자기가 좋아하는 장소에 '버드나무 연못', '제비꽃 골짜기', '연인의 오솔길'처럼 특별한 이름을 붙인다. 사람들이 평범하고 당연하게 바라보고 느끼는 것들을 앤은 예민하게 받아들인다. 앤에게는 세상에 존재하는 모든 생명이 아름답고 특별하다. 작은 것에도 감사하고, 감탄하는 앤이 너무나 사랑

아이를 한 뼘 더 키우는 책 모임 이야기

스럽다. 아이들도 이런 앤을 마음에 쏙 들어 했다. 앤의 길고 긴 수다, 앤이 실수로 다이애나에게 술을 먹게 하는 장면, 마릴라 아주머니가 앤을 이해하고 아끼게 되는 모습 등을 이야기하며 즐거워했다.

어른이 된다는 건

"앤은 말 많이 하고, 명랑한 아이인데. 나이가 드니까 자신의 특징이 사라져요. 두 쪽이 넘어가도록 혼자 떠들던 아이인데, 여기서는 말이 짧아졌어요."

"나이가 들면서 의젓해지는 건 좋은 건데…. 앤 이야기 듣는 게 진짜 재미있었는데 말이 줄고, 연극하는 것도 줄어드니 걱정 돼요."

"어릴 때 상상하며 즐거워했던 것을 나이가 들어 직접 해보면 실망스러운 게 많아요. 앤도 그런 감정을 느끼는 것 같아요."

2회 모임에서는 아이들이 앤의 변화를 발견하고 섭섭해했다. 어린 앤은 상상하고, 연극하고, 마음껏 떠들던 아이였다. 열다섯 살이 된 앤은 공부를 잘해서 장학금을 받고, 교사가 되겠다는 목표를 갖게 된다. 자신의 미래에 대해 생각하면서 말수가 줄어든다. 아이들은 이런 앤의 모습에 안타까움을 드러냈다. 앤을 아껴주던 매슈 아저씨가 죽고, 앤이 원하는 대학을 가지 못한 일을 얘기하며 마음 아파했다.

나도, 아이들도 어린 시절에 머물러 살 수는 없다. 나이가 들면서 내가 놓인 현실을 인식하고, 할 수 있는 일과 할 수 없는 일을 구분 짓게 된다. 핑크빛 상상 속에서는 좋기만 했던 일도 막상 직접 해보려면 맘대로 되지 않는다. 기대했던 것과 달라 실망하기도 한다. 앤도 그랬다. 점차 자기중심적인 사고에서 벗어나 주변을 살핀다. 마음대로 되지 않는 일이 생길 때는 무겁게 절망한다. 하지만 앤은 자신의 운명을 받아들인다. 건강이 나빠진 마릴라 곁에 남아 새로운 삶을 시작한다. 그녀는 말수가 줄었지만 눈빛은 더욱 깊어졌고, 자신의 미래를 스스로 선택할 수 있는 지혜를 얻었다. 아이들은 이런 앤을 보면서 "앤에게 좋은 일이 많이 생겼으면 좋겠어요.", "길버트와 앤의 감정이 점점 커지고, 좋은 일이 생길 것 같아요." 하며 앤의 행복을 빌었다.

실패의 의미

소녀 앤이 명랑하고 해맑다면 숙녀 앤은 차분하고 사려 깊다. 상상력과 천진난만함을 잃는 대신 신중함과 지혜를 얻은 것 같다. 앤은 자신이 원하는 바가 있으면 그것을 이루기 위해 성실하게 노력한다. 에이버리 장학금을 받기 위해 공부도 열심히 한다. 하지만 열심히 한다고 해서 늘 성공하는 건 아니다. 최선을 다했지만 실패했을 때 우리는 어떻게 해야 할까? 앤은 친구 제인에게 "에이버리 장학금이 그다지 중요하지 않은 것 같다."라고 말한다. "노력해서 이기는 것 못지 않게, 노력했지만 실패하는 것도 중요한 일이야."(p.489)라고 한다. 아이들과 이 말을 깊이 나누고 싶었다.

"이 말의 뜻은 무엇일까?" 하니 아이들은 제 나름대로 이해한 것을 풀어놓는다. 아이들은 "실패도 경험이 되니까요. 실패는 성공의 어머니! 경험이 쌓이는 거예요.", "실패하는 것도 성공하는 것만큼 중요해요. 실패도 과정이에요. 실패를 많이 하면 예방접종 하는 것처럼 더 큰 실수를 줄일 수 있게 되기도 해요.", "실패를 딛고 다시 도전해 보고, 시도해보는 게 중요해요.", "포기하지 않는 게 중요해요."라면서 실패의 의미를 이해했다. 실제로 노력한 만큼 결과가 나오지 않았을 때 아이들도 앤처럼 말할 수 있을까. 누구나 좋은 결과를 기대한다. 잘 지는 것이, 실패하는 것이 중요하다는 건 잊어버린다. 아이들과 앤의 말을 함께 읽고, 그 뜻을 헤아리면서 실패의 의미를 다시 확인했다. "노력했지만 실패하는 것도 중요한 일이야." 앤의 말을 가슴에 새겼다.

빨강 머리 앤의 말

『빨강 머리 앤』으로 모임 할 때는 기억에 남는 문장 나누기를 꼭 해야 한다. 마음에 담아두고 자주 꺼내 보고 싶은, 좋은 말이 많이 나온다. 아이들은 주로 앤이 한 말에서 마음에 담고 싶은 말을 찾았다. 돌아가며 자신이 밑줄 그은 문장을 소리 내어 읽었는데, 듣기에 참 좋았다. 앤의 말이 아이들의 말이 되고, 앤의 명랑함이 아이들 마음에 자리 잡는 것 같아서.

> "아주머니, 있잖아요. 저는 이 길을 즐겁게 달리기로 마음먹었어요. 경험상 그래야겠다고 마음만 굳게 먹으면 즐겁지 않은 일이 별로 없는 거 같아요." (p.77)
>
> "아, 모르세요, 아주머니? 한 사람이 저지를 수 있는 실수에는 분명 한계가 있어요. 제가 그 한계에 다다르면 제 실수도 끝나는 거죠. 그렇게 생각하면 마음에 정말 위로가 돼요." (p.311)
>
> "잘 모르겠어요. 별로 말을 하고 싶지 않아요. 예쁘고 소중한 생각들은 보석처럼 마음속에 담아두는 게 더 좋아요. 그런 생각들이 비웃음을 당하거나 호기심의 대상이 되는 게 싫거든요." (p.439)

『빨강 머리 앤』으로 나눌 질문을 많이 만들었지만, 막상 모임 할 때는 질문하고 싶지 않았다. 그냥 책 속에 나온 앤의 말을 함께 읽고, 생각을 나누기만 해도 충분했다. 아이들 마음이 머문 문장들을 나누면서 다이애나와 앤의 우정, 매슈와 마릴라의 사랑, 앤의 성장 등 많은 이야기를 나눴다.

엄마, 나는 앤이 좋아요!

『빨강 머리 앤』으로 모임 한 뒤 아이는 빨강 머리 앤에 빠졌다. 빨강 머리 앤에 관한 책과 물건을 모았다. 내가 "빨강 머리 앤이 왜 좋아?"하고 물으면 아이는 "밝잖아요! 상상도 잘하고."라고 답했다. 엄마 욕심에 빨강 머리 앤 10권짜리 책을 읽어보라 권하면 "난 앤 어릴 때가 더 좋아요." 하면서 당차게 거절했다. 사실 나도 숙녀 앤 보다 소녀 앤이 더 좋다. 상상 속에서 무엇이든 될 수 있는 앤, 아주 작은 일에도 크게 감동하고 웃음 터트리는 앤. 그런 앤 옆에서 나도 떠들고 노래하고 싶다. 아이도 앤을 떠올리면 기분이 좋아진다고 했다. 앤의 밝음에 전염되는 것 같다면서.

이제 빨강 머리 앤은 나의 친구이자 내 아이의 친구이기도 하다. 나와 아이는 '빨강 머리 앤'이라는 공통분모를 하나 더 갖게 됐다. 『빨강 머리 앤』을 꺼내 들고 아무 곳이나 펼치면 아이와 나는 언제든지 이야기를 시작할 수 있다. "앤이 길버트 머리에 석판을 내리칠 때"라고 말만 꺼내면 아이 얼굴에 웃음이 번진다. "초록 지붕 집이 난 마음에 들어."라고 운을 떼면 아이는 "맞아요. 빨간 지붕이었으면 이상했을 거야." 하고 말을 받는다. "책 모임 할 때 ○○는 왜 이 책에 3점(5점 만점)을 줬을까? 다른 친구들은 다 5점 줬는데." 하면 "자기가 비평가래요." 하며 아이가 까르르 웃는다. "엄마, 나한테는 이 책이 5점 만점에 10점이에요." 한다.

소녀를 거쳐 숙녀가 되고, 이제 중년 여성이 된 내게도 빨강 머리 앤은 특별하다. 낭만과 상상과 감탄으로 넘쳐났던 소녀 시절을 다시 만나게 해주기 때문이다. 『빨강 머리 앤』의 마지막 장면에 이런 말이 나온다.

"그 무엇도 타고난 앤의 상상력과 꿈이 가득한 이상 세계를 빼앗을 수 없었다. 그리고 길에는 언제나 모퉁이가 있었다."(p.524)

매슈 아저씨가 죽고, 마릴라 아줌마는 건강이 나빠진다. 앤은 원하는 학교에 진학하지 못하고, 초록 지붕 집에 남기로 한다. 하지만 절망하기보다는 다시금 힘을 내고, 꿈을 꾸겠노라 다짐한다.

빨강 머리 앤처럼 아이의 몸도 마음도 성숙해지고, 소녀보다 숙녀라는 말이 어울리는 때가 곧 올 것이다. 그런 변화는 자연스럽고 당연하다. 아이가 고운 숙녀가 되더라도, 상상을 잊고 현실을 더 잘 알게 되더라도, 책장에 꽂힌 『빨강 머리 앤』을 보며 종종 삶의 모퉁이를 여행할 꿈을 꾸면 좋겠다. 나이 들어 주름 가득한 내 손을 잡고 "엄마, 나는 빨강 머리 앤이 좋아요."라며 길고 긴 수다를 떨어주면 좋겠다.

아이를 한 뼘 더 키우는 책 모임 이야기

제 4 부

아이 책 모임의 확장

깊고 넓게 읽기

① 작은 영웅들의 큰 이야기

『워터십 다운』

"토끼의 일생인데 사람의 일생을 본 것 같다."

"우리 집에서 토끼 열한 마리를 직접 키운 것 같이 생생하다."

"너무 재미있어서 두 번 읽었다."

"읽은 것 중 제일 재미있었다."

《소녀들의 명작읽기》모임 시작 전부터 아이들은 누가 먼저랄 것 없이 신이 나서 떠든다. 자신의 책 읽기가 어땠는지, 어떤 인물이 마음에 들었는지를 어서 말하고 싶다며 흥분했다. 아이들의 칭찬 세례를 받는 이 책은 바로 『워터십 다운』이다. 간단히 말하면, 샌들포드를 떠나 새로 살 곳을 찾아 나선 토끼들의 모험 이야기다. 토끼들은 불길한 예언 때문에 샌들포드를 떠난다. 새로운 땅을 찾아가는 길은 너무나 험난하고, 토끼들은 온갖 위험에 빠진다. 마침내 열한 마리의 토끼들은 새로운 땅에 도착해서, 자기 부족의 새로운 역사를 시작한다. 굉장한 서사와 비유 그리고 상징이 가득한 고전이다.

1971년 영국에서 『WATERSHIP DOWN』이 처음 출간됐을 때 5백만 부 이상 팔렸다. 여러 문학상을 석권하면서 작품성도 인정받았다. 우리나라에는 『워터십 다운의 열한 마리 토끼』(리처드 애덤스, 사계절) 4권짜리 시리즈와 4권을 합본한 양장본, 두 종류가 있다. 최근에는 같은 이름의 TV 시리즈가 나온 뒤에 새 표지를 입힌 한 권짜리 『워터십 다운』(리처드 애덤스, 사계절)도 출간됐다.

《소녀들의 명작읽기》에서는 각자 편한 판본을 선택해서 읽기로 했는데, 아이들은 합본한 책을 더 좋아했다. 낱권은 휴대성이 좋지만 앞뒤 이야기를 바로 살펴보기가 다소 불편하다. 내 경험상으로도 합본한 책으로 읽는 게 좋았다. 책을 읽어가며 내 책 읽기가 어느 정도 진행되었는지 한눈에 볼 수 있다. 완독 후 "이 책을 내가 읽었다니!"하는 성취감도 느낀다. 하지만 책 읽기 경험이 적고, 책 분량에 부담을 크게 느낀다면 낱권으로 하나씩 읽으며 성공 경험을 쌓는 게 좋다.

우리 아이들 대부분은 한 권짜리 『워터십 다운』을 준비했다. 한번에 다 읽지 않고, 제1부부터 제4부까지를 두 달 동안 읽었다. 2주에 한 부씩 읽고 모여 이야기 나눴다. 어떤 책이든 처음 만나면 지루하거나 어렵게 느껴진다. 앞부분에는 이야기의 배경과 인물에 대한 설명과 묘사가 나온다. 작가의 문체에 적응도 해야 하니 조금은 '견디면서' 읽어야 한다. 『워터십 다운』도 예외는 아니다. 이 책은 토끼

특유의 행동과 생태를 그대로 반영한다. 토끼가 경험하고, 토끼가 본 세상 이야기라서 처음에 읽으면 사고체계에 혼란이 온다. 인간인 내가 보고, 느끼는 것과 전혀 다르기 때문이다. 작은 동물로 살아간다는 게 어떤 것인지 깨닫게 해주니 무척 귀한 경험이지만, 처음에는 인간인 나의 시선을 내려놓는 게 잘 되지 않는다.

더군다나 이 책에는 토끼끼리 사용하는 말이 나온다. 천적은 엘릴(elil), 지도자는 라(rah), 풀 뜯는 것은 실플레이(silflay), 똥은 흐라카(hraka) 등이다. 이와 같은 토끼어는 책 읽기를 시작했을 때는 방해 요소가 된다. 읽는 재미에 빠져들려고 하다가도 불쑥 나온 토끼어의 뜻을 찾느라 멈추는 순간 재미가 훅 꺼진다. 하지만 제1부를 지나 제2부 읽기에 들어가면 모든 게 나아진다. 토끼의 눈으로 세상을 보게 되고, 문체나 서사 구조에 적응해서 이야기를 즐기게 된다. 아이들도 제1부 읽기는 어려워했지만, 제2부부터는 자신이 토끼인 양 머릿속에 장면을 생생하게 떠올리며 읽었다. 스스로 굴러가는 바퀴처럼 경쾌하고 힘차게 책을 읽었다. 깔깔대고, 깜짝 놀라고, 감동하면서.

작은 영웅들의 이야기

『워터십 다운』에는 개성 넘치는 토끼들이 등장한다. 샌들포드에 드리운 위험을 감지하는 예언자 파이버, 토끼 무리를 이끌고 모험을 떠나는 헤이즐, 토끼 신화와 이야기를 들려주는 이야기꾼 댄더라이언, 아는 것이 많고 지혜로운 블랙베리, 공동체를 위해 자신의 힘을 사용하는 빅윅 등. 다양한 성격과 매력을 가진 인물들이 많이 나오기 때문에 인물을 주제로 책 대화를 나눠도 좋다. "나랑 닮은 인물은 누구일까?", "내 친구와 닮은 인물은 누구일까?", "내가 닮고 싶은 인물은 누구일까?", "○○에 대해서는 어떻게 생각해?"처럼 인물로 나눌 이야기가 많다.

[질문1] 나와 가장 닮은 인물은 누구니?

"나는 댄더라이언이랑 빅윅이 섞인 것 같아요. 힘이 셀 때도 있고 이야기도 잘하거든요. 파이버의 예언 능력을 갖고 싶어요. 어떤 일이 일어날지 미리 알고 싶어요."

"나는 파이버를 닮았어요. 뭔가를 예측하면 그대로 맞아떨어지는 경우가 많아요. 블랙베리의 논리성을 닮고 싶어요. 엄마랑 말싸움할 때 기선제압하게요."

"나는 블랙베리랑 파이버를 닮은 것 같아요. 친구들을 잘 챙겨주거든요. 뭔가 안 좋은 일이 생길 거야 하는 느낌이 올 때가 있어요. 빅윅의 힘을 갖고 싶어요."

[질문2] 가장 인상적인(기억에 남는) 인물은 누구니?

각 부마다 일어나는 사건, 활약하는 인물이 다르다. 같은 질문을 해도 모임 때마다 매번 다른 답이 나온다. 제2부에는 제1부에서 샌들포드에 남았던 홀리가 상처를 입고 등장하고, 헤이즐이 친구들의 반대를 무릅쓰고 농장에서 길러지는 암토끼들을 구하러 간다. 헤이즐이 위험에 처해 죽을 뻔한다. 때문에 아이들은 헤이즐과 홀리에 집중했다.

> "헤이즐이요. 암토끼를 구하러 간 용기가 인상 깊어요."
> "홀리요. 샌들포드 마을에 살다가 워터십으로 왔어요. 친구들이 홀리를 잘 도와줬어요. 마치 원래 이 무리(헤이즐 일행)였던 것처럼 잘 지내서 기억에 남아요."
> "헤이즐은 마지막에 반전이 나와서 기억에 남고, 홀리는 파이버의 예언이 맞다는 걸 증명해준 인물이라 인상 깊어요. 헤이즐이 홀리를 많이 믿는 것 같아요."
> "헤이즐이 죽으면 이야기가 어떻게 진행될까 생각했는데, 살아있었어요."

이렇게 각 부마다 인물에 대한 이야기를 나누다 보면 '아, 이 이야기에서는 영웅 한 명을 돋보이게 하지 않는구나.' 하는 걸 알게 된다. 제4부에 이르면 아이들 입에서 "나오는 토끼들이 다 영웅이에요!"라는 말이 튀어나온다. 아이들은 인물 각자가 가진 장점이 다르기 때문에 무리 지어 다녀야 한다고 했다. 헤이즐이 다른 토끼들의 장점(시력, 체력, 예언 능력 등)을 다 가졌다면 폭력적인 지도자가 되었을 거라는 거다. 가벼운 책 수다가 묵직한 울림 있는 대화로 바뀌는 순간이다. '함께'의 의미, 공동체의 가치를 아이들 스스로 찾아냈다. 『워터십 다운』을 작은 영웅들이 '함께' 만들어 가는 이야기로 읽으니 책 대화가 더욱 깊어졌다.

작은 토끼들의 큰 이야기

『워터십 다운』은 토끼들의 이야기다. 토끼는 힘없고, 작은 동물이다. 인간에게는 쉬운 일이 토끼에게는 무척 힘겹다. 샌들포드 마을을 떠난 헤이즐 일행이 마지막에 도착하는 곳이 워터십 다운이다. 책 앞쪽에는 토끼들의 이동 경로를 표시한 지도가 있는데, 그렇게 먼 거리가 아니다. 인간의 눈으로 보면 '고작 이걸 그렇게 오랫동안, 힘들게 간 거야?' 싶다. 세상 무서운 것 없는 인간이 어찌 토끼로 사는 세상을 상상할 수 있을까. 들판을 가로지르고, 강을 건널 때 토끼가 느끼는 공포를 어떻게 이해할까. 종족의 멸종을 막으려고 목숨 걸고 암토끼를 찾으러 가는 수토끼의 절실함에 얼마나 공감할까. 어찌 보면 『워터십 다운』은 작고 시시한 이야기로 읽힐 수도 있다.

하지만 『워터십 다운』은 작은 토끼들의 아주 큰 이야기다. 토끼들의 여정에는 다양한 사건이 일어나고, 새로운 인물이 등장한다. 샌들포드 마을을 피바다로 만드는 인간, 헤이즐 일행이 만난 카우슬립 마을의 토끼들(인간에게 길들여진 토끼), 너트행어 농장에서 사육 상자에 간혀 수동적으로 사는 토끼들, 헤이즐과 대비되는 폭군토끼 운드워트 등은 이 이야기를 단순히 토끼들의 모험 이야기로만 읽을 수 없게 한다. 거친 세상에 제힘으로 길을 내며 나아가는 삶의 가치, 진정한 리더의 모습, 인생에 닥치는 여러 선택의 순간 등 우리 삶의 중요한 이야기로 받아들이게 된다. "토끼의 일생인데 사람의 일생 같다."는 아이 말이 꼭 들어맞는다.

뿐만 아니라 댄더라이언이란 인물에 주목하면 또 다른 거대한 이야기를 만나게 된다. 댄더라이언은 이야기꾼이다. 헤이즐 일행이 난관에 부딪힐 때마다 토끼 영웅 이야기를 들려준다. 일종의 토끼 신화이다. 도전, 용기, 희망이 담긴 영웅의 이야기는 헤이즐 일행이 나아갈 방향을 알려주고, 고난을 극복할 힘을 준다. 공동체가 어떤 가치를 공유하느냐가 매우 중요하다는 걸 알 수 있다. 아이들은 댄더라이언을 보면서 그림책 『프레드릭』(레오 리오니, 시공주니어)의 이야기꾼 프레드릭을 떠올리기도 했다. 추운 겨울 배고픔에 지친 생쥐들에게 따스한 햇살이 담긴 이야기를 해주는 프레드릭. 댄더라이언은 프레드릭이 했듯이 토끼 일행의 지친 마음을 달래주고, 앞으로 나아갈 방향을 제시한다. 이야기의 힘을 보여준다.

『워터십 다운』 함께, 천천히 읽기

『워터십 다운』 제2부로 이야기 나눈 날, 아이들은 모임을 마치며 이런 이야기를 들려주었다.

- 친구들이랑 생각을 나누는 게 좋다. 친구랑 토끼 캐릭터가 겹쳐서 생각나서 너무 재밌다.
- 책에 나온 사건에 대해 찬성/반대로 얘기한 게 새롭고, 이야기를 많이 할 수 있었다. 친구들 닮은 인물이 많이 나와서 재미있었다.
- 혼자 읽을 때 뭔 이야기인지 몰라서 재미가 없었다. 책 모임 하면 모르는 것도 알게 된다. 다른 친구들 얘기를 들으면서 많은 생각이 떠올랐다.
- 이 책에 대한 공감지수가 올라가는 느낌이다. 친구들이 다 다르게 생각해서, 내가 모르는 것을 잘 알 수 있었다.

우리 아이가 이 책을 혼자 읽었다면 이토록 풍성하게, 즐겁게 읽어내지 못했을 거다. 친구 이야기를 듣다가 순간 "아!"하면서 생각이 확장된다. "내 생각은 말이야." 하고 말을 꺼내면서 자기 생각을 정리하게 되고, '아, 이게 내 생각이구나.'하고 알게 된다. "너도 그렇게 생각했어? 나도 그랬어." 하면서 책 읽는 즐거움이 한껏 부푼다. 이런 순간들 덕분에 『워터십 다운』은 아이들이 한동안 '책 모임에서 가장 재미있게 읽은 책'이었다.

이날 아이들은 카우슬립 마을에서 농부의 덫에 죽어간 토끼들의 죽음과 자신의 무리를 지키기 위해 너트 행어 농장으로 간 헤이즐의 죽음을 비교했다. 카우슬립 마을의 토끼들은 자신이 왜 죽는지도 모르고 갑자기 죽고, 그 죽음을 다른 토끼들이 쉬쉬하며 덮는다. 하지만 헤이즐의 죽음은 스스로 선택한 것이고, 만약 헤이즐이 죽는다면 다른 토끼들이 그를 영웅으로 여길 거라 했다. 영웅의 죽음은 댄더라이언 같은 이야기꾼이 대를 이어 전할 것이다. 아이들이 그걸 찾아냈다. 이렇게 책 모임은 이야기에 담긴 의미를 발견하게 해준다. 작은 이야기에 담긴 큰 질문에 집중하고, 그 답을 고민하게 도와준다. 『워터십 다운』은 작은 영웅들의 큰 이야기였고, 책 모임 덕분에 그 이야기는 내 아이의 이야기가 됐다.

② 삶은 선택의 연속

『워터십 다운』

끔찍한 재앙이 닥친다는 파이버의 예언을 믿고, 열한 마리의 토끼
가 샌들포드 마을을 떠난다. 새로 마을을 만들 수 있는 안전한 거주
지를 찾기 위해 엔본강을 건너고, 히스덤불 숲을 지난다. 카우슬립
마을에서 죽을 고비를 넘긴 헤이즐 일행은 드디어 워터십 다운에 도
착한다. 워터십 다운은 새로운 토끼 마을을 만들기에 적당한 곳이다.
하지만 토끼들에게는 큰 문제가 있었는데, 바로 헤이즐 무리에 암토
끼가 없다는 거다. 헤이즐과 토끼들은 암토끼를 데려오기 위한 새로
운 모험을 시작한다.

아이들은 『워터십 다운』을 읽는 두 달 동안 자신들이 헤이즐 무
리의 토끼인 것처럼 생각하고 말했다. 모임 날 뿐만 아니라 일상의
대화에서도 토끼어를 사용했고, "엄마, 나는 댄더라이언이에요. 영
웅 이야기를 들려 드릴게요." 하며 인물의 말과 행동을 따라 했다. 토

끼들이 워터십 다운에 도착했지만 새로운 문제에 직면했을 때 "아, 그러고 보니 암토끼가 한 마리도 없었네!" 하며 놀라고, "이제 어쩌냐…. 큰일이네." 하며 안타까워했다. 헤이즐 무리는 워터십 다운까지 가는 길에, 워터십 다운에 도착해서 여러 문제 상황에 직면한다. 그리고 그 상황에서 최선의 선택이 무엇일까 고민한다. 떠날 것인가 남을 것인가, 어디로 갈 것인가, 누가 가야 하는가. 모두 토끼의 생존과 연결되는 문제들이라 가볍게 선택할 수 없다.

　우리 역시 살면서 크고 작은 선택을 끊임없이 한다. 오늘 아침으로 무엇을 먹을까, 외출할 때 어떤 옷을 입을까 같은 작은 선택부터 진로를 어떻게 정할까, 나의 장례는 어떤 식으로 치르는 게 좋을까 같은 크고 무거운 선택까지. 생각해보면 단 한 순간도 선택에서 자유롭지 못하다. 지금의 나는 과거에 했던 크고 작은 선택의 결과이다. 오늘 내가 하는 선택이 미래의 나를 만든다. 안타깝지만 어떤 선택도 정답이 되지 못한다. 우리가 할 수 있는 일은 그저 그 순간에 최선의 선택을 하고, 선택의 결과를 받아들이는 것뿐이다. 아이들 또한 살아가며 어려운 선택을 해야 하는 순간을 많이 만날 거다. 나는 아이들이 소신껏 선택하고, 그 선택의 결과를 책임지는 사람이 되길 바란다.
　『워터십 다운』은 아이들에게 그런 내 마음을 전하기에 좋은 책이다. 토끼들의 문제를 우리의 문제로 가져와 풍성하게 이야기 나눌 수 있다. 어떤 선택을 해야 할까, 그렇게 선택했을 때 어떤 일이 일어날까, 좋은 선택일 거란 예상이 빗나갔을 때는 어떻게 해야 할까. 아이들은 '내가 ○○라면'이라는 마법에 걸리면 금방 이야기 속 토끼가 되어 생각하고 말한다. 마치 자기 손에 토끼들의 운명이 달려 있기라도 한 듯 심각한 표정을 짓는다. 선택의 결과로 어떤 일이 일어날지 짐작해보면서 "아, 이거 고르기 어려워요." 한다. 이야기 속 토끼들은 최선의 선택을 하고, 그 선택의 결과가 나쁘더라도 서로 힘을 모아 이겨낸다. 아이들도 그런 토끼를 응원하며 '함께'의 힘과 가치를 배운다.

제2부에서 함께 나눈, 선택의 순간

> **[질문1]** 헤이즐과 친구들은 다친 검은머리 갈매기 '키하르'를 구해주고, 새와 친구가 됩니다. '키하르'는 암토끼가 많이 있는 마을을 알려줍니다. 실버, 벅손, 스트로베리, 홀리는 그 마을로 암토끼를 데리러 떠나지요. 그 사이 헤이즐은 너트행어 농장에서 사육되고 있는 '상자 토끼' 네 마리(암컷2, 수컷2)를 발견합니다. 파이버는 끔찍한 일이 일어날 거라며 말리지요. 결국 헤이즐은 죽을 위험을 겪고 상자 토끼 세 마리를 무리로 데려옵니다. 여러분은 헤이즐이 상자 토끼를 구출하러 간 것에 대해 어떻게 생각하나요?
> ① 잘한 결정이다.
> ② 잘못된 결정이다.

이 질문에 대한 답은 정확히 반으로 나뉘어졌다. '잘한 결정이다'를 선택한 아이들은 "희생이 없으면 얻는 것도 없다. 가만히 있으면 항상 안전하지만 얻는 건 없다."며 도전과 결단에 의미를 두거나 "암토끼가 없으면 헤이즐 무리는 멸종한다. 실버 일행이 실패할 수도 있다. 몇 마리라도 데려와 무리를 지켜야 한다."라며 헤이즐의 리더십을 좋게 평가했다. 반면에 '잘못된 결정이다'를 택한 아이들은 "파이퍼의 말처럼 길러진 토끼는 야생에 적응하지 못한다. 토끼 수가 너무 많아져도 문제다. 실버 일행을 기다려야 한다.", "파이버의 예언이 확실하다는 게 증명됐다. 파이버의 말을 들어야 한다."며 현실적인 문제들을 살폈다.

[질문2] 상자 토끼를 구하러 간 헤이즐 일행은 두 마리(박스우드, 클로버)를 우선 구출합니다. 겁에 질린 두 마리(로럴, 헤이스택)는 데려오지 못합니다. 헤이즐은 나머지 두 마리를 구출하러 가자고 댄더라이언에게 제안합니다. 여러분이 댄더라이언이라면 어떻게 하겠습니까?
① 간다.
② 안 간다.

댄더라이언이 되물었다.
"어디를?"
"나머지 둘을 데리러. 너는 누구보다 빠르니까 별로 위험하지 않겠지? 자, 빅윅, 어서 가야지. 내일 보자."
헤이즐은 빅윅이 대답할 겨를도 없이 느릅나무 밑으로 사라졌다. 댄더라이언은 따라가지 않고 망설이는 눈빛으로 빅윅을 바라보았다.
『워터십다운』(p.366)

이 질문에는 대부분의 아이가 '간다.'를 선택했다. "위험한 헤이즐을 그냥 둘 수 없다.", "헤이즐이 좀 무모한데, 지도자이니 이해는 된다. 헤이즐이 혼자 갔다가 일을 당해도 아무도 알 수 없다. 따라 가야 한다.", "헤이즐은 이미 상자 토끼들을 자신의 무리로 받아들였다. 헤이즐이 혼자 가면 죽을 수 있다. 같이 가야 한다."라고 이유를 말했다. 너트행어 농장은 위험한 곳이고, 실버 일행은 암토끼를 데리러 떠난 상황이었다. 사실 이 장면에서 헤이즐의 행동은 다소 무모해 보인다. 그럼에도 불구하고 아이들은 헤이즐을 혼자 보낼 수 없다고 했다.

그런데 딱 한 아이가 "나는 가지 않겠다."라며 의견을 밝혔다. "나의 생명도 중요하다. 위험을 무릅쓰고 까지는 가지 않겠다. 헤이즐은 빅윅과 댄더라이언의 말을 다 듣지도 않고 가버렸다. 무모하다."라고 했다. 책 모임에서는 이런 소수 의견이 정말 귀하다. 모두가 "예" 할 때, 혼자 "아니오." 해주는 아이 덕분에 문제를 보는 관점이 확 바뀌는 경우가 많다. 덕분에 헤이즐 입장에서 생각하던 아이들도 댄더라이언의 입장을 살폈다. 댄더라이언이 헤이즐을 따라가지 않을 수도 있다. 위험이 뻔히 보이는 상황에서 자신의 생명을 건다는 건 쉬운 결정이 아니다. 그런 선택을 자신만 생각하는 이기적인 행동이라고 할 수 없다. 댄더라이언이 헤이즐을 따라가지 않더라도 이후에 헤이즐을 위한 어떤 행동을 분명 할 거다. 앞의 이야기에서 댄더라이언은 줄곧 헤이즐을 지지하고, 무리의 어려운 일을 함께 해결해 왔다. 아이들도 그걸 안다.

제4부에서 나눈, 선택의 순간

> **[질문3]** 운드워트 장군은 아우슬라 토끼들과 젊은 토끼들을 데리고 워터십 다운으로 들이닥칩니다. 헤이즐 일행을 죽이고, 토끼들을 에프라파로 다시 데려가려고 합니다. 블랙카바르는 에프라파 토끼들이 오기 전에 도망가야 한다고 말하지만 헤이즐은 마을을 떠나지 않겠다고 합니다. 내가 워터십 다운의 토끼라면 어떤 선택을 하겠습니까?
> ① 마을을 떠난다.
> ② 마을을 떠나지 않는다.

힘세고 거친 운드워트 장군을 피해 달아날 것인가, 맞서 싸울 것인가를 묻는 질문이다. 폭력과 불의에 맞설 용기가 있는가를 묻는 것이기도 하다. 가진 것 없고 약한 민중이 권력에 맞서려면 큰 위험과 희생을 감수해야 한다. 더욱 중요한 사실은 혼자서는 안 된다는 거다. 서로 연대하여 힘을 모아야 한다. 아이들은 워터십 다운의 토끼가 되어 두 달 동안 여행했다. 헤이즐, 댄더라이언, 빅윅, 블랙베리 등이 서로 힘을 합쳐 위기를 극복하는 모습을 지켜봤다. 그래서인지 이 질문에는 모두 "마을을 떠나지 않는다."고 답했다.

한 아이는 "에프라파 토끼들은 계속 쫓아올 거예요. 끝장을 봐야 해요."라며 비장하게 말했다. 다른 아이들도 "도망치다 보면 언젠가는 끝내야 하는 때가 온다. 헤이즐 일행이 힘을 합치면 이길 수 있다.", "우리에게 빅윅이 있다. 함께 힘을 모으면 된다.", "어차피 한 번은 끝내야 할 일이다. 여럿이 힘을 모아 맞서 싸워야 한다."라고 말했다. 아이들은 뛰어난 한 명이 힘으로 많은 사람을 억압하고, 통제하는 상황이 부당하다는 걸 안다. 문제가 생겼을 때 회피하거나 도망칠 수만은 없다는 것도 안다. 『워터십 다운』을 읽은 아이들은 운드워트 장군이 아니라 헤이즐 무리에 공감한다. 작지만 강한 연대의 힘을 느끼고, 불의에 맞서는 자세를 배운다.

모두가 주인공이고, 모두가 성장하는 이야기

책 모임에서 함께 읽은 책은 다 좋았지만, 그 중 『워터십 다운』은 나와 아이들에게 조금 더 특별한 책이다. 책 모임 경험이 적은 친구가 "와, 이 책 진짜 최고예요!" 하며 책에 빨려 들어가 즐거워하던 모습, 우리 아이가 "엄마, 나는 댄더라이언이에요. 이야기를 재미있게 잘하거든요. 내가 얘기하면 친구들이 좋아해요." 하며 뿌듯해하던 모습, 토끼 일행이 위험한 순간에 직면할 때마다 자기 일인 양 어쩔 줄 몰라 하던 아이들 모습. 책 표지만 봐도 그런 모습들이 생생하게 떠오른다. 책 읽는 동안 아이들은 이야기 속 토끼가 되어 초원을 달리고, 강을 건넜다. 작지만 담대하게 역경을 헤쳐나갔다. 우리 모두가 이야기의 주인공이었고, 작은 영웅이었다.

나는 아이가 어려운 선택을 해야 할 때 "힘들겠지만 해볼게요! 잘 안 되면 다시 하면 되니까요." 하면 정말 고맙다. 삶이란 원래 고된

아이를 한 뼘 더 키우는 책 모임 이야기

것이다. 뜻하지 않은 질문을 만나고, 정답 없는 선택지 앞에서 고민해야 한다. 어떤 선택을 하더라도 '그때 다르게 선택했어야 하는데.' 하는 후회가 남기 마련이다. 앞으로 아이가 자라며 겪을 일들을 미리 생각하면 나는 마음이 무거워진다. 하지만 "그렇지만 해볼 거예요." 하는 아이의 당당한 모습에서 『워터십 다운』의 토끼들이 보인다. 헤이즐, 댄더라이언, 빅윅, 블랙베리…

『워터십 다운』의 토끼들이 우리 아이와 함께 가줄 것이다. 엄마 없는 곳에서도 아이는 자신만의 삶을 선택하고 만들어갈 거다. 나는 믿는다.

③ 중요한 곳에 머무르기

『오월의 달리기』

부모가 머무르면 아이도 함께 머무른다.

아이와 산책하다가 새싹, 풀꽃, 달팽이, 지렁이 등 작은 생명을 만나면 발걸음을 멈추게 된다. 아이를 데려와 한참을 들여다보고, 이야기 나눈다. 아이에게 그들의 살아있음을 보게 해 주려고, 그들이 얼마나 귀한 존재들인지 느끼게 해 주려고. 부모는 그렇게 아이를 키운다. 아이에게 꼭 보여줘야 할 것이 있으면 가던 길을 멈춘다. 아이와 함께 앉아 살피며 아이에게 말을 건다. 바삐 가던 부모가 멈추고 들여다보는 것을 보고 아이는 '아, 이게 중요하구나.' 한다. 부모와 나눈 이야기를 마음에 담는다.

나는 부모가 아이와 함께 책 읽는 일이 산책하는 것과 비슷하다고 생각한다. 부모는 책장 사이에서 책 한 권을 고른다. 아이가 꼭 만나

아이를 한 뼘 더 키우는 책 모임 이야기

보았으면 하는 인물과 생각해볼 주제가 있는 책, 아이가 느껴보았으면 하는 감정이 담긴 책. 그런 책을 골라 아이와 함께 읽는다. 아이와 책장을 넘기며 읽다가 어떤 장면, 어떤 문장에서 머무른다. 부모가 머무르면 아이도 함께 머무른다. 부모가 자세히 들여다보면 아이도 자세히 들여다본다. 눈에 보이지 않는 것을 볼 수 있는 눈, 작고 여린 것을 보듬는 마음, 함께 더불어 살아가는 자세. 부모가 아이 마음에 담고 싶은 것을 슬그머니 건넨다.

그런데 아이와 둘이서만 이야기 나누면 자꾸 가르치고 싶어진다. "이건 이런 뜻이야, 이게 중요해." 하고 일방적으로 일러주게 된다. 장면이나 문장에 지긋이 머무르지 못하고 얼른 책장을 넘겨 버린다. 이럴 때 친구들을 초대해서 함께 읽으면 좋다. 책 모임을 하는 거다. 아이 여럿을 데리고 산책을 하면 도무지 빨리 걸을 수가 없다. 작은 곤충 하나라도 발견하면 아이들마다 한 마디씩 거들고, 함께 소리 지른다. 책 읽기도 마찬가지다. 여럿이 읽고 나누면 하나의 질문에 오래 머물게 된다. 한 아이의 말에 다른 아이의 말이 이어지니 끊을 수 없고, 아이들끼리 한바탕 노는데 어른이 끼어들어 가르치기 어렵다. 할 수 없이 기다리고 지켜보게 된다.

아이 책 모임에서 어떤 질문으로 이야기 나눌까 고민될 때는 머물고 싶은 문장이나 장면을 정리해보면 좋다. 책의 주제가 드러나는 장면, 중요한 선택을 해야 하는 상면, 인물의 신념이 드러나는 문장. 아니면 그저 부모인 내가 아이에게 하고 싶은 말이 드러난 장면이나 문장을 골라도 된다. 아이 손을 잡고 머물고 싶은 장면과 문장이면 무엇이든 좋다. '아이가 책장 넘기기를 멈추고, 가만히 들여다보면 좋은 곳'을 고른다. 고른 장면이나 문장에 "이 장면을 어떻게 보았나요?", "이 장면을 보면서 어떤 생각이나 느낌이 들었나요?", "이 문장을 어떻게 보았나요?", "이 문장의 뜻은 무엇일까요?" 하고 물으면 간단하게 질문 몇 가지를 만들 수 있다.

『오월의 달리기』 함께 읽기

《소녀들의 명작읽기》 14회 모임 책은 『오월의 달리기』(김해원, 푸른숲주니어)로 골랐다. 책은 5.18 민주화 운동을 다룬다. 주인공 명수는 달리기 국가대표선수가 되고 싶어 하는 평범한 소년이다. 전국소년체전에 출전하기 위해 열심히 운동한다. 그런데 '비상 계엄령', '데모'와 같은 험한 말들이 소년과 친구들의 앞날에 먹구름을 드리운다. 아이들은 무자비한 폭력 앞에서 가족을 잃고, 꿈을 잃어버린다. 하지만 서로 의지하며 맞서고 견딘다. 끝내 살아낸다. 교과서의 한 줄 문장으로 담아낼 수 없는, 소중한 이야기다. 아이와 이 책에 머무르고, 이야기 나눠야겠다고 생각했다.

장면과 문장에 머무르기

『오월의 달리기』에는 가슴이 먹먹해지는 장면과 문장이 많다. 이런 책은 애써 어떤 질문을 만들지 않아도 좋다. 한 장면에서 인물이 느꼈을 감정을 읽고, 지금 우리와 연결된 부분을 찾고, 아이들 마음에 어떤 울림이 느껴지는지 나누면 족하다. 역사 공부는 단순한 지식 암기가 아니라 그 시대를 살았던 개인의 삶을 알아가는 것이라고 생각한다. 책 읽으며 아이들이 그해 5월 광주에 살았던 아이들의 삶을 온 마음으로 느꼈으면 하고 바랐다. 뭔가를 가르치겠다는 욕심을 버리고, 책 읽으며 표시해둔 장면과 문장 몇 가지를 질문으로 만들었다.(5.18 민주화 운동에 대한 내용은 책의 부록에 잘 정리되어 있어서 아이들과 챙겨 읽었다.)

명수의 마음에 머무르기

> [질문1] 명수는 전국체전 참가를 위해 합숙 훈련을 합니다. 훈련 중에 양동시장을 지나다 한 남자를 만납니다. '남자는 다리를 절룩이면서 구부정하게 허리를 굽히고 땅바닥에서 연신 뭔가를 주웠'(p.60)습니다. 명수는 그 남자가 자기 아버지라는 걸 알았습니다. 하지만 아는 체하지 않습니다. 여러분은 이 장면을 어떻게 보았나요?

명수 아버지는 소아마비를 앓아 다리를 전다. 명수는 절름발이 아들이라는 말을 듣기 싫어 아버지를 모른 척한다. 아이들은 이런 명수의 마음이 이해된다 했다. "아버지가 넘어져 있는 모습이 너무 초라해 보였을 거예요. 안쓰럽지만 모른 척하고 싶은 그 마음 이해해요.", "아빠를 못 본 척하는 명수가 안쓰러워요. 친구들한테 아빠라고 얘기하고, 아빠를 도와야 했어요.", "같이 운동하는 사람들의 시선이 불편했을 거예요.", "절름발이 아들이란 소리 듣기 싫었겠지만, 나라면 아빠를 도울 거예요. 내가 아빠 몫까지 두 배 뛴다고 하면 되지요." 했다. 자신을 아끼고 자랑스러워한 아버지의 마음을 읽지 못한(또는 모른 척한) 명수의 마음을 아이들과 자세히 들여다보았다. 이날 아버지를 모른 척한 명수의 행동은 뒤에 큰 후회로 남는다. 아버지가 군인의 총에 맞아 돌아가시기 때문이다.

거대한 폭력에 맞서는 용기에 머무르기

[질문2] 광주 시내에 나갔던 정태, 명수, 진규, 성일은 군인들이 시민을 폭행하는 장면을 목격합니다. 합숙 장소로 돌아와 두려움에 떨며 대화를 나누는데요. 성일이가 "그랑께 군인들이 악당인 거여라?" 하고 묻자, 정태가 "아니제. 만화서 보믄 나쁜 로봇을 조종허는 진짜 악당은 뒤에 숨어 있잖여. 군인들은 나쁜 악당헌티 조종당허는 로봇인거제."(p.110)라고 대답합니다. 여러분은 이 장면을 어떻게 보았나요?

모임을 시작할 때 '가장 기억에 남는 장면'을 골라 돌아가며 말했다. 이 장면을 고른 아이가 많았다. 군인들이 시민을 폭행하는데, 이

군인들은 진짜 악당이 아니다. 그럼 진짜 악당은 누구일까? 아이들과 이 장면에서 오래 머무르며 이야기 나눴다. "이 장면을 어떻게 보았니?"하고 물으니 한 아이가 "엄청 잔인한 장면인데, 만화로 표현해서 잔인함을 조금 줄인 것 같아요. 군인이 시민을 해친다는 게 끔찍해요." 했다. 그러자 다른 아이들도 "아이들이라 이 상황을 이해하기 어려웠을 거예요. 어른들은 알지만, 아이들은 이해하기 어렵잖아요.", "아이들 시선으로는 정말 이해가 안 되는 상황이겠죠." 하며 공감한다. "군인은 우리를 지켜줘야 하는데, 우리를 죽이네요. 말도 안 되는 일이에요." 하며 화도 낸다.

아이들은 눈앞에 보이는 군인이 저지르는 폭력에 집중했다. 거기서 머물면 안 되었다. 아이들과 군인들 뒤에 숨어 조종하는 거대한 권력, 신군부 이야기를 하고 싶었다. "군인들을 조종한 진짜 악당은 누구였을까?" 하고 물었다. 마침 아이들은 학교에서 근현대사 공부를 했다. "전두환 정권이요.", "전두환을 반대하는 시위를 하니까 군인을 보내서 사람들을 패고 죽였어요." 한다. 책 뒤에 실린 자료를 살피며, 친구 이야기를 듣는 아이들 표정이 꽤 심각해 보였다. 더 나아가야 했다. 부록에 실린 공수 대원들이 시민을 곤봉으로 내리치는 사진을 보며 물었다. "진짜 악당들에게 조종을 당한 군인들은 잘못이 있는 걸까, 없는 걸까" 아이들 대부분은 군인들에게도 잘못이 있다고 했다. 판단하지 않고 명령을 따르기만 해서, 부당함에 반대하지 않아서라며 목소리를 높였다. 국민의 생명을 함부로 짓밟았다 했다. 한 아이는 군인들도 잘못이 없지 않지만 오랜 독재에 익숙해졌을 것이며, 명령을 어기면 큰 해를 입을 거라 두려웠을 거라는 입장을 냈다. 나는 상부의 명령을 어기고 시민을 지킨 사람들 이야기를 해줬다. 엄청난 고통과 위험을 감수하면서 정의의 편에 선 사람들이 있었고, 그들의 용기와 결단이 많은 생명을 구했다고.

가족과 이웃의 연대에 머무르기

> **[질문3]** 군인들이 광주 시민들을 무차별 폭행하자 박 코치와 김 감독은 체전 출전하는 일에 대해 이야기 나눕니다. 박 코치는 체육대회를 "설령 헌다고 혀도 우덜은 나가믄 안 된당께요."라고 말합니다. 김 감독은 '대회에 나가고 안 나가고는 우리가 결정할 일이 아니'(p.120)라고 합니다. 여러분은 누구의 의견에 더 공감합니까?

5월의 그 날, 많은 사람들이 목숨을 걸고 공수부대에 맞섰다. 거창한 사상이나 신념 때문이 아니라 가족과 이웃과 함께하려는 마음 때문이었을 거라고 나는 생각한다. 나와 함께 살아가는 사람들의 고통을 외면할 수 없다는 선량한 마음이 시민의 연대를 이끌어 냈다. 이런 이야기를 하고 싶어서 박 코치와 김 감독의 대화를 질문에 넣었다. 김 감독은 "사람들이 죽어 나가는디 소년체전이 다 뭐다요." 한다. 아이들에게 이 말을 하는 김 감독의 마음을 전해주고 싶었다.

이 장면에 머무른 아이들은 "아이들이 다칠 수 있으니 소년체전에 나가면 안 된다."며 입을 모아 말했다. 폭력으로부터 아이들을 지켜야 한다는 거였다. 아무래도 상상할 수 없는 폭력이 일어나는 상황이니 생존의 문제가 중요하게 여겨진 모양이다. 이야기가 더 깊어지지 않아서 다음 질문을 던졌다. "모두의 안전이 보장된다면 소년체전에 나가도 될까?" 하니 표정들이 어두워진다. 쉽지 않은 선택이다. 아이들 중 반은 나가야 한다 했고, 반은 나가면 안 된다 했다. 나가야 한다는 쪽은 아이들이 대회 출전을 위해 노력했고, 꿈을 이뤄야 하기 때문이란다. 나가면 안 된다는 쪽은 밖에서 사람들이 죽고 있는데 어떻게 달리기를 하고 있냐 했다. 달리기도 하나의 유흥이라는 말도 나왔다. 잠시 후, 아이들은 친구 이야기를 들으니 모두 맞는 말 같다며 혼란스럽다고 했다.

명수와 아이들은 소년체전에 나가기 위해 열심히 운동했다. 체전에서 좋은 성적을 거두고, 장차 국가대표가 되겠다는 꿈도 꾼다. 하지만 가족과 이웃에게 일어난 비극을 모른 척 할 수 없다. 모두가 불행한데 나만 행복해질 수는 없는 거다. 이런 이야기를 해주니 아이들은 조용히 생각에 잠겼다.

용서와 화해에 머무르기

> [질문4] 이야기는 시계방 주인과 남자의 대화로 끝납니다. 남자는 광주사태 당시 군인으로 '산등성이에서 경비를 섰'(p.151)고, 한 아이가 '자기 아버지가 죽어 집에 알려야 하니까 보내 달라고 빌'(p.151)었다는 이야기를 합니다. "그 아이가 잘 달리고 있는지 보고 싶었습니다."(p.153)라고 합

> 니다. 그는 실수로 컵의 물을 흘리곤 시계방 주인에게 "정말 미안합니다.
> 정말 미안합니다."(p.155) 하는데요. 여러분은 마지막 장면을 어떻게 읽었
> 나요?

책의 마지막 장면이다. 시계방 주인과 과거 군인이었던 남자의 만남. 시계방 주인은 명수이고, 남자는 광주 사태 당시 명수와 만났던 군인이다. 그들의 슬픔과 고통은 어떻게 치유될 수 있을까? 명수와 군인의 만남에 머물며 용서와 화해의 가능성을 살피고 싶었다.

"남자는 시계방 주인이 옛날 그 아이란 것을 눈치 채고, 미안하다고 한 것 같아요. 이걸로 다 되는 건 아니지만 이렇게라도 사과를 하는 게 다행이에요."

"이 남자가 전두환보다 훨씬 나아요. 자신의 잘못을 인정하고 사과하니까요."

"이렇게라도 사과를 받아서 좀 나아요. 하지만 용서하기는 어려울 것 같아요."

"내가 시계방 주인이면 눈물이 났을 거예요. 그때는 군인이 나쁘게 보였는데, 이 사람이 후회를 하는구나 싶어 마음이 아파서요."

아이들은 자신이 시계방 주인이라면 예전 일이 떠올라 슬프고 화가 날 거라고 했다. 돌아가신 아버지가 그리워 눈물도 날 거라며 안타까워했다. 그러면서도 남자가 잘못을 인정하고 사과해서 다행이라고, 시계방 주인의 마음이 조금은 나아졌을 거라 했다.

현실에서는 광주사태 때 가족과 이웃을 잃고, 삶을 잃어버린 사람들에게 아무도 사과하지 않는다. 사실 아이들이 피해자의 감정을 깊이 이해하기는 어렵다. 피해자 입장에서 용서와 화해를 떠올려보라는 말은 차마 할 수 없었다. 다만, 가해자가 자신의 잘못을 인정하고 사과하는 데서부터 피해자의 치유가 시작된다고 이야기하고 싶었다.

모임을 마치며 아이들은 『오월의 달리기』가 '결승선 없는 마라톤'이고, '시곗바늘 없는 시계'라고 했다. '결승선 없는 마라톤'인 까닭은 그날의 일들이 모두 밝혀지고, 해결되어야 하는데 그렇지 못했기 때문이다. '시곗바늘 없는 시계'인 까닭은 광주사태를 겪은 사람들이 아직도 멈춰진 시간 속에서 고통스럽게 살고 있기 때문이다. 아이들은 '그날 광주'의 일이 오늘 '우리의 일'이기도 하다고 말했다.

『오월의 달리기』를 읽으며 1980년 5월, 그날의 사람들을 만났다. 정태, 명수, 진규, 성일이와 박 코치, 김 감독 그리고 군인. 나는 아이들 손을 잡고 그들 곁에 머물며, 그들의 이야기를 들었다. 아이들이 자세히 보아주었으면 하는 장면과 문장에서 오래 머물렀다. 그 시대, 그 장소에 살았던 사람들의 마음을 살뜰히 살폈다. 그들의 아픔을 조심스레 가늠해보았다. 이 한 권의 책으로, 이 한 번의 모임으로 끝나서는 안 된다는 걸 안다. 나는 계속 아이 손을 잡고 책을 읽을 거다. 가슴 아픈 장면과 비통한 문장에 아이와 함께 머물 것이다. 우리에게는 멈추고, 들여다보고, 마음으로 느껴야 하는 아픈 역사가 너무 많다.

4 중학생 책 모임

《다온》

중학생의 책 읽기, 조금 더 넓고 깊게

큰아이는 초등 4학년부터 6학년까지 3년 동안 책 모임 하고서 중학생이 됐다. 1년 동안은 엄마가 이끌었고, 2년 동안은 아이끼리 모임 했다. 성실하고 사려 깊은 친구 세 명이 함께 해준 덕분에 아이들끼리 하는 모임도 잘됐다. 아이들은 자신의 독서 수준과 관심사에 알맞은 책을 골랐고, 공신력 있는 기관에서 추천하는 책이나 고전도 놓치지 않고 읽었다. 자신이 발제와 진행을 맡으면 다른 때보다 더 꼼꼼하게 책을 읽었고, 친구들과 함께 나눌 질문을 고심해서 만들었다. 모임 후에는 소감 글도 꼬박꼬박 썼다. 이 시기의 발제문과 소감 글을 보면 아이들 스스로 만들어간 책 모임의 역사를 살필 수 있다. 읽는 책 수준이 점점 높아졌고, 그 책을 읽어내는 아이들의 생각하는

아이를 한 뼘 더 키우는 책 모임 이야기

힘도 자랐다. 누가 시켜서가 아니라 스스로 책을 찾아 읽었다. 모임하며 자신이 새로 알게 된 것이나 느낀 점을 글로 썼다. 이 모든 걸 아이들끼리 꾸준히 해냈다.

그런데 아이가 중학생이 되니 새로운 고민이 시작됐다. 중학생의 책 읽기는 초등학생의 책 읽기와 달라야 하지 않을까. 조금 더 넓고 깊어져야 하지 않을까. 아이가 성숙한 시민으로 자라려면 자신과 가족 또는 친구에게 머물렀던 시선을 인류와 세계로 넓혀가야 한다. 재미있게 즐기며 읽는 데서 머물지 않고, 호되게 자신을 성찰하는 읽기로 나아가야 한다. 그러기 위해서는 책 모임에서 읽는 책과 나누는 이야기가 이전과는 달라져야 하지 않을까. 나는 이런 생각을 하면서 우선 청소년 권장도서를 한 권씩 살펴봤다. 주제, 서술방식, 어휘 수준 등이 이제 막 중학생이 된 아이들이 읽기에 어떨지 궁금했다. 직업상 초등학생을 대상으로 한 책만 읽어온 터라 중학생 대상 책을 찾아 읽는 게 처음이었다. 일단 추천도서 목록도 살피고, 리뷰도 훑어가며 청소년 책을 꾸준히 읽었다.

청소년 책은 사회, 경제, 정치, 역사 등 다양한 분야에서 나와 있었다. 다문화, 난민, 젠더, 노동 등 초등학생에게는 에둘러 들려줬던 이야기들을 깊이 있게(속 시원하게) 다룬 책이 많아 반가웠다. 중학교 1학년 추천도서는 아이들이 초등학교 때 읽은 책과는 결이 달랐다. 초등학생 책은 등장인물이 많지 않고, 인물의 성격도 명확하게 드러나는 편이다. 이야기 배경도 집과 학교, 학원인 경우가 많고, 사건의 원인과 결과를 비교적 쉽게 파악할 수 있다. 이에 비해 청소년 책은 등장인물 수가 많고, 그려내는 인물 유형도 다양하다. 어느 정도 배경지식이 있어야 인물의 심리를 읽어내고, 작품의 주제를 파악하기 쉽다. 시공간의 이동이 자주 일어나거나 복선과 암시가 많다. 아이가 초등학생 때 책을 좋아하고 잘 읽었는데, 중학생이 되어서도 그렇게 즐기며 읽을 수 있을까. 학습량이 늘어나면서 책 읽기가 아이의 일상 밖으로 밀려나면 어쩌나 걱정됐다.

초등학교 책은 대상독자를 구분한다. 저학년, 중학년, 고학년으로 나눌 수 있는데, 학년에 따라 나누는 수세나 시를 빙식이 약깐믹 다르다. 그런 구분이 내 아이에게 딱 맞아떨어지는 것은 아니지만 읽을 책의 종류와 범위를 정하는데 어느 정도 유용하다.

반면 중학교 책은 학년별 구분이 딱히 없고, '청소년 도서' 안에 중학생과 고등학생이 읽을 책이 섞여 있는 모양새다. 집 근처 도서관에도 청소년 도서가 따로 정리되어 있지 않다. 어른 책 사이에 군데군데 청소년 도서가 꽂혀 있다. 어떤 책이 있는지, 얼마나 있는지 한눈에 살피는 게 불가능하다. 중·고등학생이라면 이제 웬만한 책은 다 읽어내야 한다는 걸까? 그래서 학년별 혹은 연령별로 구분하지 않아도 되는 걸까? 하긴 중학생이 되면 책을 많이 읽지 않으니(읽고 싶어도 못 읽으니) 학년별로 독자를 세분화해서 출간하기도 어렵긴 하겠다.

아이를 한 뼘 더 키우는 책 모임 이야기

중학생 책 모임의 시작

청소년 책 읽기는 어른 책 읽기와 바로 맞닿아 있다. 다루는 주제나 깊이가 크게 다르지 않다. 어른 책을 청소년 독자가 읽기 쉽도록 조금 친절하게 풀어 쓴 책도 많다. 이 시기에 접하는 분야나 주제를 심화시키면서 어른 책 읽기로 이어가면 좋다. 이때 읽는 책이 아이의 가치관이나 삶의 방향을 결정하는 데도 영향을 준다. 초등학교 때 책 모임하며 책 좋아하는 마음을 한껏 키웠으니, 이제 책 읽으며 자신이 변화하는 기쁨을 느껴볼 차례다. 전에는 몰랐던 세상일을 알아가고, 자신의 소명을 발견하고, 세상에 선한 영향력을 행사하려는 마음을 키울 때가 왔다. 나는 기꺼이 아이들의 책 읽기를 돕기로 결심했다. 고백하건대 나도 아이들과 어떤 책을, 어떻게 읽어야 하는지 잘 모른다. 그냥 하는 거다. 아이들과 함께 읽고, 아이들 이야기에 귀 기울이는 일을 계속할 뿐이다. 나의 부족한 부분은 아이들이 채워줄 거라 믿으며, 새로운 도전을 시작했다.

걱정되지만 다시, 책 모임

중학교 입학 후 한 학기는 학교 적응기로 모임을 쉬었다. 7월 중순이 되어서야 우리 아이와 함께 책 읽을 친구를 모았다. 기존에 있던 책 모임(스페이스) 친구 3명에 남자 친구 2명을 초대해서 중학교 1학년 모임을 꾸렸다. 책 모임 경력 3년 된 여학생 4명과 책 모임 처음 하는 남학생 2명, 이렇게 6명이다. 2주에 한 번, 토요일 저녁 7시에 만나기로 했고, 모임 장소는 집 근처 카페로 정했다. 책 선정, 발제와 진행은 내가 맡았다. 보통 아이 책 모임 시작하기 전에 엄마 모임을 따로 하는데, 이번에는 생략했다. 함께 모임 해온 친구들이 대부분이고, 새로 온 친구의 엄마와도 친분이 있는 사이였기 때문이다. 굳이 함께 읽기의 의미와 책 모임의 중요성을 알리고, 모임하자고 설득할 필요가 없다. 카톡방에 간단히 모임 방향을 안내하고, 바로 모임 시작을 알렸다.

첫 모임 하던 날, 집 앞 카페에서 나와 중학생 6명이 모였다. 여자 친구들은 책 모임을 쉬다 오랜만에 모였고, 남자 친구들은 처음 만나는 자리였다. 성별도 다르고, 다니는 학교도 다르니 서로 낯설어했다. 간단하게 자기소개를 했는데, 책 모임에 오게 된 이유부터 다양했다. "오래 해오던 책 모임을 하지 않으니 책도 덜 읽고, 다시 하고 싶었다.", " 책 모임을 쉬니 책을 잘 읽지 않게 돼서 아쉬웠다."는 말을 들을 때는 마음이 흐뭇했고, "엄마가 해보라 권해주셨다."라는 이야기에는 '억지로 왔을까' 싶어 걱정이 됐다.(우리 아이도 이렇게 말했다.) 남자 친구 한 명이 "친구 따라 왔다."는 말을 했을 때는 다 같이 웃었다. 남자 친구들은 처음 함께 하는 자리라서 살짝 긴장한 모습이었지만 곧 집중하고, 제 이야기를 조심스레 꺼내었다. 한 명씩 돌아가며 이야기하고, 고개 끄덕이며 혹은 웃으며 듣는 동안 훈훈한 기운이 생겨났다.

아이를 한 뼘 더 키우는 책 모임 이야기

중학생 책 모임을 하기로 하고 '잘 될까?' 걱정했던 내 마음도 슬그머니 풀어졌다. '역시 시작하길 잘했어.' 하고 생각했다. 아이들은 정중하게 자기 이야기를 하고, 정성껏 다른 사람의 말에 귀를 기울였다. 생김새도 성품도 서로 다른 아이들이 한데 모여서 잘 말하고, 잘 들으려 애쓰고 있었다. 나는 그런 아이들 모습에 감동했다. 내 아이가 이런 친구들과 함께 이야기 나눌 수 있다는 게 감사했다. 책 모임이 아니라면 내 아이가 이렇게 좋은 친구들을 어떻게 만날 수 있겠나, 이렇게 따스한 눈빛과 태도로 내 아이를 맞아주는 공동체를 어디서 만날 수 있겠나. 모임에 아이를 보내는 엄마들이 감사 인사를 전할 때마다 나는 "제가 오히려 감사해요. 덕분에 저희 아이를 살 키웁니다." 하고 답한다. 진심이다. 나는 책 모임에서 우리 아이와 만나주는 친구들에게 정말 고맙다.

모임 이름 정하기 《다온》

저마다의 빛깔로 자기소개를 마치고, 모임 이름을 정했다. 모임 이름을 각자 하나씩 생각해오기로 했는데, 빈손으로 온 아이도 있었다. 괜찮다. 책 모임은 자유롭고, 자발적인 참여를 전제로 한다. 억지로 해서는 안 된다. 학원이 아니니까. 구성원의 3분의 2 정도가 성실하게 활동하면 모임은 잘 유지된다. 책을 잘 읽지 않거나 참여도가 적은 아이가 몇 명 있어도 큰 문제는 없다. 시간이 지나면서 그 아이도 제 역할을 해내며 책 모임은 더 단단해진다. 몇몇 아이가 골라온 이름을 살펴보고, 즉석에서 인터넷 검색도 해서 모임 이름을 정했다. 아이들과 의논하여 정한 이름은 '다온'이다. '모든 좋은 일이 다 온다.'는 뜻을 가진 순우리말이다. 부르기 좋고 기억하기 쉬우니 일단 좋았다. 책과 사람이 만나는 자리, 그 자리에 모든 좋은 이야기가 다 모여들면 좋겠다고 우리끼리 뜻풀이도 했다.

이렇게 시작한 다온 모임을 2년 넘게 했다. 아이들이 중학교 3학년이 된 지금도 한다. 6명이 모임하다 얼마 전에 1명이 더 들어와 7명이 됐다. 아이들은 늘어나는 학업 부담 속에서도 멈추지 않고 읽는다. 모임 날은 어김없이 모여 책 읽고 느낀 점, 주제에 대한 생각, 더 궁금한 점 등을 이야기 나눈다. 예전만큼 시간을 충분히 들이지는 못하지만 글도 쓴다. 모임을 계속하고 있다는 것만으로도 대단한데, 함께 읽는 책이나 나누는 이야기도 더 깊고 풍성해진다. 인간과 세계에 대한 어려운 이야기도 꺼내 보고, 어른들이 외면하는 세계의 불편한 진실도 살핀다. 나는 모임하며 아이들의 생각이 한 단계 도약하는 순간을 자주 목격한다. 그 순간에 내가 느끼는 감동과 희열은 글로 옮길 수가 없다. 우리 아이는 모임 친구들 어깨에 기대어 생각도 키우고, 마음도 더욱 단단하게 다졌다.

아이가 초등학교 졸업하고, 중학생 책 모임을 해도 될까 잠시 고민했다. 내게 중학생 책 모임은 가보지 않은 길이었기 때문이다. 괜히 일을 벌여놓고 전전긍긍하게 될까 두려웠다. 괜한 걱정이었다. 초

아이를 한 뼘 더 키우는 책 모임 이야기

등학생 시기에 책 모임 한 아이들은 중학생이 되어서도 함께 읽기를 놓지 않았다. 어떻게든 읽고, 이야기 나누고, 글을 썼다. 인권, 젠더, 노동, 환경, 예술 등 다양한 주제로 사유를 확장시켰다. 아이들은 기꺼이 불편한 책 읽기, 고된 책 읽기에 동행했다. 책 모임이 책과 친구를 일상 속에 깊숙이 새겨 넣은 덕분이다.

5 　중학생이 책 모임 하는 이유

『꽃들에게 희망을』

　《다온》첫 책은 『꽃들에게 희망을』(트리나 폴러스, 시공주니어)이다. 분량이 적지만 여백이 많아 다양한 시선으로 읽을 수 있다. 책에는 나비 애벌레가 등장한다. 수많은 애벌레가 높은 곳을 향해 기어오른다. 곳곳에 애벌레 기둥이 생겨난다. 그 속에서는 애벌레들이 더 빨리, 더 높이 오르기 위해 서로를 밀쳐내고, 서로의 머리를 짓밟는다. 정작 꼭대기에 무엇이 있는가는 아무도 모른다. 남들이 올라가니까 나도 오른다. 그런데 모두가 그런 건 아니다. 어떤 애벌레는 자신의 모습에 회의를 느끼고, 기둥을 내려와 새로운 삶을 선택한다. 자신의 내면에 집중하며, 나다운 삶을 만들어 간다. 나는 우리 아이들이 그런 사람이 되길 바란다. 모두가 비슷하게 살아갈 때 '다른' 것을 꿈꾸고, 우리와 똑같아지라고 강요당할 때 "왜?"라고 묻는 사람, 내 안에 무엇이 있는지 사려 깊게 살피는 사람. 그런 사람으로 자라길 소망한다. 그런 마음을 담아 첫 책을 골랐다.

《다온》 1회 『꽃들에게 희망을』

이 책을 전에 읽은 적이 있다는 아이들은 "전에 읽을 때 잘 몰랐던 부분을 다시 알게 됐고, 애벌레의 감정이나 일어난 일을 새롭게 보게 됐다."고 했다. 처음 읽었는데 생각보다 어려웠다는 아이도 있다. 같은 나이여도 아이마다 독서 경험이 다르고, 작품을 읽어내는 능력에 차이가 난다. 책 모임에서는 그런 차이가 크게 문제가 되지 않는다. 자기가 이해한 만큼, 느낀 만큼 편안하게 꺼내놓으면 된다. 서로 다른 생각이 모여 충돌하거나 합쳐지거나 하면서 구성원 각자가 자기 나름의 통찰이나 지혜를 얻는다. 다름이 문제가 되지 않고, 오히려 다양한 생각의 결을 만들어낸다.

내가 "가장 기억에 남는 장면과 말을 골라볼까요?"라고 질문하자 아이들이 책을 뒤적였다. 나는 "시간을 좀 줄게요. 천천히 골라 봐요." 하고 이어서 말했다. 책 모임 할 때 내가 가장 많이 하는 말이다. 즉석에서 자기 생각을 뚝딱 정리해서, 능숙하게 말로 풀어내는 사람은 많지 않다. 아이들이 마음의 준비를 할 수 있게 약간의 시간을 줘야 한다. 주는 시간이라고 해봐야 1~2분 정도이다. 질문하고 이 정도만 기다려주면 아이들이 말할 때 훨씬 편안해한다. 할 말을 정리하지 못해 머뭇거리거나 난처해한다면 "생각을 더 정리할 시간을 줄까요?" 하고 묻는다. 이렇게 편안하게 말하는 분위기를 잘 만들면 아이들이 "조금 뒤에 다시 말할게요." 하거나 "이번 질문에는 떠오르는 생각이 딱히 없네요." 하기도 한다. 책 모임에서는 듣는 것도 적극적인 참여로 본다. 잘 들으면서 내 안에 하고 싶은 말이 고이기를 기다리는 아이도 존중한다. 그 아이가 어쩌다 불쑥 내뱉은 한 마디가 모두를 번쩍 깨어나게 해주기도 한다는 걸 우리는 안다.

여자아이 세 명은 늙은 애벌레가 노랑 애벌레에게 나비가 될 수 있다는 가능성을 알려주고 격려해주는 장면과 늙은 애벌레의 말이 인상 깊었다고 했다.

"나비는 미래의 네 모습일 수도 있단다.
나비는 아름다운 날개로 날아다니면서,
땅과 하늘을 연결시켜 주지.
나비는 꽃에서 꿀만 빨아 마시고,
이 꽃에서 저 꽃으로
사랑의 씨앗을 날라 준단다."

"나비가 없으면,
꽃들도 이 세상에서 곧 사라지게 돼."

아이들이 소리 내어 늙은 애벌레의 말을 읽어주니 감동이 배가 됐다. 한 아이는 "애벌레는 자신만을 생각하지만 나비는 그렇지 않다."

아이를 한 뼘 더 키우는 책 모임 이야기

고 말했다. 나뭇잎만 먹던 호랑 애벌레가 '먹는 것, 그 이상의 것'을 찾아 나선다. 아이들은 호랑 애벌레가 찾으려 한 건 새로운 경험, 새로운 사람과의 만남을 통해 세상을 위해 헌신하는 삶이라고 했다. 먹는 것 이상의 무엇을 추구하며, 그런 삶이 나뿐만 아니라 타인과 세상에 이로움을 준다. 아이들은 나비의 선한 영향력과 존재 이유를 자신들의 말로 들려줬다.

호랑 애벌레는 노랑 애벌레와의 사랑을 통해 자신의 소명을 깨닫는다. 아이들은 이 두 인물의 관계를 어떻게 보았을까? 나는 당연히 아이들이 호랑 애벌레와 노랑 애벌레의 만남과 사랑을 깊이 이해했을 거라 생각했다. 그런데 아이들은 두 애벌레의 성을 서로 다르게 이해했다. 둘 다 수컷 혹은 둘 다 암컷이라 생각하며 진실한 우정으로 읽은 아이가 몇 명 있었다. 마지막 장면에서 나비 두 마리가 함께 떠난 뒤 잎에 남겨진 알을 다시 살피곤 아이들이 크게 웃었다. 서로 다른 성을 가진 두 존재의 사랑이든 같은 성을 가진 두 존재의 우정이든 크게 상관은 없지 싶다.

나를 깊이 이해하며 아껴주는 존재, 그런 존재와의 교류와 연대가 내 삶을 바꾼다는 걸 느끼면 되었다. 나는 '책 모임에서 우리가 서로에게 그런 존재가 되어줄 수 있었으면 좋겠다.'는 생각을 속으로 품었다.

내가 애벌레라면?

노랑 애벌레와 함께 애벌레 기둥을 내려와 잘 살던 호랑 애벌레는 다시 떠나려 한다. 노랑 애벌레는 그런 호랑 애벌레를 말린다. "내가 만약 호랑 애벌레라면 다시 떠날까?"하고 물으니 아이들은 어떻게 답할까 심각하게 고민했다. 자신이 원하는 삶이 그것이라면 떠나겠다고 당차게 답하는 아이, 내가 원하는 것이 무엇인지 생각해보고 그것을 얻으면 지금보다 더 행복해질지 생각해보겠다는 신중한 아이가 있다. 애벌레 기둥에서 죽을 수도 있고, 그곳에 무엇이 있는지 몰라 두려워 가지 않겠다는 아이도 있다. 우리 아이는 사랑하는 노랑 애벌레 곁에 남겠다고 했다. 자신에게는 사람이 중요하단다. 느긋한 성격에 사람 마음 헤아리는데 능하며, 누군가와 경쟁하는데 관심 없는 아이다. 사랑하는 노랑 애벌레를 혼자 두고 떠나지 못한다는 말에 고개가 끄덕여졌다.

책 모임에서 이런저런 이야기를 나누다 보면 내 아이에 대해 조금 더 알게 된다. 기대 이상의 모습에 놀라기도 하고, 기대에 못 미치는 순간을 맞이하기도 한다. 그런 순간들이 쌓이면서 내 아이의 진짜 모습에 조금씩 가까워진다. 노랑 애벌레를 떠난 호랑 애벌레는 애벌레 기둥 꼭대기에 오른다. 힘들게 오른 그곳에는 아무것도 없다. 호랑 애벌레는 나비가 된 노랑 애벌레를 다시 만나고, 자신도 나비가 될 수 있다는 걸 믿게 된다. 아이들과 호랑 애벌레가 변하는 그 순간에 머무르고 싶었다. 호랑 애벌레의 말 중에 마음에 남는 문장을 소리 내어 읽어보기로 했다. 아이들은 "꼭대기에는 아무것도 없다. 하지만 그건 중요하지 않아.", "꼭대기에 오르려면 기어오르는 게 아니라 날아야 하는 것이었습니다."를 소리 내어 읽었다. 가장 많은 아이들이 선택한 문장은 "호랑 애벌레는 애벌레마다 내부에 나비가 한 마리씩 들어 있으리라는 기쁨에 들떠, 그들을 하나씩 찬찬히 바라보았습니다."이다. 호랑 애벌레가 다른 애벌레를 바라보는 관점이 크게 변한다. 단순히 먹고 기어 다니는 애벌레가 아니라 나비가 될 수 있는, 세상에 기여할 귀한 존재로 본다. 아이들도 그런 호랑 애벌레의 깨달음을 마음에 담았을까.

작가의 의도 읽기

이어서 "작가가 전하고자 하는 메시지가 무엇일까?"라고 물었다. 책 모임 마칠 때 자주 던지는 질문이다. 긴 시간 독자의 시각에서 생각하고 느낀 것을 충분히 이야기 나눴다. 마지막으로 작가의 시각에서 생각해보라고 하면 아이들은 작품의 주제를 잘 찾아낸다. 이 책은 글은 적지만 읽어내기 쉬운 책이 아니다. 그러니 작가가 담으려 했을 메시지를 조금 깊게 읽어내려 애써봐야 한다. 아이들은 심각한 표정으로 궁리하더니 한마디씩 했다. "사랑은 영원하다.", "우리 모두 나비가 되어 세상을 이롭게 하기를!", "인간도 애벌레처럼 먹는 것이나 당장 원하는 것을 쫓지만 말고 나비가 되어 더 큰 존재가 되어야 한다."

어렵다면서도 제 나름대로 빛나는 메시지를 찾아냈다. 우리 아이는 자기가 생각하지 못한 이야기를 친구가 하면 깜짝 놀라면서 "오!" 하고 감탄했다.

이 책은 문장 사이, 그림 구석구석에 숨겨진 이야기가 많다. 삶을 많이 살아본 사람일수록 더 깊이 읽어낼 책이다. 하지만 중학생 정도면 그 나름의 깊이로 읽어낸다. 제 생각을 정리하려 애쓰면서 작품의 의미를 스스로 발견한다. 혼자 읽고 생각하는 것도 좋지만 함께 이야기 나누면 더 좋다. 깊이 있고 잘 다듬어진 생각을 나눠주는 아이가 있는가 하면 어디로 튈지 모르는 답을 해서 생각의 유연함을 보태어주는 아이도 있다. 아이들은 어색한 분위기를 이겨내며 정성껏 말하고, 진지한 태도로 다른 친구 이야기를 듣는다. 말하다 머릿속 생각을 정리하지 못해 난처해하는 아이도 있지만 크게 문제 되지 않는다. 다들 '괜찮아, 천천히 말해도 돼.' 하는 표정으로 조용히 기다려준다. 아이들은 저마다의 속도와 깊이로 작품을 이해하고, 자기 생각을 확장해 나간다.

중학생이 되면 부모도 아이도 입시에 대한 압박을 본격적으로 느끼기 시작한다. 내가 어떤 사람인지, 어떻게 살고 싶은지 묻지 않으면 금방 입시 행렬에 휩쓸리고 만다. 호랑 애벌레가 애벌레 기둥에서 내려와 자기만의 삶을 선택하고, 자기만의 빛깔을 지닌 나비로 성장하는 과정을 아이들과 함께 살폈다. 호랑 애벌레를 아끼고 지지해준 노랑 애벌레, 노랑 애벌레에게 지혜를 나눠준 늙은 애벌레도 귀하게 다루었다.

아이를 한 뼘 더 키우는 책 모임 이야기

"나비는 미래의 네 모습일 수도 있단다."

"나비가 없으면 꽃들도 이 세상에서 곧 사라지게 돼."

책 모임이 아니라면 어디서 아이들이 이런 말을 들을까? 애벌레 기둥을 무턱대고 오르지 말고, 우리 안의 가능성을 믿자고 누가 아이들에게 말해줄까? 아이들은 지금 입시 기둥 아래 서 있다. 이렇게나마 아이들에게 『꽃들에게 희망을』을 건네고, 호랑 애벌레와 노랑 애벌레를 소개해줄 수 있어 다행이다. 나는 늙은 애벌레가 되고 싶다. 아이들에게 건네고 싶은 말이 많다. 힘닿는 데까지 모임하며 아이들에게 이야기를 들려주련다.

⑥ 다른 이의 삶 엿보기

『안녕, 내 뻐끔거리는 단어들』

    같은 책을 읽어도 각자 생각하고 느끼는 게 다르다. 책 모임에서는 그런 다름을 존중한다. 서로 눈치 보느라 싫으면서 좋은 척하지 않는다. 모임 할 때 '책에 점수 주기'를 통해 아이들이 책을 어떻게 읽었는지 확인하는데, 1~5점까지 점수를 준다. 이때 모두에게 5점을 받는 책은 드물다. 한 아이가 5점을 주며 극찬해도 다른 아이는 2점을 주며 악평을 한다. 어떤 점수를 줘도 "아, 그렇게 읽었구나." 하고 인정해준다. 왜 점수를 그렇게 주었는지 들어보면 책의 좋은 점과 아쉬운 점을 균형있게 살필 수 있다. 아이들은 친구 이야기를 들으면서 "생각보다 좋은 책이구나." 하기도 하고, "내가 놓친 부분이 있네." 하기도 한다. 혼자 읽을 때 좋게만 봤던 책을 다른 관점에서 비판적으로 살펴본다. 혼자 읽을 때 의미를 찾지 못했더라도 함께 이야기 나누면서 재미와 가치를 새롭게 발견한다.

아이를 한 뼘 더 키우는 책 모임 이야기

《다온》아이들은 책 모임을 통해 꽤 까다로운 입맛을 가진 독자로 성장했다. 책에 점수를 줄 때 단지 재미만 가지고 판단하지 않는다. 재미 있으면서 편집도 훌륭하고, 읽고 났을 때 큰 깨달음을 주거나 묵직한 감동을 주는 책이어야 높은 점수를 준다. 내가 고심해서 고른 책이 아이들에게서 좋은 점수를 받으면 흐뭇하다. 부끄럽지만 책 모임 진행자로서의 실력을 인정받은 것 같아서 속으로 우쭐한다. 아이들 모두가 "좋다!"고 한 책은 몇 권 안 되는데, 그중 내 기억에 오래 남아있는 책이 있다. 바로 『안녕, 내 뻐끔거리는 단어들』(샤론M. 드레이퍼, 뜨인돌)이다. 아이들은 이 책에 5점 2명, 4.9점 1명, 4.5점 3명으로 비교적 높은 점수를 주었다. 책의 어떤 섬이 아이들 마음에 깊이 가닿았던 걸까.

『안녕, 내 뻐끔거리는 단어들』은 뇌성마비를 가진 멜로디의 이야기다. 멜로디는 한번 본 단어는 잊어버리지 않을 만큼 언어 감각이 뛰어나다. '쓸데없이 똑똑'하고, '놀라울 정도로 기억이 정확'하다. 하지만 말을 하지 못하고, 걷지도 못한다. 이동할 때는 휠체어를 타야 하고, 밥 먹을 때도 누군가의 도움을 받아야 한다. 그런 멜로디가 '메디토커'라는 기계의 도움으로 말을 하게 되지만, 장애인에 대한 차별과 편견은 쉽게 사라지지 않는다. 이 책의 화자는 멜로디다. 실제로는 소리 내어 말하지 못하는 멜로디가 자신이 보고, 생각하고, 느끼는 것을 독자에게 생생하게 들려준다. 멜로디가 세상을 어떻게 바라보는지, 어떤 말을 하고 싶어 하는지, 무엇을 꿈꾸는지 알려준다.

"멜로디의 입장에서 이야기가 전개되어요. 생각은 하지만 말을 할 수 없는 답답함이 잘 전달됐어요. 장애인도 우리와 같이 생각과 느낌을 가진 존재라는 걸 알게 되어 좋았어요."

"우리 곁에 있는 장애인의 이야기를 깊이 알게 되었어요. 멜로디를 믿고 지지해주는 사람들 이야기도 좋았고, 읽는 재미가 있었어요."

"장애인의 삶을 알려주는 책을 읽어본 적이 없어요. 기대한 것 이상으로 멜로디가 처한 상황이나 생각을 자세하게 풀어줘서 좋았어요."

"멜로디가 자기 이야기를 하는 게 좋아요. 솔직한 심정을 풀어내니 내가 멜로디가 된 것처럼 느껴졌어요."

아이들이 나눠준 짧은 소감이다. 이 책의 가장 큰 매력은 멜로디가 자신의 이야기를 들려준다는 점이란 걸 알 수 있다. 아이들은 책을 읽으며 '장애'라는 말로 덮을 수 없는 열두 살 소녀 멜로디와 만났다. 멜로디는 자신만의 생각과 감정, 욕구를 가진 고유한 인격체이다. 그녀는 간절히 세상과 소통하고 싶어 한다. 하지만 사람들은 멜로디에게 관심이 없다. 멜로디가 얼마나 사랑스러운 아이인지, 어떤 재능이 있는지 알려고 하지 않는다. 부족한 아이, 비정상인 아이, 도움이 필요한 아이로만 생각한다. 나와 아이들도 그런 사람 중 하나였을 거다. 하지만 이제는 아니다. 책 읽고 나누며 멜로디의 삶을 엿보았다. 멜로디의 눈으로 세상을 보고, 멜로디처럼 생각하고 느꼈다. 어느새 우리는 멜로디 편이 되었다.

가장 인상 깊은 장면 나누기

"책 읽다 멈춰서 한 번 더 살핀 부분이나 아쉬웠던 부분이 있니?"하고 질문하니 한 아이가 "인상 깊은 장면이 너무 많았어요." 하고 답했다. 유난히 이 책을 깊게 읽은 아이다. 나중에 아이 엄마에게 들으니 이렇게 좋은 책을 읽었다는 사실에 굉장히 뿌듯해했다고 한다. 아이는 인덱스가 잔뜩 붙은 책을 보여주면서 고르는 게 어렵다고 했다. 시간을 조금 더 주니 한 장면을 골라 들려주었다. 아이는 멜로디가 키우던 금붕어 올리가 어항 밖으로 튀어나와 죽는 장면을 골랐다. 멜로디는 올리를 발견했지만 몸을 쓸 수 없고, 말을 할 수 없어 지켜볼 수밖에 없다. 뒤늦게 온 엄마는 올리가 행복하게 잘 살고 있었다고 말하는데, 멜로디는 '올리가 정말 행복했을까?'하고 생각한다. 멜로디가 죽은 금붕어 올리를 자신과 동일시하는 것 같아 안쓰럽고 답답했다고 했다. 우리 아이는 멜로디가 처음 메디토커를 받아 말을 하는 장면을 골랐다.

난 지금까지 엄마, 아빠에게 어떤 말도 직접 해 본 적이 없었다. 단 한 번도. 그래서 버튼을 눌러 내가 정말 하고 싶었던, 그러나 한 번도 말할 수 없었던 그 말을 했다. "사랑해요. 엄마, 아빠." 엄마는 결국 눈물을 쏟으며 아빠를 꼭 붙잡았다. 아빠는 코를 훌쩍이면서 그 모든 일을 캠코더로 찍었다. (p.147)

아빠가 동생 페니를 찍어주던 캠코더로 멜로디를 찍어 주고, 멜로디는 "엄마 아빠 사랑해요."라고 말한다. 드디어 멜로디가 생각과 감정을 음성 언어로 표현할 수 있게 된 것이다. 이 장면에 머물러 아이들과 이야기를 더 나눴다. "멜로디는 5학년 때까지 자기가 하고 싶은 말을 가슴에 담고 살았어요. 우리는 상상할 수도 없는 일이에요.", "너무 슬프고 가슴 벅찼던 장면이에요. 부모는 멜로디 목소리를 들어본 적이 없어요. 메디토커 설정을 비슷한 또래 여자아이로 해서 말했잖아요. 부모한테는 그게 처음 듣는 딸의 목소리에요.", "멜로디가 처음한 말이 사랑해요라는 게 감동적이에요." 이 순간 아이들은 멜로디가, 멜로디의 부모가 되어 생각하고 느꼈다.

장애인에 대한 편견과 차별

멜로디는 메디토커의 도움을 받아 학교 대표로 〈위즈키즈〉 퀴즈대회에 출전한다. 멜로디의 활약으로 예선전에서 좋은 성적을 거둔 일행은 식사를 하러 간다. 식당 엘리베이터가 고장 나서 엄마는 무거운 휠체어를 들어 계단을 하나씩 오른다. 어렵게 들어간 식당 안에서도 멜로디는 편하게 식사를 할 수 없다. 엄마가 떠먹여 주는 음식을 받아먹으며 사람들의 불편한 시선을 느낀다. 이 장면은 일상적인 공간에서 장애인이 큰 불편과 냉대를 감수하며 생활한다는 걸 알려준다. 멜로디가 자신의 감정을 직접적으로 드러내지는 않지만 멜로디가 처한 상황을 자세히 묘사했기 때문에 아이들이 충분히 멜로디의 입장을 헤아릴 수 있다. 나는 이 장면을 발췌해서 읽어주고, 아이들의 생각을 물었다.

"왜 멜로디가 편하게 드나들 수 있는 장소를 고르지 않은 거죠?", "멜로디는 아무 잘못이 없어요. 부끄러워할 필요가 없죠. 당당하게 엄마 도움받아 식사해야 해요.", "누구나 멜로디의 입장이라면 그럴 수밖에 없는 거죠. 다른 사람 시선을 견뎌야 하는 멜로디가 안타까워요." 아이들은 멜로디 입장이 되어 진땀이 흐르고, 얼굴이 화끈거렸다고 했다. 멜로디의 입장을 헤아리지 않은 일행에게도, 장애인이 쉽게 이용할 수 있는 통행로를 마련하지 않은 식당 주인에게도 화를 냈다.

편견과 차별 마주하기

멜로디는 〈위즈키즈〉 본선 대회 장소로 가는 비행기를 타지 못한다. 함께 출전하기로 한 아이들이 비행기 출발 소식을 일부러 알려주지 않았기 때문이다. 결국 장애인의 행복한 삶을 가로막는 가장 큰 벽은 그들에 대한 편견과 차별이다. 이 책에 나오는 장애인 멜로디에게는 그녀를 믿고 사랑하는 가족, 장애로 인한 불편을 겪지 않고 공부할 수 있게 도와주는 브이 아줌마와 캐서린이 있다. 멜로디는 전동휠체어와 메디토커를 능숙하게 다루며 자신이 원하는 삶을 조금씩 이뤄간다. 하지만 멜로디의 통합학급 친구들은 그녀를 공동체의 일원으로 받아들이지 않는다. 멜로디가 좋은 성적을 거두면 부정적인 행동을 했으리라 의심하고, 〈위즈키즈〉 본선 대회에 함께 가면 불편한 점이 많을 거라 생각한다. 멜로디가 어떤 사람인지, 멜로디와 무엇을 할 수 있는지 알려고 하지 않는다.

《다온》 아이들은 '그럼에도 불구하고' 멜로디가 멜로디답게 살아야 한다고 했다. 당당하게 학교에 가는 멜로디를 보면서 "이대로 학교에 가지 않으면 그 일 때문에 무너진 것처럼 보일 거예요. 나는 이걸로 꺾이지 않는다는 걸 증명해야 해요.", "자신을 버리고 간 팀원들에게 나는 괜찮다고 보여줘야 해요." 했다. 한편 아이들은 상처받은 멜로디의 마음도 살폈다. 멜로디의 퀴즈 대회 준비를 도와줬던 수업 도우미 캐서린을 만나야 한다고 했다. "내가 멜로디라면 내 이야기를 가장 잘 들어주고 공감해주는 사람을 만나러 갈 거예요. 그게 캐서린이죠.", "멜로디의 생각을 잘 알고 조언해줄 사람이 캐서린이에요. 학교에 가서 캐서린을 만나야 해요." 우리는 장애인을 향한 편견과 차별이 얼마나 강한지, 당사자에게 어떤 상처를 남기는지를 멜로디를 통해 배웠다. 책에서 멜로디는 학교에 간다. 학교에 간 멜로디는 어떻게 됐을까? 멜로디를 대하는 친구들의 말이나 행동이 달라졌을까? 이 질문에는 나도 아이들도 쉽게 답하지 못했다.

다른 이의 삶 엿보기

『안녕, 내 뻐끔거리는 단어들』은 멜로디의 이야기다. '장애인'이라

아이를 한 뼘 더 키우는 책 모임 이야기

는 낱말로 다 담아낼 수 없는 사랑스러운 열두 살 소녀 멜로디의 이야기다. 장애를 가진 멜로디, 세상에 관심 많은 멜로디, 자신의 생각과 감정을 언어로 표현하고 싶은 멜로디, 가족을 사랑하는 멜로디, 끊임없이 배우고 싶은 멜로디. 이 모두가 멜로디다. 장애가 멜로디 전체를 대변하지 못한다. 나와 아이들은 멜로디의 삶을 엿보았다. 멜로디의 생각과 감정을 자세히 살폈다. 아이들은 멜로디가 가슴에 품은 말들을 궁금해했고, 멜로디가 원하는 것을 하게 됐을 때 기뻐했다. 이제 우리에게 멜로디는 장애인이 아니라 그냥 멜로디다.

모임을 마치며 아이들 모두가 "이 책은 좋은 책이다." 했다. 재미도 있지만, 인상 깊은 구절이나 장면도 많았단다. 혼자 읽어도 좋았지만, 같이 대화하면서 알게 된 게 많고 더 좋다고 했다. 내가 고른 책이 아이들에게 좋은 평가를 받아 다행이었다. 누군가의 삶을 자세히 알면 그를 함부로 평가하거나 무시할 수 없다. 존재 자체로 귀하게 여기게 된다. 멜로디는 책 속에만 사는 인물이 아니다. 우리 곁에도 멜로디가 있다. 많은 멜로디가 공원에서, 교실에서, 일터에서 우리와 함께 살아간다. 아이들이 그들의 이야기를 궁금해하고, 그들의 이야기에 귀 기울이는 사람으로 자랐으면 좋겠다. 함께 『안녕, 내 뻐끔거리는 단어들』을 읽으며 멜로디에 대해 알아가고, 멜로디를 아끼게 된 것처럼. 우리와 함께 살아가는 멜로디들을 읽고, 아끼고, 사랑하게 되길 소망한다.

⑦ 매일 조금씩, 꾸준히 읽기

『일러스트 모비 딕』

『모비 딕』은 허먼 멜빌이 1851년 발표한 소설이다. 출간 당시에는 혹평을 받았지만 멜빌 사후에 재평가 받아 미국 문학의 걸작으로 자리매김 했다. 『모비 딕』에서는 이슈미얼이란 인물이 포경선 피쿼드호에서 일어난 일을 들려준다. 그는 피쿼드호에 올라 에이해브 선장을 만나는데, 선장은 흰 고래 '모비 딕'을 광적으로 쫓는다. 에이해브와 '모비 딕'의 대결은 엄청난 비극으로 끝을 맺는다. 이슈미얼은 유일한 생존자이자 비극의 목격자이다. 작가는 피쿼드호에서 일어난 일을 흥미롭게 서술함과 동시에 고래와 포경업에 대한 정보를 가득 담았다. 어떤 장은 소설이라기보다 고래 백과사전에 가깝다. 『모비 딕』은 내용도 방대하지만 형식이 생소하여 끝까지 읽어내기 어려운 작품이다.

이런 『모비 딕』을 중학교 1~2학년 아이들과 읽었다. 아이들이 《다

아이를 한 뼘 더 키우는 책 모임 이야기

온》모임한지 1년이 넘었고, 중학교 2학년이 되면서 책 읽어내는 힘도 많이 자랐다. 독서 단계를 한 단계 높이기 위해 도전적이고 특별한 책 읽기가 필요했다. 내용과 분량 면에서 『모비 딕』이 적당해보였다. 천천히 생각하며 읽어야 하고, 읽고 난 후에 여러 갈래로 해석할 수 있는 고전이기 때문이다. 아이들과 『모비 딕』을 읽겠다니 걱정하는 사람들이 있었다. 서양 문화와 가치관을 대변하는 책이고, 분량이 너무 많아 아이들에게 권하기 적당하지 않다는 거다. 애정 어린 조언을 듣고 나도 여러 번 망설였다. 엄마들 단톡방에 이런 고민을 알리니 그래도 읽어보자는 답이 올라왔다. 어떤 독서 경험이 될지는 아이에게 달렸으니 아이를 믿어보자 했다. 이미 책을 구입했다는 집도 여럿 있었다. 결국, '함께 읽기'의 힘에 기대어 읽어보기로 의견을 모았다.

책 모임의 책 읽기는 학교나 학원의 책 읽기와 다르다. 책을 어떻게 읽어내야 한다는 답이 없다. 성취 목표가 있어 그것을 꼭 달성해야 하는 것도 아니다. 어떤 책이든, 어떤 방식으로든 읽을 수 있다. '이 책은 이렇게 읽어야 한다.'고 가르치는 사람은 없다. 나는 단지 아이들이 책 읽기에 갖는 어려움을 줄여주고, 좀 더 가치 있는 생각을 키워내도록 질문을 던질 뿐이다. 아이들은 자기만의 시선으로 책을 읽는다. 모임을 오래 한 아이들은 더욱 그렇다. 남이 좋은 책이라고 평해도 자신에게는 아닐 수 있다는 걸 안다. 꼼꼼하게 읽으며 자신만의 관점을 세우려 애쓴다. 나는 그런 아이들을 믿고, 『모비 딕』함께 읽기를 시작했다.

일러스트 『모비 딕』 읽기, 시작!

2020년 9월 7일~11월 22일까지, 약 두 달 동안 《다온》 아이들과 『모비 딕』을 읽었다. 중학교 2학년 6명, 중학교 1학년 3명 등 모두 9명이 참여했다. 여러 판본 중에서 록웰켄트가 일러스트를 그린 『일러스트 모비 딕』(허먼멜빌, 문학동네), 이하 『모비 딕』을 골랐나. 두껍고 무거워서 들고 다닐 수 없는 책. 아이들도 이런 책 한 권쯤 읽고 소장해도 좋지 않을까. 《다온》 아이들은 모두 책을 구입했다. 우리 아이에겐 『나니아 연대기』 이후 두 번째 벽돌책이다. 『모비 딕』은 두껍고 어려운 책이라서 그동안 해왔던 모임 방법으로는 진행이 어려웠다. 기존 책 모임은 책은 각자 읽고, 모임에서는 책 대화를 나누는 방식으로 해왔다. 『모비 딕』은 한 번에 몰아서 읽을 수 있는 책이 아니다. 일정 분량을 정해서 매일 꾸준히 읽어야 책을 제대로 읽어낼 수 있다.

아이들과 함께한 『모비 딕』 읽기는 이렇게 진행했다. 우선, 내가 단톡방에 매일 아침 그날 읽을 분량을 안내한다. 아이들은 안내에 따라 책을 읽고, 기억에 남는 문장과 자기 생각을 정리해서 글을 올린다. 늦어도 밤 12시까지는 올린다. 1장부터 71장까지 읽은 뒤 책 모임을 한 번 하고, 72장부터 끝까지 읽은 다음 마무리 모임을 한 번 더 한다. 주말을 제외하고는 매일 읽고, 두 번은 모여서 감상을 공유하는 것이 핵심이다.(모비 딕은 총 135장으로 되어 있고, 맨 앞에는 어원과 발췌문이 맨 뒤에는 에필로그가 덧붙여 있다.)

아이를 한 뼘 더 키우는 책 모임 이야기

매일 아침 7시 안내 글 올리기

『모비 딕』을 읽는 동안 나는 매일 아침 5시에 일어났다. 그날의 분량을 미리 읽었다. 내겐 두 번째 『모비 딕』 읽기였는데, 처음 보다 더 읽는 게 힘들었다. 아이들 눈높이에서 꼼꼼하게 살펴야 했기 때문이다. 아이들이 어렵게 느낄 부분이 어디인지 확인하고, 이해를 도울 자료가 있는지 검색했다. 이렇게 준비를 마친 뒤 아침 7시에는 단톡방에 공지 글을 올렸다. 매일 안내 글을 올리는 게 생각보다 어려웠다. 종일 아이들이 책을 잘 읽고 있는지, 단톡방에 어떤 글이 올라왔는지 신경 쓰는 것도 보통 일이 아니었다. 하지만 어쩌겠나. 내가 원해서 시작한 일인 것을. 두 달 동안 때로는 견디며, 때로는 즐기며 아이들과 함께 읽었다. 다음은 월요일부터 금요일까지 단톡방에 올렸던 안내 글의 일부이다.

> **▶ 모비 딕 읽기 1일 차 ◀**

1. 제1장(p.35~p.42)을 읽어요.
2. 어려운 낱말은 부록의 <주>를 보거나 검색해보세요.
3. 이해되지 않는 부분은 가볍게 지나가도 됩니다.^^
4. 읽은 부분에서 기억에 남는 부분을 옮겨 적고, 자기 생각을 짧게 덧붙여서 카톡방에 올려주면 됩니다.(자정까지)

☞ 1일 차 읽기를 하기 전에 20p 정도 되는 어원과 발췌문은 각자 읽기로 했다.

▶ 모비 딕 읽기 32일 차 ◀

1. 제86장~제87장 (p.580~p.603)을 읽어요.

2. 제87장 분량이 좀 많네요. 너무 늦은 시간에 읽으면 힘들 수도 있어요.^^; 고래 추격전이 다시 시작됩니다. 고래잡이 모습을 실감 나게 묘사하는 멜빌의 문장을 즐기세요. 모비 딕은 언제 나타날까요? 기대하며 읽어요.

▶ 모비 딕 읽기 41일 차 ◀

1. 제106장 ~ 제107장 (p.707~p.714)을 읽어요.

2. 오늘은 금요일이라 분량을 조금 늘렸습니다. 시간이 부족하면 주말에 읽어요.^^ 드디어 고래 수다가 끝났어요. 에이해브 선장 이야기가 시작됩니다. 재미있어요! 오늘까지 읽으면, 해설과 주석 부분을 제외하고 이제 p.162 분량이 남았습니다.

와우! 대단하지요!! 우리 이제 거의 다 읽어가요.*^^*

▶모 비딕 읽기 53일 차◀

1. 에필로그(p.883~p.884)와 해설 (p.908~p.922) 읽어요.

2. 드디어 완독입니다. "〇〇〇(이름) 완독했습니다."라고 톡방에 외쳐요!

3. 아직 읽고 있는 친구들, 힘내서 읽어요!

읽는 분량은 아이들 상황에 맞게 조절했다. 처음 읽기 시작 할때는 멜빌의 문체에 적응해야 하니 분량을 적게 잡았다. 각 장의 분량도 제각각이라 분량이 적은 장은 여러 장을 하루에 읽었고, 분량이 많은 장일 때는 하루에 한 장만 읽었다. 읽기 분량을 안내한 뒤에는 읽기를 독려하는 글을 썼다. 오늘 읽을 부분에서 어떤 점이 어려울 수 있는지, 어떻게 읽으면 도움이 될지를 알려줬다. 아이들이 얼마나 읽어왔는지 짚어주고 칭찬도 가득 해줬다. 글을 읽기 위해 참고 자료가 필요한 날은 별도의 글로 올렸다. 올린 자료는 신문 기사, 사진, 낱말 풀이, 영상 등으로 다양하다.

자기만의 속도로 읽기

책 모임은 무료이며, 참여 여부도 참가자가 자유롭게 정한다. 처음 몇 번이야 부모의 권유나 독려가 도움이 되겠지만 어느 정도 기간이 지나면 아이 자신이 모임 하는 이유를 발견해야 한다. 그래야 자발적인 책 읽기가 가능하고, 꾸준히 모임에 참여할 수 있다. 특히나 『모비 딕』같은 책은 읽기가 고되다. 아이가 열심히 해보겠다, 끝까지 참여하겠다고 스스로 마음먹지 않으면 완독하기 어렵다. 《다온》 아이들은 그 어려운 책 읽기를 끝까지 성실하게 해주었다. 어쩌다 그날 읽기를 놓치면 다음 날에 모두 챙겨 읽고, 글을 올렸다. 며칠이라도 책 읽기를 빠트리면 읽을 분량이 금세 눈덩이처럼 불어난다. 문장이 술술 읽히지 않으니 뜻을 헤아리느라 긴 시간 낑낑대야 한다. '에잇, 이

까짓 것 그만두지.' 할 만도 한데 아이들은 포기하지 않았다.

며칠 책 읽기를 놓친 아이에게 "못 읽은 건 건너뛰고, 오늘 분량부터 읽어도 된다."고 얘기해줬다. 책 읽는 걸 포기하지만 않으면 하는 바람에서다. 그런데 아이에게서 "자기만의 속도로 챙겨서 읽어나가겠다."는 답이 돌아왔다. 아이는 기어이 자기 속도대로 책 읽기를 이어갔고, 하루 이틀 늦긴 했으나 제 생각을 단톡방에 계속 올렸다. 매일 올라오는 글을 읽으면서 나는 그저 고맙다는 생각만 했다. 아이들은 문장 사이, 문장 너머의 의미에 도달하려 애를 썼다. 2~3문단에 가까운 문구를 옮겨 적고, 제 생각을 정리해 덧붙였다. 우리 아이는 친구들의 글을 보며 "얘는 어떻게 이런 생각을 하지?", "나랑 똑같은 장면을 골랐네." 하며 놀랐다. 우리 아이가 단톡방에 올린 글 일부를 여기에 옮겨 본다.

▷ 14일 차. 0924(날짜). p.282~p.310(읽은 분량)

⋯ 발췌(p.309~p.310)
그들에게 흰고래란 대체 무엇이었으며, 그 고래가 생명의 바다를 미끄러지듯 헤엄쳐 가는 거대한 악마라는 생각은 어떤 알 수 없고 예상치 못한 방식으로 그들의 무의식 속에 자리 잡게 됐던 걸까. 이 모든 것을 해명하자면 이슈미얼이 내려갈 수 있는 곳보다 더 깊은 곳까지 잠수해 내려가야만 할 것이다.

⋯ 단상

선원들은 흰고래 모비 딕에게 어떠한 원한도, 복수할 마음도 없는 사람들이다. 하지만 에이해브 선장이 모비 딕의 말을 하자 그것에 동조하며 열을 올린다. 왜 그런 것일까? 나는 이 장면 뒤의 나오는 말의 뜻이 너무 궁금하다. '이 모든 것을 해명하자면 이슈미얼이 내려갈 수 있는 곳보다 더 깊은 곳까지 잠수해 내려가야만 할 것이다.'라니 무엇을 의미하는 것일까? 더 낙오해보고 더 고통받아야 알 수 있다는 뜻일 것 같다. 에이해브의 삶은 분노로 차 있다. 그 감정이 생기기까지 엄청난 낙오와 불행이 있었을 것이기 때문이다. 오늘은 바다 보다는 선원들 이야기를 담았다. 다음에는 고래 이야기가 나왔으면 좋겠다.

▷ 25일 차. 1015(날짜). p.486~p.497(읽은 분량)

··→ **발췌(p.493)**

그는 그 전염병이 천벌이라며, 그 천벌을 다스릴 수 있는 사람은 자신뿐이고, 자신의 선한 의지를 따른다면 천벌도 사라질 것이라고 했다. 대체로 야비하고 한심한 선원들은 두려움에 움찔했고, 그중 몇몇은 그에게 아양을 떨어댔다. 그의 지시에 복종하며, 때로는 그를 신처럼 경배하기도 했다. 이런 일들이 믿기지 않을지도 모르겠지만 아무리 불가사의하더라도 그것은 사실이다.

··→ **단상**

가브리엘이 처음에는 이상한 사이비라고 생각했다. 그냥 종교에 미친 사람. 하지만 점점 주위 사람들과 가브리엘에 태도와 행동을 보니 무서웠다. 사람들도 그를 믿는 듯했고 가브리엘은 진짜 그런 듯 말을 하고 있었기 때문이다. 힘들고 지치는 포경업에서 무언가 믿고 의지해야 할 곳이 필요할 것 같다. 그 존재가 바로 가브리엘 아닐까? 선원들은 가브리엘의 말이 사실이건 말건 그냥 그 자체로 믿는다. 포경업을 하며 죽을 고비를 넘기고 점점 힘들어질수록 더욱더 믿고 의지할 곳이 필요했고 그로 인해 가브리엘은 무한한 믿음을 받게 됐다. 선원들이 너무 가브리엘을 믿고 복종하는 것 같아 무서웠다.

모비 딕 읽고 책 모임하기_ 1회 모임

2020년 11월 19일에 제1차 모임을 줌(zoom)으로 했다. 『모비 딕』을 25일 동안 처음부터 71장까지 읽었다. 책을 반 정도만 읽은 뒤라서 발제문을 따로 만들지 않았다. 그동안의 책 읽기가 어땠는지, 인상적인 부분은 어디였는지, 가장 인상 깊은 인물이 누구인지만 나눴다. 먼저 책 읽기가 어땠는지 간단히 소감 나누기부터 했다.

"처음에는 두꺼워서 읽기 겁났는데, 읽어보니 고래와 포경업에 대한 정보를 알게 되어 좋았어요."
"읽다보니 고래 잡는 이야기나 이슈미얼이 말하는 게 흥미진진해서 재미있게 읽고 있어요."
"읽다가 지루한 부분도 있었지만 읽다보니 점점 재미있어져요."
"처음에는 어려울 것 같아 긴장했어요. 읽어보니 주옥같은 문장이 많이 나와서 좋은 책이란 생각이 들어요."

아이들은 고래와 포경업에 대한 지식을 알아가는 뿌듯함을 느끼며, 이슈미얼이라는 인물의 행적과 심리를 따라가는 데 재미를 느꼈다. 뿐만 아니라 『모비 딕』 곳곳에 숨겨진 주옥같은 문장을 만나는 즐거움도 알았다. 이만하면 괜찮은 시작이다.

이어서 인상 깊은 장면을 한 명씩 돌아가며 낭독하고, 자신의 생각을 덧붙여 말했다. 아이들은 이슈미얼이 포경선 피쿼드호에 올라서 자기 생각을 밝히는 장면, 고래가 피 흘리며 죽어가는 모습을 생생하게 묘사한 장면, 인간의 탐욕을 드러내 보이는 문장, 에이해브의 광적인 집념이 드러난 장면, 이슈미얼이 포경업에 대한 사람들의 인식이 잘못됐음을 지적하는 문장을 골랐다. 이렇게 인상 깊은 장면 나누기만 해도 책을 한 번 더 읽는 효과가 있다. 발췌한 문장을 아이들이 소리 내어 읽어주니 읽은 내용이 생생하게 떠올랐다. 문장을 고른 이유도 함께 들었다. 아이들이 책 읽으며 생각하고 느낀 것이 결코 얕지 않았다.

아이들 마음에 남은 인물은 누구였을까? 피쿼드호에는 다양한 출신지와 성격을 가진 인물들이 등장한다. 어떤 인물에 초점을 맞추느냐에 따라 이야기에 대한 해석이 달라질 수 있다. 가장 많은 선택을 받은 건 역시 선장인 에이해브다. 나올 듯 말 듯 하며 독자의 애간장을 태우고, 모비 딕을 죽이려는 집념을 강렬하게 드러내는 인물이다. 스터브를 선택한 아이들도 몇 명 있었다. 선원으로서의 능력도 있고, 유머 있게 이야기도 잘하는 사람이라서이다. 한 아이는 스터브 덕분에 책 읽기가 덜 지루했다고 했다. 스터브가 책 속 인물이 아니라 실존하는 인물인 듯 신이 나서 얘기했다.

　1회 모임은 그간의 책 읽기를 정리하고, 앞으로의 책 읽기를 독려하는 자리였다. 많은 이야기를 깊게 나누기보다는 부담 없이 대화를 나누려고 했다. 함께 읽고 있는 책 친구의 존재를 확인하고, 우리가 이렇게 잘 읽어내고 있다는데 뿌듯함을 느끼면 족했다. 나는 "너희들이 정말 자랑스럽다. 아주 잘 해내고 있다."며 마음껏 칭찬해줬다.

　질문 수를 줄이고, 가볍게 모임을 열었으나 9명 아이의 생각을 모으니 어느새 풍성한 이야기판이 벌어졌다. 아이들은 멜빌이 당시 시대를 풍자하는 장면에 머물러 그 의미를 살폈고, 피쿼드호에 승선한 선원들의 면모를 통해 인간에 대한 이해를 넓혔다. 아이들은 『모비 딕』을 어른의 기대 이상으로 읽어냈다. 놀랍고 감사했다. 이 아이들과 함께라면 『모비 딕』을 끝까지 읽을 수 있겠다는 기대가 생겼다.

8 다양한 시선으로 읽기

『일러스트 모비 딕』

1회 모임을 마치고, 다시 매일 읽기를 이어갔다. 분량이 길거나 지루한 설명만 이어지는 장은 나도 아이들도 힘겹게 읽었다. 하지만 책 읽기를 멈추지 않았다. 드디어 53일 차에 에필로그까지 읽고,『모비 딕』읽기를 마쳤다. 카톡방에는 "○○○ 모비 딕 완독했습니다." 하는 인증 문장이 올라왔고, 나는 완독자 명단을 정리해서 올리며 큰 기쁨을 맛보았다. 일주일 정도 시간을 두고, 제2회『모비 딕』책 모임을 열었다. 늦게 완독하는 아이들을 기다려주기 위해서이다. 책 모임 날까지만 다 읽으면 된다고, 포기하지 말자고 안내했다.

2020년 12월 6일 밤 8시, 줌으로 아이들을 만났다.『모비 딕』을 완독한 기쁨을 함께 나누고, 읽은 내용과 감상을 정리하는 자리다. 방대한 분량의 책이라 특정 부분을 발췌하여 이야기 나누기보다는 각자가 어떤 이야기로 읽었는지를 공유하려 했다. 발제문은 별점 주기, 인상 깊은 장면과 인물 나누기에 질문 3가지 정도를 더 넣어 만들었다. 추가 질문을 만들 때 푸른숲주니어의 『모비 딕』(허먼멜빌, 김정우 옮김)을 참고했다. 아이들과 『모비 딕』 읽기를 하면서 여러 책을 참고했는데, 이 책이 많은 도움이 됐다. 이 책 뒤에는 전종옥 선생님이 쓴 해설이 실려 있다. '모비 딕, 세상이라는 바다에 거센 파도를 일으키다'라는 제목의 글인데, 『모비 딕』이 쓰인 시대적 배경을 알려주고 『모비 딕』의 문학적 가치를 짚어준다.

해설 중에서 특히, '모비 딕의 진짜 주인공', '모비 딕을 읽는 다양한 시선들'이 내게 유용했다. 저자에 의하면 『모비 딕』의 주인공을 모비 딕, 아하브(에이해브), 이스마엘(이슈미얼) 중 누구로 보느냐에 따라 전혀 다른 이야기가 된다. 또한 『모비 딕』은 '모비 딕과 아하브(에이해브)의 대결로 읽기', '고래와 고래잡이에 대한 백과사전으로 읽기', '갖가지 상징을 음미하며 읽기'의 세 가지 다른 관점으로 읽을 수 있다. 이 내용을 추가 질문으로 만들어 아이들과 이야기 나눴다.

다온(19)   2020/12/06/일

1. 1851년에 허먼 멜빌이 발표한 『모비 딕』은 '19세기 미국 문학을 대표하는 걸작'으로 손꼽힙니다. 하지만 분량이나 서술 방식 때문에 읽기 쉬운 책은 아니지요. 우리는 2020년 9월 7일(월)~11월 22일(일)까지 두 달 넘는 기간 동안 『모비 딕』을 읽었습니다. 완독한 친구들 모두 대단합니다. 책을 어떻게 읽었는지 별점과 이유를 나눠요.

별점	☆ ☆ ☆ ☆ ☆
이유	

2. 가장 인상 깊었던 장면이나 문구를 발췌하여 나눠주세요.

발췌(쪽수)	
이유	

3. 가장 인상 깊은 인물은 누구인지, 이유와 함께 나눠 주세요.

인물	
이유	

4. 푸른숲주니어의 『모비 딕』에 실린 해설입니다. 전종옥 선생님이 쓴 '모비 딕, 세상이라는 바다에 거센 파도를 일으키다.'라는 글입니다. 다음은 이 글의 일부이고, '모비 딕의 진짜 주인공'이란 내용입니다. 여러분은 모비 딕, 에이해브, 이슈미얼 중에 누가 진짜 주인공이라고 생각하나요?

> 모비 딕, 아하브, 이스마엘 가운데 진짜 주인공은 누구일까? 피쿼드호를 침몰시킨 것도 모자라 아하브 선장까지 끌고 깊은 바다 속으로 유유히 사라진 모비 딕일까? 자신의 한쪽 다리를 앗아간 흰 고래를 광적인 집념으로 추적하는 아하브 선장일까? 아니면 처음부터 등장하여 끝까지 살아남아 이야기를 전하는 이스마엘일까?
>
> - 모비 딕, p.222

1) 모비 딕
2) 아하브(에이해브)
3) 이스마엘(이슈미얼)

아이를 한 뼘 더 키우는 책 모임 이야기

5.『모비 딕』을 읽는 다양한 시선이 있습니다. 여러분은 다음 중 어떤 시선에 가깝게 책을 읽었나요?

1) 모비 딕과 에이해브의 대결로 읽기

2) 퀴퀘그와 이슈미얼의 우정으로 읽기

3) 고래와 고래잡이에 대한 백과사전으로 읽기

4) 기타 (자기 마음대로)

6. 에이해브는 모비 딕에게 한쪽 다리를 잃었습니다. 그 후 광적인 집념으로 모비 딕을 쫓습니다. 만약 에이해브의 두 다리가 멀쩡했다면 어땠을까요? 그랬다 해도 그는 모비 딕을 쫓았을까요?

1) 그렇다.   2) 아니다.

7.『모비 딕』책 수다 소감 나누기

책 점수 주고, 인상 깊은 인물 나누기

참여한 아이 9명 중 8명이 완독했다. 중학교 1학년 아이 한 명은 중반 이후 읽기가 더뎌지더니 끝까지 읽지 못했다. 아이들은 이 책을 어떻게 읽었을까? 점수 주기를 했더니 3점(1명), 3.5점(3명), 4점(2명), 4.5점(2명)으로 다양하게 나왔다. 아이들은 고래 대한 지식과 에이해브와 선원들 이야기를 버무린 서술 방식과 피쿼드호 선원들의 내면을 살피며 공감하게 한다는 점을 좋게 봤다. 하나의 사건에 대해 깊이 들여다보게 해주어서 좋은 작품이라고 했다. 고래와 고래잡이에 대한 해박한 지식을 제공한다는 점도 점수를 높게 준 이유였다. 하지만 읽기가 다소 지루하고, 멜빌이 사용한 상징을 모두 이해하기는 어려웠다며 낮은 점수를 준 아이도 있다. 다 맞는 말이다. 아이들 모두 고개를 끄덕이며 서로의 이야기를 들었다. 그러다 한 아이가 "900쪽 넘는 책을 읽었다는 자부심을 주는 책이다."라고 해서 함께 웃었다.

『모비 딕』 전체에서 가장 인상 깊게 본 인물로 아이들이 가장 많이 선택한 인물은 에이해브였다. 인간의 광기와 집착을 대변하며, 피쿼드호에 비극을 가져오는 인물이기 때문이다. 스타벅을 인상 깊게 본 아이도 몇 명 있었다. 드넓은 바다를 항해하는 배 위에서 에이해브는 절대 권력자이다. 스타벅은 그런 에이해브에게 반기를 들고, 자기 의견을 내세운 인물이지만 결국 그 역시 피쿼드호와 함께 침몰한다. 아이들은 그런 스타벅의 용기가 기억에 오래 남았고, 마지막에

아이를 한 뼘 더 키우는 책 모임 이야기

이슈미얼이 아니라 그가 살아남길 바랐는데 안타깝다고 했다. 타시테고를 고른 아이도 있는데, 피쿼드호가 침몰하는 순간까지 에이해브에게 충성하는 모습이 이해되지 않는단다. 타시테고는 물에 빠져 죽으면서도 망치질을 한다. 죽는 순간까지 사라지지 않는 인간의 욕망을 대변하는 인물이다. 에이해브가 보여준 광기는 선원들의 내면에도 존재한다는 이야기를 아이들과 나눴다.

『모비 딕』_ 너는 어떻게 읽었니?

고전은 여백이 많아서 독자의 경험이나 지식에 따라 다양한 해석이 가능하다. 『모비 딕』도 그런 책이다. 독자가 어떤 인물에 공감하며 읽었는지, 책의 어떤 지점에 오래 머물렀는지에 따라 다르게 읽힌다. 때문에 정답 찾기에서 벗어나 감상을 자유롭게 나눌 때 작품에 대한 이해가 더 풍부해진다. 푸른숲주니어의 『모비 딕』에 실린 해설을 참고해서 아이들이 자신이 읽은 『모비 딕』을 표현하고, 다른 사람이 읽은 『모비 딕』을 만나게 할 질문을 만들었다. "모비 딕, 에이해브, 이슈미얼 중에 누가 진짜 주인공이라고 생각하는가?"와 "모비 딕을 읽는 다양한 시선 중 어떤 시선에 가깝게 책을 읽었는가?"라는 두 가지 질문이다.

먼저, "모비 딕, 에이해브, 이슈미얼 중에 누가 진짜 주인공이라고 생각하는가?"라는 질문을 던졌다. 아이들 중 5명은 에이해브, 2명은 모비 딕, 1명은 이슈미얼을 선택했다. 에이해브를 선택한 아이들은 초반 서술자는 이슈미얼이나 이야기가 전개될수록 에이해브의 행동과 심리를 분석하는 데 초점이 맞춰진다는 점, 피쿼드호의 출항부터 침몰까지에 에이해브의 집념이 주로 작용했다는 점을 이유로 들었다. 모비 딕을 주인공으로 꼽은 아이는 모비 딕을 쫓는 것이 이야기의 핵심이며, 모비 딕이 이야기를 전개하는 데 가장 결정적인 역할을 하기 때문이라 했다. 이슈미얼을 선택한 아이는『모비 딕』의 첫 문장이 "나를 이슈미얼로 불러달라."이며 이슈미얼의 뜻이 추방자라는 점을 짚었다. 스스로를 추방자로 만들면서 피쿼드호 사건을 증언하는 중요한 역할이라 덧붙였다.

"모비 딕을 읽는 다양한 시선 중 어떤 시선에 가깝게 책을 읽었는가?"라는 질문에는 '모비 딕과 에이해브의 대결'이라고 답한 아이가 4명으로 가장 많았다. 에이해브와 모비 딕의 심리전에 초점이 맞춰진 이야기로 읽었고, 두 인물이 가장 강렬하게 와 닿았다고 했다. 다음으로 '고래와 고래잡이에 대한 백과사전'으로 읽었다는 아이가 2명이었다. 고래와 고래잡이, 고래 잡는 사람들의 심리를 자세히 알려주기 때문이라 했다. '기타'를 선택한 아이도 2명 있었다. 한 아이는 멜빌이 책의 형식에 얽매이지 않고 사회 비판하는 내용을 담으려 애썼다는 점을 짚었다. 고래잡이에 대한 세상의 편견을 바꾸려는 이야기로 읽었다 했다. 다른 아이는 자연의 경이로움과 인간에게 주는 교훈을 담아낸 이야기라고 말했다. 피쿼드호가 결국 모비 딕도, 자연도 이기지 못했다는 점이 기억에 남았다는 거다.

아이들이 다듬어지지 않은 생각을 쏟아냈다. 그 생각들은 거칠고 투박하나 사려 깊었다. 어른인 나보다 아이들이 더 깊게 『모비 딕』을 읽었다. 내 머릿속에는 오래전부터 정답이 담겨 있었다. 예전에 어디선가 읽은 해설이나 리뷰에 맞춰 『모비 딕』을 읽었다. 하지만 아이들은 달랐다. 무엇에도 영향받지 않고, 제멋대로 책을 읽었다. 정답 없는 책 읽기를 가뿐하게 즐겼다. 오로지 자기 힘으로 이야기를 이해하려 애썼다. 혼자 읽기로 생기는 공백은 함께 읽기로 채웠다. 매일 다른 아이들의 발췌와 생각을 쓴 글을 읽으면서 작품을 보는 다양한 관점을 얻었다. 책 대화를 통해 작품을 입체적으로 살폈다. 아이들의 『모비 딕』 읽기가 어른들이 정해놓은 정답에 얼마나 가까워졌는지는 모르겠다. 내게도 『모비 딕』은 쉽지 않은 책이니까. 하지만 아이들이 『모비 딕』을 읽어낸 과정에서 보여준 성실함과 치열함은 능숙한 어른 독자에게 결코 뒤지지 않았다.

책 모임 하는 이유

"이제까지 쓴 발췌와 단상을 뽑아봤는데, 20장이 나왔어요. 할 얘기가 진짜 많은 책이구나 생각했어요."

"끝까지 읽으니 진짜 뿌듯해요. 다른 사람들의 발췌와 단상을 읽으면서 도움을 많이 받았어요. 에이해브의 관점으로 글을 다시 쓴다면 이야기가 어떻게 바뀔지 궁금해요."

"처음에는 막막했는데, 다 읽고 나니 정말 뿌듯해요. 저녁마다 읽고 글 올렸는데, 내일부터는 할 게 없어 허전할 것 같아요. 너무 좋은 경험이에요."

"매일 읽고 내 생각을 글로 표현하는 게 어려웠어요. 꾸준히 쓰다 보니 점점 나아졌고, 다른 사람 글 읽으면서 책을 더 잘 이해하게 됐어요. 읽어보니 좋은 책이고, 꼭 한 번쯤 읽어봐야 할 책 같아요."

"저 혼자 이 책을 만났으면 절대 읽지 않았을 거예요. 두 달 동안 읽으면서 서로의 생각을 공유한 게 특별한 경험이었어요."

모임을 마치면서 아이들이 들려준 소감이다. 혼자서는 절대 읽지 않을 책이지만 함께 읽으니 끝까지 읽었다, 매일 친구들이 올려준 글을 보며 책 읽기에 도움을 받았다, 모임에서 다른 사람의 이야기를 들어서 좋다. 아이들이 해준 말이 책 모임을 왜 해야 하는가에 대한 좋은 답이 되어준다. 매일 조금씩, 천천히 읽고 기록하기. 아이들에게 독서 습관을 키워주는 좋은 방법이다. 책에 담긴 의미를 곰곰이 따지면서 계속 읽다 보면 어느새 책을 완독한다. 모임에서 여럿이 함께하면 더 쉽게 성공할 수 있다. 두 달 동안의 『모비 딕』 읽기. 나와 아이들은 서로에게 기대어 책을 읽었다. 아이들은 책 모임의 가치를 알게 됐고, 나는 《다온》 아이들과는 어떤 책이든 읽을 수 있다는 믿음을 얻었다. 나도 아이도 어깨가 쑥 올라갔다.

9 감동을 이어가는 책 읽기

『지구 행성에서 너와 내가』

청소년 소설 『지구 행성에서 너와 내가』(김민경, 사계절)의 중심에 『모비 딕』이 있다. 열여덟 살인 이새봄은 열네 살 때 사고로 엄마를 잃었다. 엄마의 발인 날 세월호 참사가 일어났고, 새봄은 그날 이후 '죽음이 항상 나를 둘러싸고 있'다는 생각에 극심한 우울증에 시달린다. 이런 새봄이 도서관에서 우연히 『모비 딕』의 문장을 만나고, 아빠에게서 엄마가 읽던 『모비 딕』을 받는다. 『모비 딕』을 읽으며 새봄은 엄마의 죽음을 이해하고, 삶의 의지를 되찾는다. 새봄은 지석에게 『모비 딕』 읽기를 권하고, 지석은 새봄의 마음을 얻기 위해 『모비 딕』을 읽는다. 그야말로 『모비 딕』에 의한, 『모비 딕』을 위한 책이다.

작가는 지석과 새봄의 이야기를 번갈아 가며 들려준다. 지석의 장에서는 지석이가 『모비 딕』을 읽어가며 만나는 문장, 그 문장에 머물며 떠올린 생각을 훤히 들여다볼 수 있다. 내가 지석이가 되어 책을 읽는 것처럼 느껴질 정도다. 『모비 딕』을 읽은 사람이라면 지석과 자신의 감상을 비교해보는 재미도 얻을 수 있다. 새봄의 장에서는 한 권의 책이 한 사람의 삶을 어떻게 바꾸는지를 보여준다. 새봄은 『모비 딕』이 '죽음에 대한 책이 아니라 삶, 살아 있음에 대한 책'이란 걸 깨닫는다. "『모비 딕』을 읽고 나서 살고 싶어졌다."고 고백한다. 마침내 새봄과 지석은 책을 다 읽고 함께 이야기 나눈다. 서로 다른 존재가 한 권의 책으로 연결된다. 깊게 소통하고 공감한다. 지석과 새봄의 이야기 자체가 『모비 딕』에 대한 근사한 해설이며, 『모비 딕』으로 나누는 책 대화이다.

『모비 딕』의 감동을 이어가는 책 읽기

책 모임 《다온》은 『모비 딕』 읽기 후 2주 정도 휴식기를 가졌다. 겨울 방학인 1~2월에는 『열하일기』(박지원, 돌베개) 1권을 『모비 딕』 읽기와 같은 방식으로 완독했다. 역시나 매우 힘든 여정이었지만 아이들 덕분에 의미 있게 잘 읽어냈다. 『열하일기』 1권을 읽고 나니 개학이라서 2권, 3권은 다음 방학에 읽기로 했다. 3월 첫 모임에 읽고 만날 책을 고르는데, 한 아이가 "『지구 행성에서 너와 내가』는 언제 읽나요?"라고 물었다. 내가 『모비 딕』 읽기 전부터 이 책이 참 좋다고, 꼭 같이 읽자고 했던 것을 기억하고 있던 거다. 『모비 딕』을 읽은 사람이라면 특히 청소년 독자라면 이 책도 꼭 읽어야 한다. 나는 그렇게 생각한다. 두 책은 상호보완 관계다. 하나의 책이 다른 책을 더 깊게 읽어내도록 돕는다. 나는 기쁜 마음으로 《다온》 20회 책을 『지구 행성에서 너와 내가』로 정했다.

석 달 가까이 고전 읽기를 하고, 오랜만에 청소년 소설을 읽었다. 아이들은 술술 잘 읽혔다며 밝은 표정으로 얘기했다. 책 점수도 4~5점으로 후하게 주었다. 『모비 딕』 읽을 때 자기가 인상 깊게 만났던 문장을 지석이도 골랐다면서 웃었다. 자신은 깊게 생각 못 했던 장면을 지석이나 새봄이가 철학적으로 바라보는 걸 보고 놀랐다며 머쓱해 했다. "이 책을 읽기 전에는 『모비 딕』이 이렇게 깊은 책인지 몰랐어요. 이번에 인간과 삶, 이 세상에 대해 많은 생각을 했어요.", "『모비 딕』을 새봄의 삶과 연결 지어 읽으니 좋았어요." 했다. 내가 바라던 대로였다. 아이들은 이 책을 통해 『모비 딕』을 다시 읽었고, 『모비 딕』 덕분에 이 책을 풍성하게 읽어냈다. 이야기를 듣는데 내 입에서 "맞아!", "그렇지!" 하는 추임새가 절로 나왔다.

깊고 넓어지는 책 읽기

새봄은 지석과 『모비 딕』을 읽고 이야기 나누고 싶어 한다. 한 달 용돈을 모아 『모비 딕』을 사서 지석에게 선물한다. "이 책 다 읽으면 연락해. 그날부터 이사 가기 전까지 날마다 만나자."라는 달콤한 제안과 함께 말이다. 지석은 새봄과 만나고 싶어서 『모비 딕』을 읽는다. 엄청난 속도로 읽어 엿새 만에 책을 완독한다. 같은 책을 두 달 만에 완독한 《다온》 아이들은 "말도 안 된다."며 고개를 저었다. 그러면서도 책을 선물한 새봄의 마음을 알겠고, 새봄이가 좋아서 책을 열심히 읽는 지석이 입장도 이해한다 했다. 한 아이가 "새봄과 지석은 너무 성숙해요. 둘이 나누는 대화가 현실적이지 않아요."라고 말했다. 줌 화면에 뜬 나머지 아이들을 보니, 그 말을 듣고 고개를 끄덕이며 웃는다. 나도 "그렇긴 하지." 하며 따라 웃었다.

새봄과 지석은 만날 때마다 『모비 딕』의 문장과 장면을 가지고 얘기 나눈다. 덕분에 《다온》 아이들은 『모비 딕』의 주옥같은 문장을 다시 읽고, 지석과 새봄의 대화를 통해 문장의 의미를 새롭게 발견했다. 내가 해온 책 모임에서는 아이의 해석을 존중하며, 되도록 어른의 해석은 내보이지 않으려 했다. 그런데 『모비 딕』처럼 다양한 결로 읽어낼 수 있는 고전의 경우 아이에게만 해석을 맡기기가 좀 아쉽다. 인생 경험이 더 풍부하고, 삶의 지혜를 쌓은 사람의 해석을 아이들의 것에 더해주고 싶다. 『지구 행성에서 너와 내가』에는 어른의 해석이 담겼다.

"숱한 죽음이 나오지만 결국 작가가 죽고 죽이는 이야기를 하고 싶어서 『모비 딕』을 쓴 게 아니구나, 중반부가 지나서야 깨달았어. 남아 있는, 살아가는 생명들이 있는 거니까."
내 말에 지석이가 바로 말했다.
"맞아. 삶을 살아가는 인간에 대해 얘기하고 싶었던 것 같아. 지구라는

아이를 한 뼘 더 키우는 책 모임 이야기

행성에서 수많은 종들과 살아가는 인간의 자세, 인간의 시선에 대해서 말이야."(p.166)

새봄과 지석의 대화이다. 이 부분을 읽고, 우리 아이는 "『모비 딕』을 고래 이야기 정도로 읽었는데, 이걸 읽고 깜짝 놀랐다. 이렇게 큰 이야기인지 몰랐다."고 했다. 새봄과 지석의 관계 안에 녹여둔 어른의 해석이 《다온》 아이들에게 살며시 스며들었다.

기억의 힘

이 책에서는 새봄 엄마의 죽음과 세월호 희생자의 죽음을 함께 다룬다. 가족의 죽음이나 사회적 죽음을 '기억 한다'라는 건 어떤 의미일까. 새봄은 엄마의 죽음을 되돌릴 수 없다는 걸 인정하고, 그것을 기억하며 떳떳하게 살기로 마음먹는다. 새봄은 "죽음을 기억하는 게 두려움을 이기고 용기를 갖게" 하며, "그 기억의 힘이 흔들리지 않게, 떳떳하게 살아가게 하는 것 같다"고 말한다. 아이들은 이런 새봄을 보며 죽음과 기억에 대해 생각했다.

• 영화 《코코》가 생각났어요. '인간은 누구나 소멸하지만 그의 자취가 깃들어 있는 것에 여전히 남아 있다고.'라는 새봄의 말이 소중한 사람을 잃은 이들에게 위로가 될 것 같아요.

- 새봄이가 어른스럽다고 느꼈어요. 반려동물의 죽음을 경험한 적이 있어서 공감이 돼요. 동물 키우던 사육장을 보면 계속 생각나요.
- 아직 가까운 누군가의 죽음을 경험한 적은 없어요. 그런 일을 겪는다면 새봄의 마음이 더 깊게 이해될 것 같아요.
- 새봄이가 너무 대단하게 느껴져요. 새봄에게 전부였던 엄마가 돌아가셨어요. 『모비 딕』을 읽으며 엄마의 죽음을 받아들이고, 엄마를 기억하겠다고 마음먹는 모습이 멋져요.
- 죽음에만 머물러있지 않고, 그 사람을 기억하면서 나의 삶을 열심히 살아가는 것이 그 사람을 위하는 일 같아요.

아이들은 신중하게 낱말을 골라 말했다. 아이들 목소리가 점점 낮아졌다. 나는 사회적 죽음에 대한 이야기를 조금 보태었다. 우리가 모르는 곳에서 억울하게, 안타깝게 죽는 이들이 많다. 그들의 죽음을 그저 슬퍼하는 데서 멈추면 안 된다. 왜 그런 비극이 일어났는지 자세히 살펴 사회를 바꿔나가야 한다. 이렇게 말하는 내 목소리가 가늘게 떨렸다.

새봄과 지석의 관계 들여다보기

새봄은 우울과 강박 때문에 교실에 오래 앉아있지 못한다. 견딜 수 없을 때는 밖에 나가 한참을 달린다. 이런 새봄에게 관심 갖고 다가와 준 사람이 지석이다. 새봄은 그런 지석에게 『모비 딕』 읽기를 제안하며 마음을 연다. 아이들은 "둘 사이가 정말 특별해요.", "『모비 딕』에 대한 생각을 공유하면서 사이가 깊어지니 보기 좋아요.", "새봄이가 아픔을 혼자 짊어지고 있었는데, 지석에게 속마음을 털어놓고 위로받는 게 좋았어요."라며 두 아이의 연대를 읽었다. 한 아이는 "책에 대한 감상을 나누면서 함께 성장하는 이야기"라고 정리했다. 나는 "《다온》에서 하는 일이 바로 그거야." 하고 맞장구쳤다. 책 모임에서는 책의 문장과 장면, 주제에 대해 이야기 나누고, 더 나아가 서로의 삶을 나눈다. 삶을 나누면서 함께 성장한다. 우리는 서로에게 새봄이가 또는 지석이가 되어 준다.

1시간 넘게 이어진 모임을 마치며 아이들은 감동적인 소감을 나눠줬다.

- 『모비 딕』을 읽지 않았다면 읽지 못했을 책 같아요. 책 속에 『모비 딕』을 발췌한 부분과 그것에 대한 작가의 해석이 드러나요. 그걸 읽는 게 좋았어요.
- 『모비 딕』 읽을 때 생각하지 못했던 것을 새봄과 지석의 대화로 알게 되어 좋았어요. 사회에서 일어난 일을 책 속 문장과 연결 지어 얘기하는 책이에요. 기억에 오래 남을 것 같아요.
- 이 책 자체로도 마음에 들었어요. 내가 살아가는 세상에 대해 생각해 보는 기회를 얻게 돼서 기뻐요. 친구들과 얘기 나누는 게 재미있었어요.
- 책을 더 자세하게 읽어보려고 애썼어요. 이런 형식의 책을 처음 읽어

보는데 새롭고 흥미로웠어요.

• 좋은 책을 읽고, 좋은 생각을 나눌 수 있는 책 모임이 고마워요.

『지구 행성에서 너와 내가』 덕분에 나와 아이들에게 『모비 딕』은 더 특별한 책이 됐다. 책 속에 언급된 『중요한 사실』(마거릿 와이즈 브라운, 보림), 『고맙습니다』(올리버 색스, 알마), 『바다, 소녀 혹은 키스』(최상희, 사계절)는 함께 읽을 책 목록에 올랐다. 새봄은 이사 가면서 지석에게 이런 말을 남긴다.

"우리는 이제 각자의 현실로 돌아가지만, 지구에서 서로에게 의미 있는 존재가 하나씩 더 생긴 거야. 이 수많은 생명체 중에서 말이야. 그러니 이전의 현실과는 다를 거야."(p.233)

책 모임에서 만나는 우리가 '서로에게 의미 있는 존재'가 되어줄 수 있지 않을까. 아이들과 『모비 딕』을, 『지구 행성에서 너와 내가』를 함께 읽는 엄마라서 나는 행복하다.

제 5 부

아이 책 모임의 미래

계속 읽기

① 책 모임 하다
부모가 지칠 때

책 모임 효과를 경험하려면 모임을 일정 기간 꾸준히 해야 한다. 매주 1회씩 적어도 6개월~1년 동안은 해보겠다고 마음먹어야 한다. 내가 그동안 진행한 아이 책 모임이 대략 400회가 넘는다. 직장일과 집안일을 병행하며, 아이 책 모임까지 신경 쓰려니 늘 시간이 부족하다. 출퇴근길 전철에서 어린이 책을 밑줄 그으며 읽고, 새벽 5시에 일어나 졸린 눈을 비비며 질문을 만든다. 업무가 많을 때는 모임 하루 전날에 밤새워 책을 읽고, 허겁지겁 질문을 만든 적도 있다. 주말마다 큰아이, 작은아이 책 모임을 번갈아 진행해야 하니 단 한 주도 마음 편히 쉬어본 적이 없다. 여기에 보태어 내가 좋아서 하는 어른 책 모임도 있으니 정말 숨 돌릴 틈도 없이 읽고 써야 한다.

아이 책 모임 1~2년 차 때는 '에잇, 힘들다. 그만하자.'는 생각이 자주 들었다. 모임을 딱 그만둬도 나와 아이들 생활에 큰 문제가 없을 것 같았다. 모임 준비하는 시간에 TV 드라마도 보고, 쇼핑도 즐기고 싶었다. 하지만 어느 주말 아침, 거실 책장 앞에 드러누워 책을 뒤적이던 아이가 "엄마, 난 책이 좋아요." 했다. 아이는 일 마치고 돌아온 엄마를 반기며 "엄마, 우리 반에서 책 모임 하는 아이는 나밖에 없어요." 했다. 그런 아이 모습이 내게 기쁨이고 자랑이었다. 책 모임을 그만둘 수 없었다. 나는 어떤 책을 함께 읽어야 할까, 어떻게 하면 모임을 더 잘할 수 있을까 고민했다. 참고할 책이 있다면 읽고(안타깝게도 아이 책 모임만을 다룬 책은 거의 없다), 책 놀이나 질문법도 조금씩 공부했다.

지금도 여전히 아이 책 모임을 그만두고 싶다는 유혹이 나를 종종 찾아온다. 다행히 그런 유혹이 모임 초기보다는 약하고, 머무는 시간도 짧다. 이미 책 모임이 아이 삶의 한 부분으로 굳건히 자리 잡았기 때문이다. 아이는 혼자 책을 읽고 즐기는 데서 만족하지 못한다. 같은 책을 읽은 사람을 만나 자기와 다른 생각을 들어보고 싶어 한다. 모임을 일정 기간 쉬게 될 때면 "아, 뭔가 허전해요." 한다. 재미있는 책을 만나면 "엄마, 이 책 읽어 보세요. 읽고 저랑 얘기해요." 하고 함께 읽기를 권한다. 이제는 아이 책 모임을 그만두고 싶어도 그만둘 수 없다. 더군다나 아이가 중학생이 되니 책 읽을 시간을 '일부러' 마련해야 한다. 그렇지 않으면 입시라는 거대한 어둠이 책 읽기의 즐거움을 삼켜 버릴 것만 같다. 책 모임에서라도 계속 읽어야 한다.

이런 이유로 나는 아이 책 모임을 그만두지 못하고 7년째 하고 있다. 큰 어려움이 닥치지 않는 한, 앞으로도 계속하려고 한다. 경력이

아이를 한 뼘 더 키우는 책 모임 이야기

쌓이니 모임 운영하는 일이 예전보다는 좀 수월하다. 돌발 상황이 생기면 임기응변으로 넘기기도 한다. 어쨌든 아이 책 모임은 계속한다는 생각으로 버틴다. 버틴다기보다는 여유를 갖고 한다는 말이 더 어울리겠다. 누구나 아는 사실이지만 힘들면 잠시 쉬어가면 된다. 모임을 몇 번 망친다고 큰일이 나지 않는다. 모임을 한동안 쉰다고 아이가 책 사랑하는 마음이 금세 줄지는 않는다. 책 모임을 운영하느라 부모가 지치지 않아야 한다. 그렇다면 부모가 책 모임 하다 지치지 않으려면 어떻게 해야 할까?

첫째, 같이 한다. 당연한 말이지만 혼자보다는 여럿이 낫다. 아이의 연령대가 비슷하고, 마음이 맞는 사람이 있다면 행운이다. 모임 운영의 책임을 나눠 가질 수 있다. 월 4회 모임 한다면 어른 2명이면 2회씩, 어른 4명이면 1회씩 진행하면 된다. 혼자일 때 보다 부담이 확 줄어든다. 각 가정에서 아이들 관리를 잘해주면 모임이 잘 된다. 부모가 신경 쓰면 아이는 책을 잘 읽고, 모임 규칙을 지키려 애쓴다. 단, 여럿이 모임을 진행하려면 서로 대화가 잘 통하는지 따져봐야 한다. 모임 방법, 읽을 책 등 함께 결정해야 할 일이 많기 때문이다.

둘째, 내가 할 수 있는 만큼만 한다. 어른 혼자 하든, 어른 여럿이 하든 '지나친 열정 쏟기'는 삼가야 한다. 책 모임은 단거리 달리기가 아니다. 마라톤에 가깝다. 처음부터 너무 완벽하게 해내려고 부모의 시간과 노력을 무리하게 쓰면 안 된다. 그러면 금방 지쳐서 포기하게 된다. 잘 되던 모임이 어느 날 갑자기 위기에 봉착하기도 한다. 책 모임 7년 차인 나도 늘 실패하며, 모임 해체 위기를 자주 경험한다. 부모마다 처한 상황이 다르다. 성공 사례를 보며 위축될 필요가 없다. 내가 할 수 있는 것을, 할 수 있는 만큼만 하자. 부모가 아이들에게 꾸준히 책을 읽어주는 방법으로 간단하게 모임을 운영해도 충분하다.

셋째, 작은 일에 크게 기뻐한다. 어찌 보면 이게 가장 중요하다. 교육의 효과는 단기간에 눈으로 확인할 수 없다. 목표가 작은 행동의 변화가 아니라 아이의 가치관, 태도의 변화에 있는 경우엔 더 그렇다. 책 싫어하는 아이가 책 모임 몇 번 했다고 갑자기 책을 사랑하게 되진 않는다. 하지만 꾸준히 하면 더디더라도 분명히 아이가 변한다. 그 변화는 강력해서 쉽게 그 이전으로 돌아가지 않는다. 읽은 책과 나눈 이야기를 차곡차곡 쌓아가다 보면 '와, 우리 아이가 책을 스스로 찾아 읽네!' 하고 감동하는 순간이 온다. 그때까지 부모가 지치지 않으려면 소소한 행복을 발견하는 데 집중해야 한다. 아이가 책 모임 날을 기억한다. 읽을 책을 구해달라고 한다. 모임 하며 깨달은 것을 얘기한다. 이 모든 게 작지만 확실한 변화이다. 우리 아이가 책 좋아하는 사람이 되어가는 중이다. 마음껏 축하하고, 격하게 기뻐하자.

넷째, 힘들면 대충한다. 나는 지금도 책 모임 진행하는 날이 되면 긴장한다. 아이들이 입을 다물까 봐, 모임 분위기가 이상할까 봐 걱정한다. 걱정한대로 모임을 망치는 날도 많다. 진행자나 아이들이 준비가 덜 되거나 몸이 좋지 않은 날은 실패할 확률이 높다. 괜히 모임 분위기가 가라앉아 대화 나누기 어려운 날도 있다. 그런 날은 모임 끝내고 돌아서며 '내가 부족해서 그렇지.'하며 자책에 빠지기도 한다. 하지만 다음 모임에서 아이들은 언제 그랬냐는 듯이 의젓한 태도로 활발하게 이야기 나눈다. 부모가 많이 지칠 때는 대충해도 괜찮다. 질문도 만들지 말고, 각자 밑줄 그은 문장을 돌아가며 읽고 자기 생각을 나누기만 해도 좋다. 시중에서 구입 할 수 있는 독서질문카드를 활용해도 된다. 슬럼프가 왔다면 대충하며 숨 고르기 하자. 그래야 다음에 또 할 수 있다. 오래 할 수 있다.

다섯째, 힘들면 쉰다. 당연한 말이지만 힘들면 쉬어야 한다. 모임을 꾸릴 때 방학에는 쉬기로 정해도 좋겠다. 나와 아이들은 그때그때 상황을 보아 필요하면 쉬었다. 아이들이 중학생이 되니 꾸준히 모임하기가 어렵다. 학기 중은 아이들 상황에 따라 모임을 여러 번 쉬기도 한다. 방학을 기다렸다가 두꺼운 책이나 어려운 책을 집중해서 읽는다. 모임을 그냥 쉬려니 마음이 불편하거나 아이들은 괜찮은데 어른만 쉬고 싶어 할 수도 있다. 이럴 때는 도서관이나 집 근처 책방의 독서프로그램이나 유료 독서 모임에 참가해보면 어떨까. 최근에는 온라인 독서 모임도 많이 생겨서 시간 장소에 구애받지 않고, 원하는 기간 동안 참여하는 것도 가능해졌다. 출판사에서 운영하는 온라인 북클럽도 종종 있으니 활용하면 좋다. 꼭 독서프로그램이 아니어도 괜찮다. 책 모임 아이들이 함께 경험할 수 있는 활동이면 된다. 우리 아이들도 역사 체험 학습, 온라인 고전 읽기, 도서관에서 하룻밤 자기 등 다양한 활동을 함께 했다.

부모가 아이 책 모임을 도맡아 챙기다 보면 신경 쓸 일이 한둘이 아니다. 머리가 아프고, 몸은 힘들다. 추천 도서를 잔뜩 사 주고, 읽은 권수만 체크해서 보상하던 때로 돌아가고 싶어진다. 그럴 때는 모임 하는 우리 아이 모습을 유심히 관찰해보자. 책장을 넘기며, 친구 이야기를 들으며 아이 얼굴에 화사한 미소가 피어난다. 아이는 모임 마치고 집에 돌아오는 길에 친구의 말과 표정, 몸짓을 흉내 낸다. 어느 날 오후 책장에 꽂힌 책 중에서 모임에서 읽은 책을 꺼내 들고, 친구들과 나눈 이야기와 자신의 느낌을 들려준다. 그런 아이 모습을 보면 모임을 계속할 수밖에 없다. 아이 생각이 조금씩 자라고 마음이 넓어지는 걸 보면 부모의 수고로움은 감당할 만한 것이 된다.

앞에서 밝혔듯이 초등 고학년 이상이면 아이끼리도 모임이 가능하다. 부모 혼자 계속 낑낑대며 모임을 끌어갈 필요는 없다. 한 달은 아이끼리, 한 달은 부모와 함께 모임 해도 좋고, 아이끼리 1~2년 한 뒤에 1년 정도 부모와 함께 할 수도 있다. 이렇게도 해보고, 저렇게도 해보면서 나와 아이들이 편한 방법을 찾자. 기억해야 할 것은 멋지게 한 번 보다는 조금 부족하게 오래 하는 게 훨씬 효과적이란 사실이다. 책 읽고, 책 대화 나누는 일이 습관이 되려면 '꾸준히' 해야 한다. 책 모임 하는 것이 '당연한' 일이 되어야 한다. 힘들면 멈추고,

숨 고르고, 잠시 쉬자. 그리고 다시 시작하자. 모임 경력이 쌓이면 덜 쉬어도 견딜만해 진다. 아이가 훌쩍 자라 "엄마, 이번에는 제가 진행할게요." 하는 순간이 온다.

② 책 모임하다
아이가 지칠 때

초등 저학년 때는 아이도 엄마도 마음에 여유가 있다. 중학년이나 고학년에 비해 학습량이 적고, 입시에 대한 부담도 적기 때문이다.(지나친 선행학습으로 이 여유를 온전히 누리지 못하는 아이도 있을 것이다. 불행한 일이다.) 제 나이의 발달 과업을 알맞게 수행하는 아이라면 저학년 시기에는 '해야 하는 일' 보다 '하고 싶은 일'에 집중한다. 해가 저물도록 놀이터에서 친구와 놀고, 집에 와서도 그림 그리기나 만들기 하느라 시간 가는 줄 모른다. 이때는 책 읽기도 즐거운 놀이다. 책으로 도미노 만들기, 책 탑 쌓아 트리로 꾸미기, 책에 나온 그림 따라 그리기, 인물 흉내 내기 등. 아이는 책으로 하는 놀이를 끊임없이 만들어낸다. 이 시기에는 당연히 책 모임도 잘 된다. 부모가 책 읽기를 '학습'으로 여기지만 않는다면, 아이는 책 모임을 '즐거운 만남'으로 받아들인다. 모임 하는 날을 손꼽아 기다리고, 기분 좋게 책을 읽는다.

하지만 학년이 높아질수록 아이의 삶은 점차 입시를 향해 맞춰진다. 모임에서 아이가 책 읽고, 친구들과 소통하는 모습을 흐뭇하게 지켜보던 부모라도 이때쯤이면 마음이 흔들리기 마련이다. 아이가 '하고 싶은 일'은 먼 미래로 밀려나고, 아이의 일상은 좋은 성적을 내기 위해 '해야 하는 일'로 채워진다. 학원 수가 하나둘 늘면서, 책 모임 자리가 위태로워진다. 부모 관점에서 제일 먼저, 부담 없이 '끊을 수' 있는 것이 책 모임이다. 이때 부모가 중심을 잘 잡고, 모임을 계속해야 한다. 책 모임은 아이 삶이 학습과 경쟁을 향해 심하게 기우는 걸 막아준다. 아이는 문장 사이를 거닐며 숨을 고르고, 모임에서 환대받으며 힘을 얻는다. 책장을 넘기는 여유와 좋은 벗과의 대화가 아이를 현명하고, 온화한 인격체로 키워낸다.

부모가 힘겹게 유혹을 뿌리치고 책 모임을 지켜내도, 아이가 그만두고 싶어 할 수도 있다. 할 일 목록이 늘어나니 책 모임까지 하기가 힘들기 때문이다. 책 모임을 하면 매주 또는 2주마다 책을 읽어야 하고, 자기 생각을 정리해 나눠야 한다. 웬만한 의지와 정성으로는 꾸준히 하기 어렵다. 모임을 오래 해왔어도 어느 날 갑자기 그것이 큰 부담으로 느껴지기도 한다. 아이 몸과 마음이 힘들 때라면 책 읽고, 모임 하는 게 더 버거워진다. 책 모임은 학원이 아니다. 언제든 본인이 원하면 그만둘 수 있고, 언제든 새로 시작할 수 있다. 힘들 땐 쉬고, 책과 벗이 그리울 때는 모임을 다시 찾으면 된다. 다만, 이건 책 모임이 아이 일상에 깊숙이 스며든 후에라야 가능하다. 1~2년은 모임을 계속하고, 이후에도 최대한 할 수 있을 때까지는 해보는 게 좋다. 그렇다면 아이가 지쳤을 때 당장 모임을 그만두지 않고, 조금 더 해보려면 어떻게 해야 할까?

첫째, 모이는 횟수를 조정한다. 초등학교 때는 되도록 매주 모인다. 자주 모일수록 아이가 책 모임을 평범한 일상으로 받아들이는 데 도움이 된다. 아이가 중학교에 입학하면 매주 모임이 조금 부담스러워진다. 진학한 학교가 다르면 평가일이 달라 모임 하는 날을 정하기도 쉽지 않다. 이때는 모임 횟수를 2주마다 한 번으로 조정한다. 우리 아이의 경우, 중학교 1학년~3학년까지 2주에 한 권 읽고 모임 하는 데 큰 문제는 없었다. 학교 일정이 있거나 시험 준비로 분주한 주는 모임을 쉰다. 학교마다 일정이 다르니 한 달에 한 번 모임 하는 달도 생긴다. 아이들이 부담을 느끼지 않도록 융통성 있게 모임 날을 조정한다. 아이들이 고등학교에 진학하면 월 1회 모임 또는 방학 때만 모임 하는 것도 생각하고 있다.

둘째, 읽는 책을 바꾼다. 읽는 책의 분야나 분량을 조정하면 책 모임 분위기가 달라진다. 모임 초기나 초등 저·중학년 때는 그림책이나 생활 동화를 읽는다. 아이들이 관심 갖는 분야나 주제를 고려해서 책을 고른다. 읽기 부담을 줄이고, 자기 생각이나 느낌을 자유롭게 나누는 분위기를 만들기 위해서다. 어느 정도 책 읽기와 대화 나누기가 안정되면 지식정보 책도 읽는다. 고학년부터는 동화와 지식정보 책을 골고루 섞어 읽는데, 두꺼운 책만 읽거나 낯선 주제의 책만 읽으면 아이들이 힘들어한다. 이때 동시집이나 단편 동화처럼 읽기 부담이 비교적 적은 책을 선정하면 좋다. 물론 동시나 단편 동화가 부담이 적다는 것은 단순히 읽는데 시간이 적게 걸린다는 뜻이다. 작품의 결을 제대로 읽고, 여백을 독자의 경험과 성찰로 채워나가려면 공이 많이 들어간다. 모임에서 함께 읽으면 한결 쉽고 풍부하게 작품을 만날 수 있다. 아이들이 시와 단편 동화로 재미있게 놀고 나서 천천히 다른 분야 책으로 건너가면 된다.

셋째, 모임 방식에 변화를 준다. 아이들은 모여 얘기 나누는 일은 그리 힘들어하지 않는다. 자기 이야기를 편하게 하고, 친구들 이야기를 잘 들으면 되기 때문이다. 아이들이 힘들어하는 건 책 읽기다. 정해진 책을, 정해진 날까지 읽어야 한다는 게 부담이다. 책 읽는 시간을 일부러 마련하고, 주제를 제대로 읽어내기 위해 애쓰며 읽어야 한다. 진행자가 미리 준 발제문을 보며 자기 생각도 정리해야 한다. 이런 모임을 몇 년씩 계속한다는 게 어찌 쉬운 일이겠는가. 때로는 이런 준비를 하지 않아도 되는 모임을 해봐도 좋다. 모임 하는 날에 모여서 함께 책을 읽고, 읽은 부분에 대해서 소감 나누기한다. 예를 들면, 시집에서 마음에 드는 시를 한 편씩 골라 낭송해보기, 함께 시 필사하기, 단편 동화 소리 내어 함께 읽기, 역할 나눠 단편 동화 낭독하기, 좋아하는 그림책 한 권씩 가져와 읽어주기 등이다. 이런 책 모임은 지친 아이의 마음을 달래고, 감성을 충전하는 기회를 제공한다.

넷째, 휴식기를 갖는다. 아이나 어른이나 힘들 땐 쉬어야 한다. 우리 아이들은 책 모임이 힘들다거나, 모임을 쉬고 싶다는 의사를 내비친 적이 없다. 어릴 때부터, 오래 해왔기 때문에 모임 하는 걸 당연하게 생각한다. 하지만 작은아이의 모임 친구 한 명은 쉬고 싶다며 모임을 나갔다가 1년 정도 후에 다시 돌아왔다. 푹 쉬고 나니 책 모임 생각이 났다며 연락을 해왔고, 우리는 늘 그래왔듯이 친구를 환대했다. 이후 그 친구는 4년 가까이 모임을 함께 하고 있다. 큰아이의 책 모임 친구도 빡빡한 학원 일정 때문에 모임을 쉰 적이 있다. 아이는 중학교 입학 후 바빠진 일상에 적응하느라 힘들어했다. 그래서 모임을 3개월 정도 쉬었다. 쉬고 온 아이는 한결 편안해진 모습이었고, 이후로 2년 넘게 모임을 꾸준히 하고 있다.

나는 모임에 부담 느끼는 아이가 있으면 쉬어도 된다고 말해준다. 그리고 언제든지 모임에 다시 나와도 좋다는 말을 꼭 한다. 모임을 쉬는 일도, 다시 시작하는 일도 아이가 마음 편히 하길 바라서다. 아이가 많이 힘들어하면 쉬는 게 답이다. 책 모임을 억지로 견디며 해서는 안 된다. 부모는 아이가 모임을 좋아하고, 계속하고 싶어 하게 도와야 한다. 모이는 횟수도 줄여보고, 책 읽기 부담도 낮춰 준다. 이런저런 부모의 노력에도 불구하고 아이가 힘들어한다면, 일단은 쉬어 보자. 이때 학원 끊듯이 딱 끊기 보다는, 일정 기간 쉬기로 아이와 약속하면 좋겠다. 약속한 날이 다가오면 넌지시 아이 생각을 물어보고 그대로 따르면 된다. 결정은 아이 몫이다.

아이를 한 뼘 더 키우는 책 모임 이야기

책 모임을 어느 정도 경험했다면 한동안 쉬어도 괜찮다. 오랜 시간이 지나도 아이는 모임에서 나눈 이야기, 책과 친구들이 멋지게 어우러졌던 모임 장면을 기억한다. 그 기억들이 언젠가 아이를 다시 책으로, 책 모임으로 이끌어 줄 거다. 아이가 학업과 진로 걱정에 잠시 책을, 책벗을 잊더라도 걱정하지 말자. 살아가며 힘들고 외로운 순간을 맞이할 때 아이는 오늘을 떠올릴 것이다. 얼마 전, 7년째 아이 책 모임을 같이하는 엄마와 전화 통화를 했다. 그녀는 "책 모임을 오래하니 아이에 대해 믿는 구석이 생겼다."라며 흐뭇해했다. 나 역시 그렇다. 아이가 살아가며 어려운 과제에 직면할 때 기꺼이 책과 벗에게서 지혜와 위로를 구할 거라 믿는다. 그러니 오늘 하루 모임이 잘 안 되어도, 아이가 모임을 쉬겠다고 해도 불안하지 않다. 책 모임 오래한 아이는 책을 그리워하는 어른으로 자랄 테니까. 언제 어디서든 책벗을 만들 수 있는 어른이 될 테니까.

③ 책 모임을
계속하기 어려운 이유

7년 전 어느 여름날, 아이 책 모임을 우연히 시작했다. 처음부터 뭔가를 잘 알고, 할 줄 아는 게 많아서 모임을 시작한 게 아니다. 얼마나 자주 모일지, 어떤 책을 어떻게 읽을지, 책 읽고 모여 무엇을 할지 나도 몰랐다. 당연히 모임하며 여러 난관에 부딪혔다. 구성원들 간의 미묘한 감정의 어긋남, 모임에 대한 서로 다른 기대, 참여도의 차이 등 생각지 못한 문제들이 생겼다.

여전히 어려운 관계 맺기

나를 가장 힘들게 했던 것은 관계의 문제였다. 책 모임도 사람과 사람이 만나는 일이라 관계 맺음을 잘하는 게 어려웠다. 모임을 부모 여럿이 함께 꾸린다면 부모끼리의 관계를 잘 맺어가야 하는데, 그게 참 힘들다. 나는 다양한 사람들과 폭넓은 관계를 맺는데 서툰 사람이다. 소수의 사람들과 관계를 맺으며, 그마저도 깊이 맺지는 못한다. 이런 나의 성향이 모임 하는 데 방해가 되곤 한다. 모임을 오래 해오다 새로운 방향의 일을 시작한 적이 있다. 다른 엄마들과 소통을 소홀히 했다가 오해를 샀다. 결국 몇 명이 모임을 그만두었다. 아직도 그때를 떠올리면 안타깝고, 속상하다. 소중한 인연을 잃었다. 그때 조금 더 세심하게 소통했더라면 하는 아쉬움이 있다.

어른뿐만 아니라 아이들 관계도 삐걱댈 때가 있다. 어른이 진행자라면 갈등이 생기는 걸 미리 막을 수 있다. 혹시나 갈등의 불씨가 생기더라도 후다닥 끄는 게 가능하다. 아이들이 하는 말의 의미를 잘 짚어주고, 다른 친구 이야기에 귀 기울이도록 지도하면 된다. 하지만 아이끼리 모임 할 때는 이런 믿을만한 중재자가 없다. 사소한 말이나 행동에도 큰 의미를 부여해서 서로 감정이 나빠지는 경우가 생긴다. 친구가 정한 책이 마음에 들지 않아 툴툴대기도 하고, 진행하는 아이가 본인이 의도대로 모임이 흘러가지 않자 화를 내서 분위기가 냉랭해지기도 한다. 남자아이들은 타인의 감정에 너무 무심해서, 여자아이들은 너무 민감해서 문제가 생긴다. 우리 아이도 모임 마치고 울상이 되어 집으로 돌아온 적이 있다.

책 모임 안에서 생겨나는 관계의 문제를 어떻게 바라보면 좋을까? 모임을 오래 하니 이제는 어떤 문제라도 조금 여유를 갖고 지켜본다. 공들인 관계가 꼬이면 속이 상하고, 문제를 어떻게 해결할까 고민된다. 하지만 모임을 계속해야 한다는 생각은 변하지 않는다. 여러 개의 책 모임을, 오랜 기간 해보니 이 모든 게 당연하고, 자연스러운 과정이다. 서로 다른 존재가 서로를 알아가고, 오해 없이 소통하는 건 언제나 어렵다. 그 어려운 일을 잘 해내려고 애써보는 것은 의미가 있다. 그 애씀이 나와 아이를 더 나은 사람이 되게 해준다. 모임을 계속해야 한다는 생각이 확고하면 갈등을 해결하려 애써보게 된다. 다른 사람의 입장이 되어보고, 나의 말과 행동을 되짚어 보고, 좋은 해결책을 찾아본다. 어렵지만 다른 사람과 꾸준히 소통하려 노력한다. 때로는 서로 생각이 너무 달라 매끄럽게 해결되지 않을 때도 있다. 나는 그렇게 찾아오는 헤어짐의 순간 또한 자연스럽게 받아들이려 한다.

아이들도 모임하면서 서로의 다름을 자연스럽게 알아간다. 같은 책을 읽어도 마음이 머무르는 문장이 다르고, 같은 문장에 대해서도 서로가 다르게 해석한다. 종종 우리 아이는 "○○이는 규칙을 잘 지키지만 상상하는 건 어려워해요.", "○○는 조용하지만 자기 생각을 말할 때는 단호해요." 하고 모임 친구에 대해 말한다. 감사하게도 아이의 말투에서는 '달라서 불편해'가 아니라 '달라서 좋아'라는 생각이 전해진다. 자기와 다른 친구를 존중하는 태도가 엿보인다. 아이가 어릴 때는 부모가 나서서 아이들 이야기를 들어주고, 갈등을 해결할 방법을 일러줘야 한다. 아이는 자기감정과 타인의 감정을 정확하게 이해하기 어렵기 때문이다. 아이들이 성장하고 모임에서 함께한 시간이 쌓이면, 아이들 스스로 문제를 어느 정도는 해결한다. 문제가 생겼을 때 아이들이 오히려 어른보다 의젓하게 대처한다.

　작은아이가 초등 5학년이 되면서 아이끼리 모임하기 시작했는데, 금방 아이들 사이에 갈등이 생겼다. 진행 맡은 아이가 나머지 아이들의 발언에 "그건, 아니다."라며 부정적인 피드백을 계속 주는 일이 생겼다. 그 일로 아이들 사이가 불편해졌다. 나중에 이야기를 들어보니 진행 맡은 아이는 나름대로 준비를 많이 했고, 잘해보려는 마음이 컸다. 처음 하는 진행이라 긴장도 많이 했다. 그런데 친구들이 엉뚱한 방향으로 이야기를 해나갔다. 진행 맡은 아이는 그것이 못마땅했고, 모임 내내 친구들에게 화를 냈다. 모임 분위기는 경직되었고, 아이들은 이야기를 충분히 나누지 못하고 모임을 마쳤다. 집에 돌아온 아이에게서 있었던 일을 전해 듣고, 나는 혹여나 모임을 그만두게 될까 봐 크게 걱정했다.

　그런데 뜻밖에도 아이들은 아주 금방, 시원하게 문제를 해결했다. 각자 모임 후 쓰는 글에 자기 생각을 쓰고, 그것을 밴드에 공유했다. 아이들은 서로의 입장과 생각을 확인하고, "조금씩 나아질 거야.", "모두 노력하자."며 댓글을 달았다. 다음날 학교에 다녀온 아이는 "○○이와 만났는데, 엄청 밝게 인사 잘했어요!"라며 환하게 웃었다. 밤새 이걸 어쩌나 고민했던 나만 머쓱해졌다. 많은 부분에서 아이들이 어른보다 낫다. 마음 그릇의 크기도 어른보다 아이의 것이 크다. 아이들 사이는 금방 나빠지기도 하지만 또 금방 좋아진다. 어른이 아이들 문제를 대신 해결해주겠다고 섣불리 나섰다가 일을 그르치는 경우가 많다. 대부분의 문제는 아이들을 믿고 조금 기다리면 자연스럽게 해결된다.

내 아이와 다른 아이를 비교하는 마음

모임 횟수가 늘어나며 관계의 문제는 크게 신경 쓰지 않게 됐다. 하지만 모임을 오래 해도 여전히 나를 괴롭히는 문제가 있다. 바로 비교하는 마음이다. 내 아이와 다른 아이를 견주어 보려는 마음, 누가 더 잘 읽는지, 누가 더 잘 말하는지 줄 세워보려는 마음이다. 집에서 보는 내 아이는 인성도 바르고, 매사에 적극적이며, 무엇이든 잘 해내는 아이였다. 하지만 책 모임 안에 놓인 내 아이는 다른 아이에 비해 생각이 깊지 못하고, 다른 아이에 비해 자기 생각을 조리 있게 말하지 못하며, 다른 아이에 비해 글을 짜임새 있게 쓰지 못했다. 다른 아이가 하는 건 다 훌륭해 보이고 내 아이가 하는 건 다 부족해 보였다. 더 끔찍한 건 그게 다 아이 탓으로 생각되고, 엉뚱하게도 내 아이한테 화가 났다는 거다. 이런 마음으로 모임 하니 내게는 모임 준비가 무거운 짐처럼 느껴졌고, 아이는 모임마다 잔뜩 긴장해 할 말을 다 하지 못했다.

초등 1학년 아이 책 모임 할 때는 책 읽는 아이들 모습이 하나같이 예쁘고 사랑스러웠다. 내 아이나 남의 아이나 큰 차이가 없어 보였다. 그런데 학년이 높아지면서 아이마다 잘하는 것과 못하는 것이 드러나기 시작했다. 인물의 심리를 탁월하게 읽어내는 아이가 있는가 하면 책의 주제를 날카롭게 꿰뚫어 보는 아이가 있다. 생각을 논리적으로 명쾌하게 정리하여 말하는 아이가 있고, 모두가 뻔한 이야기를 할 때 재치 만점 대안을 제시하는 아이가 있다. 글쓰기에서도 아이마다 차이가 있다. 하나의 주제를 가지고 글의 뼈대를 잘 세워 조리 있게 쓰는 아이가 있고, 자유롭게 쓰는데 읽는 이의 마음을 빼앗는 한 문장을 탁월하게 쓰는 아이가 있다. 직업 탓인지 내게는 아이들의 장단점이 확연하게 보였다. 안타깝게도 내 아이는 딱히 잘하는 것이 없어 보였고, 그걸 모임마다 확인하며 나는 부정적인 감정을 아이에게 내비쳤다.

모임을 오래 하려면 나처럼 하면 절대 안 된다. 내 아이를 남과 비교하려는 마음을 잘 다스려야 한다. 내 아이가 잘났다며 우쭐해 하는 것도, 내 아이가 부족하다며 움츠러드는 것도 좋지 않다. 이런 마음을 가지고는 모임을 계속하기 어렵다. 비교하는 마음을 가지면 모임을 잘 꾸려나가기 위해 애쓰는 게 아무 소용없는 일이 된다. 이런 부모 마음을 내 아이가 가장 먼저 알아차린다. 내 아이에게 도움 되려고 하는 일이 아이를 불행하게 만든다. 아이를 있는 그대로 바라보고, 내 아이만의 고유성을 인정하려 애써야 한다. 무엇을 잘해서가 아니라 그저 아이 자신이라서 귀하다. 모임에서 만난 다른 아이들 역시 그러하다. '모두가 소중하고, 모두가 내 아이'라 생각해야 한다. 내 아이가 성장하면 다른 아이들에게 좋고, 다른 아이들이 성장하면 내 아이에게 좋다.

아이를 있는 그대로 바라보기

나는 책 모임 경력을 쌓으면서 내 아이를 있는 그대로 바라보려 애썼다. 큰아이는 사람의 마음을 자세히 들여다보는 것을 좋아하고, 자신과 다른 생각을 받아들이는데 유연하다. 소수자나 동물의 행복할 권리에 관심이 많다. 글보다는 그림으로 표현하는 걸 즐긴다. 작은아이는 좋아하는 일이 있으면 어느 정도까지 성취할 때까지 굉장한 집중력을 발휘한다. 단정한 글쓰기는 부족하지만 즉흥적이고 톡톡 튀는 생각을 담은 자유로운 문장은 잘 쓴다. 인물의 주요 특징을 빠르게 파악한다. 모임에서 내 아이를 오래 바라보면서 그동안 아이의 단점이라고 생각했던 것들이 오히려 장점이란 걸 뒤늦게 깨달았다. 비교하려는 마음을 버리니 우리 아이도, 다른 아이도 새롭게 보였다. 아이마다 생김새가 다르듯 성격도, 사물을 보는 방식도 달랐다. 모임 친구들은 우리 아이가 보지 못하는 걸 보고, 우리 아이가 느끼지 못하는 걸 느꼈다. 한 권의 책을 저마다의 시선으로 읽고 나누니 책 대화가 더욱 풍성해졌다. 그 대화 속에서 아이들이 함께 자랐다.

책 모임 초기에는 이런저런 문제가 많이 생겼고, 나는 그것을 해결하는데 많은 에너지를 썼다. 잠을 못 자고 속 끓인 날도 많고, 모임을 그만두겠다 마음먹은 적도 여러 번이다. 그럼에도 불구하고 나는 아이 책 모임에 관심을 갖는 분들에게 "고민하지 말고, 일단 시작해라."하고 자신 있게 권한다. 모임에서 생겨난 문제를 해결해나가면서

(물론 해결하지 못한 일도 있다.) 내가 더 나은 사람이, 더 좋은 부모가 되려고 애쓸 수 있었기 때문이다. 아이들은 그런 엄마를 보면서 타인의 입장을 살피고, 자신을 성찰하며 지혜로운 해결 방안을 찾아보려 애쓰는 태도를 기른다. 학교와 집, 학원이라는 좁은 세상에서 살아가는 아이들에게 책 모임은 새로운 공동체를 경험하는 공간이다. 이 공간에서 부모도 아이도 자신과 타인의 다름을 인식하고, 서로의 고유함을 수용하며, 공동의 목표를 위해 기꺼이 갈등을 조정해나간다.

나는 관계 맺기에도 서툴렀고, 아이를 있는 그대로 보는 데도 어려움을 겪었다. 책 모임을 계속할 수 없는 이유가 참 많았다. '그럼에도 불구하고' 모임을 계속하려 애썼다. 지금 돌아보니 함께 하는 사람들과 소통하고 공감하는 데 실패했던 순간들조차 소중한 경험이다. 그 시간을 잘 지나오려 애쓰면서 모임에서 함께 해준 사람들에 대한 고마운 마음이 더 커졌다. 앞으로도 모임을 계속할 수 없는 이유는 계속 생길 거다. 그 이유를 지워나가기 위해 애쓰다 보면 나도 아이도 조금 더 성장할 거라 믿는다. 어쨌든 책 모임은 계속되어야 한다.

4 직접 만나기 어려울 때
화상 책 모임

코로나19로 책 모임을 쉬다

책 모임은 같은 책을 읽고, 만나서, 책에 관련된 대화를 나누는 일이다. 나는 아이들과 긴 시간, 꾸준히 만났다. 직장 일이 바빠 몸이 힘들어도, 날씨가 좋지 않을 때도 책 모임 약속은 지켰다. 그런데 2020년 코로나 대유행으로 책 모임에 위기가 닥쳤다. 갑작스러운 등교 중지와 온라인 수업 시작으로 부모도 아이도 허둥댔다. 모두의 건강과 안전이 제일 중요했다. 대면 만남이 불가능했고, 도서관 대출도 중지됐다. 뒤죽박죽된 일상 속에서 책 읽기는 부담스러웠다. 모임을 일단 쉬면서, 코로나 유행이 멈추길 기다렸다. 조금만 지나면 모든 게 제자리로 돌아올 거라 기대했다. 하지만 봄이 다 지나가도록 좋은 소식은 들리지 않았다.

아이를 한 뼘 더 키우는 책 모임 이야기

코로나19 팬데믹 사태가 길어지면서 아이도 집에서, '혼자' 지내는 데 익숙해졌다. 온라인으로 수업을 듣고, 혼자 끼니를 챙겨 먹었다. 친구들과 가끔 나누는 안부 전화가 가족 아닌 사람과 나누는 대화의 전부였다. 어느 날, 아이가 컴퓨터로 온라인 수업을 듣고, 과제하는 모습을 지켜보다가 나는 정신이 번쩍 들었다. 아이가 무엇이든 '혼자'하는데 길들여지고 있는 게 위험하게 느껴졌다. 코로나 유행으로 아이는 혼자 공부하고, 혼자 놀고, 혼자 책 읽는 데 익숙해졌다. 코로나 이후에 아이는 다시 공동체로 돌아가 타인과 어울려 살아야 한다. 아이가 긴 시간 타인과의 소통 없이 지내는 건 큰 문제다.

직접 만나기 어렵다면_ 화상 책 모임

나는 책 모임을 다시 시작할 방법을 고민했다. 아이들이 학교 수업을 온라인으로 듣는데 어느 정도 익숙해졌다. 덕분에 스마트기기 활용법을 잘 알고, 문자나 영상으로 소통하는데 큰 거부감이 없다. 그렇다면 책 모임도 온라인으로 충분히 할 수 있겠다 싶었다. 실제로 어른들은 코로나 사태 전부터 화상이나 SNS 채팅을 활용한 독서 모임을 해왔다. 아이들도 기기 사용법이나 플랫폼 특성만 익힌다면 못할 게 없다. 언제 가능할지 모르는 대면 만남을 기다리기보다는 비대면 모임을 빨리하는 게 낫다. 이런 생각이 드니 더 기다릴 필요가 없었다. 엄마들 카톡방에 글을 올렸다. "온라인 책 모임 시작합니다." 4개월

만에 올린 글에 흔쾌히 그렇게 하겠다는 답이 달렸다. 그렇게 2020년 4월 말에 중학교 2학년 큰아이 책 모임《다온》, 초등 6학년 작은아이 책 모임《작은 도서관》,《소녀들의 명작읽기》를 다시 시작했다. (《작은 도서관》은 아이들끼리 매주 발제와 진행을,《소녀들의 명작 읽기》는 내가 2주마다 발제와 진행을 했다.)

줌(ZOOM)은 학교와 기업에서 많이 사용하는 화상 플랫폼이다. 가입 절차나 사용법이 간단해서 쉽게 이용할 수 있다. 줌 어플을 다운로드하고, 가입 후 회의를 열면 된다.(https://www.zoom.us/) 진행자가 초대 링크를 복사해서 참가자에게 전달하면, 참가자는 링크만 눌러서 화상 회의에 참여할 수 있다. 인터넷에 줌 사용법을 알려주는 영상도 많이 올라와 있어 사용법은 금방 익힐 수 있다. 참가자는 줌 회의에 들어와서 자신의 화면과 소리를 켜고, 끄는 방법만 익히면 된다. 진행자는 필요에 따라 화면 공유(발제문을 화면에 띄워 함께 볼 때), 주석 기능(아이들이 자신의 의견을 화면에 기록할 때) 정도만 더 익히면 모임이 가능하다. 작은아이는 초등 6학년 때 직접 줌 회의를 열고, 친구들을 초대해서 책 모임을 진행했다. 아이들은 줌 사용법을 금방 익히고, 능숙하게 활용한다. 줌 말고도 다양한 화상 회의 프로그램이 있으니 선택해서 사용하면 된다. (네이버웨일, 구글미트 등)

줌으로 만나면 직접 모임 장소로 이동하는 시간이 절약되고, 집에서 다른 일을 하다가도 바로 모임에 접속할 수 있으니 편리하다. 아이들이 중학생이 되면서 학습량은 늘고, 여유 시간은 줄어든다. 모임 장소와 좀 떨어진 곳에 사는 아이들은 오가기가 불편했을 거다. 화상으로 모임 하면 사는 곳에 상관없이 모임 하기 수월하다. 이것 말고도 화상 모임의 좋은 점은 또 있다. 주변 상황에 영향받지 않고, 말하는 사람에게 오롯이 집중할 수 있다는 거다. 발표자만 크게 확대해서 보고, 스피커 볼륨을 높여서 들을 수 있다. 다만, 말하는 사람은 상대방이 잘 듣고 있는지, 내 목소리가 어느 정도 크기로 전해지는지 알 수 없어 답답함을 느낀다.

대면이든 비대면이든 아이 책 모임은 일요일 밤 8시에 한다. 평일은 약속 시간 정하기가 어렵고, 가족 일정이 생기는 경우가 많아 결석이 잦다. 아이들이 상급학교로 진학할수록 더 그렇다. 일요일 밤은 모든 일정을 정리하고 집에 머무는 시간이라 약속 지키기가 수월하다. 화상 대화는 서로의 표정, 몸짓을 살피기 어렵고, 동시에 여러 명이 자유로운 대화를 나누기에는 불편하다. 동시에 여러 명이 말하면 소리가 섞여 들리고, 인터넷 연결 상태에 따라 대화가 끊어지기도 한다. 1시간 이상 이야기 나누면 눈이 피곤하고, 집중력도 떨어진다. 실제로 모임 해보니 일요일 밤 8시~ 9시, 약 1시간 정도 책 이야기 나누니 부담 없고 좋았다. 화상 모임의 장단점을 잘 살펴서 활용한다면 책 모임도 얼마든지 잘할 수 있다.

화상 책 모임 하는 법

① 미리 안내해요.

이끔이는 참여자가 모임 날을 기억하고, 준비할 수 있게 안내해야 한다. 먼저, 이끔이가 소통하는 공간(카카오톡, 밴드 등)에 공지를 띄우고 모임 횟수, 날짜, 읽어올 책 등을 안내한다. 모임 날이 가까워지면 "책 읽었나요? 내일 밤 8시에 책 모임합니다." 하는 글을 올린다. 보통 모임 이틀 전쯤 올리는데, 혹시라도 미처 책을 못 읽은 아이가 있다면 서둘러 챙겨 읽게 하기 위함이다. 별것 아닌 일 같지만 이런 안내가 아이들에게 소속감과 책임감을 갖게 해 준다. 발제문을 따로 마련했다면, 모임 하루 전에 발제문도 미리 아이들과 공유하면 좋다. 출력용으로 문서 파일을 올리고, 바로 확인할 수 있게 이미지 파일로도 올린다.

② 화면 공유는 되도록 하지 않아요.

줌에서는 진행자가 화면에 발제문을 띄워 참석자들과 함께 보며 대화를 나눌 수 있다.(화면 공유 기능) 처음에는 이 기능을 활용해서 발제문 공유해놓고 이야기 나눴다. 그런데 화면 공유를 하면 아이들 화면이 작아진다. 화면 가득 발제문이 뜨고, 사람들 얼굴은 작은 화면에 담겨 화면 한쪽으로 밀려난다. 서로 얼굴 보며 대화하는 기분이 안 난다. 그래서 요즘은 아이들이 미리 발제문을 출력해두게 하고, 모임 때는 화면 공유 기능을 사용하지 않는다. 큰 화면으로 서로 얼굴 보면서 대화 나눈다. 한 아이가 자기 생각을 말할 때 다른 아이들이 가만히 귀 기울여 듣는 모습이 좋다. 친구 이야기를 듣다 고개를 끄덕이거나 환하게 미소 짓는 모습이 곱다. 몸은 멀리 있지만 마음은 가까이 느껴진다.

③ 모두가 말해요.

화상 모임에서는 여럿이 동시에, 자유롭게 대화하는 게 힘들다. 할 말이 있는 사람은 손을 들어서 표시를 해야 한다. 진행자가 손을 든 사람을 지목해서, 발언하게 한다. 한 사람이 발언할 때 다른 사람들은 듣기만 해야 한다. "누가 먼저 이야기해볼까요?" 하면 아이들이 서로 손을 들고, 진행자가 "○○이 이야기한 다음, ○○이가 이야기할게요." 하고 발언 순서를 정리해주면 된다. 나는 화상으로 모임 할 때 빈 종이에 아이들 이름을 미리 써 둔다. 질문에 자기 생각을 말한 아이는 이름 옆에 표시한다. 발언하지 않은 아이를 챙기기 위해서다. 화상 회의에서 듣는 역할만 하면 굉장히 지루하고 피곤하다. 모든 아이가 짧게라도 발언하게 해서 집중력이 흐트러지지 않도록 도와야 한다. 당장 말하기를 어려워한다면 "괜찮아요. 이따 생각이 정리되면 생각 나눠주세요."하고 자연스럽게 다음 질문으로 넘어간다.

④ 질문 수는 적게, 이야기는 깊게 나눠요.

모든 아이가 말하게 하려면 시간이 오래 걸린다. 대면 모임일 때보다 질문 수를 줄이면 좋다. 인원이 많다면 질문 수는 더 줄어든다. 중요한 질문 몇 가지로, 모든 아이들이 이야기를 나누게 하자. 초등 저학년의 경우 모임 시간은 30분, 질문은 5개 정도가 적당하다. 중학년은 40분에 질문 6~7개, 고학년 이상은 1시간에 질문 9~10개가 가능하다. 읽은 책이나 질문이 어렵다면 질문 수를 더 줄인다. 만약 아이들이 화상 회의 경험이 많다면 모임 시간이나 질문 수를 늘릴 수 있다. 정해진 형식을 고집하지 말고, 상황에 알맞게 모임 시간이나 질문 수를 조절하자. 아이들이 힘들다, 지루하다고 느끼면 모임을 지속하기 어렵다. 화상 모임이 익숙해질 때까지는 질문 수를 적게 하고, 아이들 모두가 이야기 나누게 진행하자.

직접 못 만나니 더욱 소중한 책. 모. 임.

코로나로 인해 어쩔 수 없이 화상 책 모임을 시작했다. 직접 만나지 못하니 이렇게라도 만나자는 마음이었다. 처음 줌에서 아이들을 만난 날, 나는 무척 당황했다. 네모난 화면 안에 들어앉은 아이들은 경직된 표정으로 정면을 응시하고 있었다. 애써 명랑한 목소리를 내어 질문을 던졌지만 아이들은 묵묵부답이었다. 한 아이는 인터넷이 불안정하다며 수시로 사라졌다 나타났다를 반복했다. 내 등에서는 땀이 줄줄 흘렀다. '이걸 계속해야 하나?' 하는 생각이 들었지만 다른 방법이 없었다. 그래도 계속해보아야 했다.

한 달, 약 4회 정도 하니 화상 책 모임도 어느 정도 자리를 잡았다. 나도 아이들도 이제는 편안한 모습으로 모임을 즐긴다. 돌발 상황이 생겨도 당황하지 않는다. 발언하겠다고 손드는 아이가 없으면 "자, 그럼 모두 이야기해볼게요. 발언 순서는……." 하고, 모두 말하게 한다. 말할 차례를 알려주고, 생각할 시간을 준다. 아이들도 당연히 모두 이야기한다는 걸 알아서 재빨리 머릿속으로 자기가 할 말을 정리한다. 말하던 아이가 인터넷이 불안정해서 갑자기 화면에서 사라져도 "○○이는 다시 들어오면 이야기 듣기로 해요. 다음 친구 이야기 먼저 들을게요." 한다. 때로는 질문을 미리 준비하지 않고, "각자 인상 깊은 부분을 낭독해주세요." 하고 가볍게 모임 하기도 한다. 이제는 화상 모임이 대면 모임과 크게 다르지 않다는 생각도 한다. 그만큼 화상 책 모임에 익숙해졌다.

아이들에게는 지금, 그 어느 때보다 책 모임이 필요하다. 생각지도 못한 질병으로 인해 인류 전체가 신음하는 이때, 마음을 단단히 다져줄 책을 읽어야 한다. 긍정적인 생각과 웃음이 담긴 이야기, 어려움을 극복하고 새로운 것에 도전하는 이야기를 읽어야 한다. 책 읽기에 집중하면 과도한 불안과 두려움에서 벗어날 수 있다. 뿐만 아니라 책 모임은 아이들에게 코로나 시대에도 여전히 누군가와 연결되어 있다는 느낌을 갖게 해준다. 아이는 모임에서 같은 책을 읽은 친구와 이야기 나누며, 자기 생각과 감정을 말하면서 시원해한다. 자기 이야기에 귀 기울여 들어주는 친구에게 감동한다. 아이는 그렇게 타인과 연결된 것에 만족스러워한다. 코로나가 아니었다면 '연결'의 기쁨이 이리 큰지 몰랐을 것이다. 책과 사람을, 사람과 사람을 연결해주는 아이 책 모임은 지금 이 순간, 나와 아이에게 그 어느 때보다 소중하다.

5 나랑 책 모임 할래?

책 모임 권하는 아이

"엄마, 『나미야 잡화점의 기적』 어디 있어요?"

외출했다 들어온 작은아이가 신발을 벗자마자 책장으로 달려간다. 다짜고짜 책을 찾아내라니 당황스럽다. 안방, 거실, 아이 방을 여러 번 드나든 끝에 겨우 책을 찾았다. 몇 년 전에 사서 읽고는 잊고 있었는데, 오랜만에 다시 만나니 반가웠다. 오래된 잡화점에 찾아드는 도둑들이 과거로부터 편지를 받고, 답장을 해준다는 이야기. 편지를 보낸 사람들의 사연과 도둑들이 고민하여 쓰는 답장을 읽으며 잔잔한 감동을 느꼈던 작품이다. 언젠가 아이에게 권해도 좋을 책이다 생각은 했는데, 이렇게 느닷없이 아이가 읽게 될 줄은 몰랐다.

"이 책을 네가 어떻게 알아?" 하니 아이는 "은지가 이 책을 읽고 있다고 해서요. 나도 읽을까? 나랑 책 모임 할래? 했더니 좋대요." 하

아이를 한 뼘 더 키우는 책 모임 이야기

고 답한다. "같이 놀래?", "같이 맛있는 거 먹을래?"도 아니고 "같이 책 모임 할래?"라고 했다니. 그 얘기를 듣고 은지가 "좋아!"했다는 것도 놀라웠다. 아이 이야기를 들어보니 은지는 평소 책을 좋아하고 잘 읽는단다. 책 모임 얘기를 꺼냈더니 재미있겠다며 반겼다고 한다. 그이야기를 하며 아이는 기분이 좋은지 싱글벙글이다. 휘파람까지 불며 『나미야 잡화점의 기적』(히가시 게이고, 현대문학) 위에 내려앉은 먼지를 걸레로 깨끗이 닦아낸다. 친구를 책 모임에 초대하는 아이, 그 초대에 즐겁게 응하는 아이. 두 녀석 모두 멋지다.

책 모임 주최자의 역할과 책임

"엄마, 은지는 책 모임이 처음이니까 내가 발제하기로 했어요."

아이가 책장을 넘기며 무심히 말한다. 나는 또 놀랐다. 친구를 위해 일부러 책을 읽는 것도 신기한데, 발제와 진행도 자기가 맡는단다. 책의 장르나 난이도, 분량은 전혀 상관없다는 듯 자신만만한 표정이다. 반면에 엄마인 나는 오래전에 읽어 책 내용이 기억나지 않아 아이들이 읽을 수 있는 책인가, 두께가 좀 있는데 아이들이 끝까지 읽을까 싶어 걱정부터 앞선다. 급히 책 정보를 검색해보고, 책을 넘겨 밑줄 그은 문장들을 다시 살폈다. 나쁘지 않았다. 아이들 스스로 고른 책이고, 스스로 만든 모임이다. 어른이 끼어들어 훼방 놓으면 안 된다. 이번에야말로 나는 입 꾹 다물고, 곁에서 지켜봐야 한다고 생각했다.

"응. 잘했어. 그런데 책이 좀 두꺼운데. 한 번에 다 읽을 거야?"
"아……. 그럼, 네 번에 나눠서 읽어야겠어요."

그날부터 아이는 일상적인 놀이를 하듯이 가뿐하게 모임 준비를 했다. 친구들에게 3회 모임을 제안하고, 읽을 분량을 안내했다. 모임 날과 시간을 정하고, 책을 읽기 시작했다. 이틀에 걸쳐 느긋하게 1~2장을 읽더니 컴퓨터 앞에 앉아 발제를 했다. 그동안 읽어온 책들과 결이 좀 달랐는지 "엄마, 발제를 어떻게 해야 할까요?" 하고 묻기도 했다. 나는 신경 쓰지 않는 척하면서 아이 주변을 맴돌고 있었다. 아이가 물으면 놓치지 않고 조언을 해줬다. "동화책 발제하듯이 편하게 하면 돼. 네가 의미 있게 본 장면, 인물, 사건을 골라봐. 그리고 친구들한테 너는 어떻게 봤어? 어떻게 생각해? 너라면 어떻게 하고 싶어? 하고 물어보면 좋을 것 같아." 아이는 "아!" 하고 개운한 표정을 짓더니 쉬지 않고 질문을 만들었다.

아이는 모임 주최자로서 맡은 역할을 잘 해내려 애썼다. 완성된 발제문은 모임 이틀 전에 사진으로 저장해서 친구들에게 보냈다. 어른이 시켜서 하면 여러 날 걸릴 일을 자기가 원해서 하니 짧은 시간에 마무리했다. 모임 날이 되자 30분 전부터 모임 할 준비를 했다. 줌 회의를 열고, 화면 공유 기능을 써보며 발제문 공유가 잘 되는지 살폈다. 이 모든 걸 엄마 도움받지 않고 혼자 했다. 알고 보니 모임에 초대된 친구는 두 명이었다. 우리 아이까지 셋이 『나미야 잡화점의 기적』을 읽고 모였다. 아이가 식탁에 앉아 모임 한 덕분에 나누는 이야기 일부를 들을 수 있었다. 아이들이 서로를 배려하며 천천히 대화 나누는 모습이 고왔다.

아이들의 말+웃음

나는 책 모임 할 때 아이의 말소리에 웃음소리가 섞이는 순간을 좋아한다. 이 순간 서로 진하게 통(通)하는 기분이 든다. 마음이 통하고, 생각이 통해서 너와 나의 경계가 없어진다. 우리 아이가 "네 생각은 어때?" 하면 친구가 차근차근 생각을 얘기한다. "처음에 도둑들이 나미야 잡화점에 들어가는 부분이 좋았어. 그림이 없어서 잡화점의 모습이나 인물의 성격, 생김새를 상상할 수 있어서 재미있었어." 또 다른 친구가 조금 높은 톤의 목소리로 생각을 덧붙인다. "내가 도둑이라면 도둑질을 해서 천벌을 받나 보다, 이렇게 이상한 일을 겪는구나 할 거야." 아이가 깔깔깔 웃는다. 이어서 다른 아이들도 웃음을 보탠다.

"나도 처음에 도둑들이 나미야 잡화점에 들어가서 편지를 딱 받았을 때가 마음에 들었어. 도둑들이 쫓겨서 잡화점에 들어간 건 평범했는데, 편지를 받아서 토론하고 고민하는 게 재미있었어.", "나는 쇼

타가 우유 상자의 비밀을 알아내서 논리적으로 정리해 말하는 장면이 좋아. 과거의 사람과 대화를 나눈다니 신기했어." 아이들이 또 웃는다. 우리 아이가 "어, 낱말을 잘못 썼네. 오타야." 하니 아이들이 크게 웃는다. 자극적인 소재나 장면이 없어도, 현란한 말장난이 없어도 아이들은 이야기를 즐긴다. 같은 장면을 머릿속에 떠올리며 서로에게 공감한다. 함께 웃는다. 고개를 슬쩍 내밀어 보니 아이들 얼굴에 미소가 가득하다.

모임을 진행하는 우리 아이는 "~쪽을 봐주세요. 이 장면을 어떻게 보았나요?" 하고 공손히 묻고, "○○의 생각은 어때?" 하고 발언을 유도한다. 질문의 의도를 친절하게 풀어 말해주기도 한다. 친구들이 생각을 정리하지 못해 머뭇거리면 자기가 먼저 의견을 내기도 한다. 혼자만 많이 말하지 않으려고 조심하는 게 느껴진다. 친구 말에 "나도 그렇게 생각해.", "정말 그렇네." 하고 추임새도 넣는다. 평가하는 말을 하지 않으려 애쓴다. 일부러 가르치지 않았지만 아이는 잘 말하고 잘 듣는 걸 배웠다. 타인의 입장을 헤아리는 태도를 길렀다.

처음에는 아이가 책을 많이 읽고, 잘 읽게 하는 게 책 모임 하는 큰 이유였다. 하지만 모임을 오래 해보니 중요한 건 그게 아니었다. 책 모임은 아이에게 더 크고 멋진 선물을 주었다. 타인과 공감하고 소통하는 능력, 약속을 지키고 책임지는 자세, 스스로 계획하고 실행하는 능력, 자신에 대한 긍정적 인식. 아이 마음 밭에 귀하고 좋은 것들이 가득 피어났다. 이제 아이는 마음에 담긴 것들을 친구와 나누려 한다. 아이는 함께 읽고 나누는 즐거움을 알았다. 자신이 알게 된 것을 주변 사람과 나누는 사람으로 자랐다.

"나랑 책 모임 할래?" 묻는 아이, "좋아" 답하는 아이

모임을 끝내면서 친구들은 "책 모임을 처음 해봤는데, 너무 재미있었어. 앞으로 꾸준히 하고 싶어.", "나도 이렇게 은지랑은 처음 해봤는데, 『나미야 잡화점의 기적』은 좋은 책이다. 훌륭한 책 모임이었어." 하고 소감을 나눴다. 우리 아이는 "책 모임을 처음 진행했는데, 아주 잘 됐다고 생각해. 기분이 아주 좋아." 하며 뿌듯해했다. 다음 발제는 책 모임을 처음 해본 은지가 한단다. 은지가 "나 발제해도 돼? 내가 해보고 싶어." 했다니 고마운 일이다. 우리 아이가 친구 마음에 책 모임 씨앗을 뿌렸다. 읽고 나누는 즐거움을 맛보게 해 주었다. 친구는 기꺼이 아이가 내민 씨앗을 마음 밭에 받아들였다. 덕분에 아이는 내가 가진 것을 타인과 나눌 때 얼마나 행복한지 알게 됐다.

이후 아이들은 모임을 세 번 더 했고, 『나미야 잡화점의 기적』을 완독했다. 때마침 중학교 입학할 때라 작은아이 모임을 재정비하면서 은지도 모임을 같이 하게 됐다. 새로 시작한 모임 이름은 《예다움》이다. '예쁘고 정다운' 모임이란 뜻이다. 모임을 6년 넘게 같이 한 친구 3명과 새로 초대한 친구 1명을 합해서 모두 4명이 한다. "나랑 책 모임 할래?" 하고 권하는 아이와 "좋아" 하고 흔쾌히 답하는 아이. 이 아이들은 자라 어떤 어른이 될까? 아마도 부모보다 더 유연하게 생각하고, 더 다정한 어른이 될 거다. 나는 그런 생각을 하며 오늘도《예다움》에서 함께 읽을 책을 고른다.

6 아빠, 우리 같이 책 읽어요!

가족 책 모임

얼마 전 작은아이가 "저도 엄마랑 책 모임 하고 싶어요." 했다. 나는 무슨 뜻인지 몰라서 "우리 책 모임 하고 있잖아?" 하고 되물었다. 아이는 "친구들이랑 하는 거 말고요. 엄마랑 책 읽고 이야기하고 싶다고요." 했다. 그때서야 나는 아이가 무엇을 원하는지 알아챘다. 엄마 이야기를 듣고 싶다는 거였다. 순간 내 마음이 꿀렁하고 요동쳤다. 얼떨떨하기도 하고, 놀랍기도 하고, 고맙기도 하고. 뭐라고 콕 집어 말할 수 없는 기분이었다. 내가 아이 책 모임에 시간과 열정을 쏟아붓는 동안 두 아이는 훌쩍 자라 중학생이 됐다. 몸만 자란 게 아니라 마음도 자랐다. 엄마 눈치를 보면서도 할 말은 하는 대담함을 키웠고, 허세와 아집으로 가득한 엄마의 모습도 너그러이 보아 넘기는 여유를 장착했다. 안 그래도 슬쩍 제 의견을 피력하는 일이 잦아져서 제법이다 싶던 차다.

아이가 엄마에게 책 친구 하자고 손을 내밀었다. 아이와 어른, 가르치는 사람과 배우는 사람이 아니라 동등한 위치에서 이야기를 나누자는 요청이다. 나는 "좋아!" 하고 아이가 내민 손을 덥석 잡았다. 언젠가는 두 아이와 어른 책으로 책 모임 하고 싶다는 생각은 했다. 그런데 이렇게 빨리 함께 책 대화 나눌 기회가 찾아올 줄은 몰랐다. 아이는 언니에게 달려가 이 소식을 알렸다. 곧 식탁에서 책 모임 회의를 했다. 모임 이름과 운영 방법을 정했다. 큰아이는 종이 한 장을 가져와 정해진 내용을 옮겨 적었다.

- 모임 이름 : 딸들마음대로(이후 '딸들맘대로'로 변경)
- 참여자: 엄마, 큰딸, 작은딸
- 활동방법
  ① 진행자가 한 권의 그림책을 골라 읽어준다.
  ② 진행자가 질문하고 참여자가 대답한다.
  ③ 모임이 끝난 뒤 각각의 참여자는 짧게 소감을 쓴다.
  ④ 쓴 서평을 나눈다.
- 진행순서: 작은딸 → 큰딸 → 엄마

"매주 토요일 밤 9시에 모임 합니다. 이것으로 책 모임 회의를 마치겠습니다." 하는 내 말이 끝나고, 셋이서 손뼉을 짝짝 치고 자리에서 일어났다. 작은아이는 안방으로 쪼르르 달려가더니 아빠에게 책 모임 결성을 알렸다. "아빠도 책 모임 참여하셔야 해요." 했다. 아빠

아이를 한 뼘 더 키우는 책 모임 이야기

는 회사 일로 늘 피곤하고, 책을 즐겨 읽지 않는다. 아이 책 모임을 응원해주지만 직접 모임에 참여한 적은 없다. 두 아이와 책 모임을 결성하면서도 당연히 아빠에게는 묻지 않았다. 책 모임 참여자에 나와 두 아이만 적었다. 그런데 방에서 나오는 아이가 "아빠도 참여하신대요." 하는 게 아닌가. 놀라웠다.

《딸들맘대로》 첫 번째 모임_『발레리나 벨린다』

첫 번째 모임을 앞두고, '딸들마음대로'라는 이름을 부르기 쉽게 '딸들맘대로'로 바꿨다. 작은아이는 《딸들맘대로》 첫 번째 모임을 준비하느라 바빴다. 그림책을 골라서 가족과 나누고 싶은 질문을 생각했다. 정리한 질문을 흰 종이에 손으로 꾹꾹 눌러 써서 발제문을 4장 만들었다. 아이가 고른 책은 『발레리나 벨린다』(에이미 영, 느림보)이다. 어릴 때 내가 자주 읽어줬고, 아이가 특별히 좋아했던 책이다. 벨린다는 발레를 좋아하고 잘하지만, 발이 크다는 이유로 오디션에서 떨어진다. 실망한 벨린다는 발레를 그만두고 음식점에서 일한다. 그리고 우연히 음식점에서 춤을 추다 유명해지고, 다시 무대에 서는 기회를 얻게 된다. 아이는 이 책으로 나눌 질문을 다음과 같이 정했다.

| 《딸들맘대로》첫 모임 | 『발레리나 벨린다』 |

1. 이야기를 들어봅시다.

2. 이 책은 몇 점인가요? (☆☆☆☆☆)

3. 어떤 장면이 가장 마음에 드나요?

4. 발레리나 벨린다처럼 자신에게도 없애고 싶은 것이 있다면 무엇인가요?

5. 내가 벨린다라면 오디션에서 자기 발에 대해 평가를 받았을 때 어떤 기분이었을까요?

6. 자신의 콤플렉스를 좋게 생각하도록, 생각을 바꿔준 무엇이 있나요?

7. 자신이 잘하는 것을 뽐낼 수 있었던 가장 큰 기회는 언제였나요?

8. 내가 벨린다라면 자신이 좋아하는 발레공연을 했을 때 어떤 기분이었을까요?

9. 책 모임 소감 나누기

드디어 첫 모임 날, 아빠까지 넷이 식탁에 모여 앉았다. 작은아이는 진행자 역할을 해야 한다면서 커피도 끓이고, 다과도 준비했다. 그러면서 "가족과 처음 하려니 떨린다."고 했다. 떨리기는 나도 마찬가지였다. 평소에 넷이서 이런저런 이야기를 많이 나누는 편인데도 그랬다. 특히 남편과 책 대화는 처음이라 어색했다. 일상의 대화와 책 대화는 성격이 아주 다르다. 은연중에 자신의 가치관이나 신념이 드러난다. 내 것만 고집하기보다는 열린 태도로 타인의 이야기를 들

아이를 한 뼘 더 키우는 책 모임 이야기

으려 애써야 한다. 모두의 생각이 귀하다고 믿어야 한다. 특히 아이들과 대화 나눌 때 어른은 가르치려 들지 않도록 주의해야 한다. 과연 우리가 잘 해낼 수 있을까. 《딸들맘대로》는 설렘과 긴장이 공존하는 자리였다.

작은아이가 "지금부터 《딸들맘대로》 1회 모임을 시작하겠습니다."라는 말로 모임을 열었다. 차분하게 책을 읽어주었고, 질문을 하나씩 던졌다. 먼저 책 점수 주기부터 했다. 큰아이는 결말은 마음에 들지만, 벨린다가 자신의 노력이 아니라 누군가의 도움을 받아 위기를 극복한 부분이 아쉽다며 4.5점을 줬다. 나도 4.5점을 줬는데, 편견 없이 사람을 대하는 자세와 자신의 꿈을 이루는 이야기라 좋지만 독자가 상상할 여지가 많지 않아 읽는 재미는 덜하기 때문이다. 아빠는 1점이라고 했다. 벨린다가 심사위원에게 혹평을 받고서 바로 포기하지 말고 더 도전했어야 한다는 게 이유다. 작은아이도 4.5점을 줬는데, 벨린다의 성공 스토리를 그림책에 담다 보니 이야기 전개가 너무 빠르다고 했다.

이어서 가장 마음에 드는 장면 고르기를 했다. 나는 벨린다가 음식점에서 흘러나오는 음악에 맞춰 발을 까딱까딱 움직이다 결국 춤을 다시 추게 되는 장면을 골랐다. 혹평을 받고 꿈을 포기했지만 벨린다는 춤을 추고 싶다. 그런 욕망은 사라지는 게 아니다. 좋아하는 일에 나도 모르게 몸과 마음이 향하는 모습이 기억에 남았다. 큰아이는 책 뒤표지에 벨린다가 무대에서 꽃을 들고 웃고 있는 모습을 골랐다. 혹평으로 인한 트라우마를 극복하고 재능을 꽃피운 모습이라 마음에 들었단다. 작은아이는 나와 같은 장면을 골랐는데, 벨린다가 음악에 맞춰 발을 움직이는 걸 보면서 '벨린다가 계속 춤을 생각하는구나' 하는 생각이 들었다고 했다.

"벨린다처럼 자신에게도 없애고 싶은 것이 있다면 무엇인가요?"라는 질문으로는 이야기가 잘 되지 않았다. 남편은 "벨린다는 자기가 발이 큰지도 몰랐지. 심사위원들 때문에 그렇게 생각하게 된 거야."했다. 큰아이도 "처음에는 자기는 괜찮았는데, 사람들이 크다고 하니까 그렇게 위축된 거예요." 하고 덧붙였다. 그림책을 다시 살펴보니 심사받기 전까지 벨린다의 발은 아무 문제가 없었다. 혹평을 받긴 했지만 벨린다는 큰 발을 없애고 싶어 하지는 않았다. 아빠는 "벨린다는 있는 그대로 모습으로 살아갈 용기가 없었던 거야." 했다. 작은아이는 "나는 괜찮은데, 다른 사람들이 나에 대해 부정적인 평가를 해서 위축되었던 적이 있나요?"로 질문을 수정했다. 질문의 초점이 흐려지면서 이야기는 엉뚱한 방향으로 흘러갔다.

책 모임이란 걸 처음 해본다는 아빠는 과자를 우적우적 먹고, 종종 질문의 의도와 맞지 않는 우스갯소리를 해서 모두를 웃게 했다. 나는 참석자라는 본분을 잊고 불쑥 "이런 질문으로 얘기 나눠보면 어떨까?" 하고 끼어들었다. 그러다 "엄마가 진행하시려고 하는 것 같은데요?" 하고 주의를 받았다. 모임 분위기는 대체로 어수선했다. 아마도 가족에게 폼 잡고 진지한 생각을 꺼내놓으려니 어색했던 것 같

아이를 한 뼘 더 키우는 책 모임 이야기

다. 급기야 콤플렉스에 대한 이야기를 하다가 탈모와 뱃살 얘기를 하기까지 이르렀다. 책 대화인지 잡담인지 구분이 안 되었다.

그래도 괜찮았다. 나는 좋았다. 남편과 아이가 시끄러운 웃음소리에 속마음을 버무려 슬쩍 꺼내놓았기 때문이다. "내가 벨린다라면 발에 대한 평가를 받을 때 어떤 기분일까요?"라는 질문에 남편은 "평가를 받으면 기분이 아주 나쁘지. 아빠는 회사에서 늘 평가를 받아."라고 했고, 큰아이는 "자신이 잘하는 것을 뽐낼 기회가 언제였나요?" 하는 질문에 "아직 내가 뭘 잘하는지 모르겠어요." 하고 답했다. 나는 더 캐묻고, 이렇게 저렇게 해보라고 조언하고 싶은 마음을 꾹 눌렀다. 가족의 마음을 조금 엿본 것만으로도 감사했다. 이어지는 질문도 깊이 나누지는 못했다. 가족 책 모임이 어떤 모습으로 진행되는지 맛보기만 했다.

가족 책 모임 50회를 기다리며

아이 책 모임 7년 만에 시작한 가족 책 모임은 생각보다 어려웠다. 가족은 굉장히 친밀한 사이이고, 부모와 자녀 사이의 보이지 않는 위계가 존재한다. 아이들이 안전하게 제 생각을 꺼내놓게 하는 게 쉽지 않다. 하지만 가족 책 모임도 꾸준히 하면서 제 꼴을 갖춰나갈 거라 믿는다. 첫 모임 이후에 몇 차례 모임을 더 했는데 확실히 더 깊고 풍성한 이야기를 나누게 됐다. 아빠도 전보다 더 아이들 이야기를 귀 기울여 들었고, 좋은 이야기를 하려 애써줬다. 나는 『애너벨과 신기한 털실』(맥 바넷, 길벗어린이)을 함께 읽으면서 아이들이 세상에 선한 영향을 끼치고 싶어 한다는 걸 알게 되어 기뻤다. 『오소리네 집 꽃밭』(권정생, 길벗어린이)을 읽으면서는 남편이 자연과 벗하며 쉬기를 원하며, 가족을 많이 아낀다는 걸 알고 고마웠다. 이렇게 우리 네 식구가 함께 읽은 책이, 나눈 이야기가 차곡차곡 모인다. 그 생각만 하면 나는 밥을 안 먹어도 배가 부르다. 가족 책 모임 50회가 되면 잔치를 해야지. 그때가 되면 어떤 이야기가, 얼마나 모일까. 우리 가족은 어떻게 달라져 있을까. 기대된다.

아이를 한 뼘 더 키우는 책 모임 이야기

⑦ 내가 꿈꾸는 책 모임의 미래

학교 책 모임

"애들아, 책 읽을래?"

스승의 날이라고 인사 다녀간 제자들에게 덜컥 문자를 보냈다. 6학년 담임하며 함께 책 읽고, 책 모임도 했던 아이들이다. 아이들이 책 읽고 생각 나누며 성장하는 모습을 지켜보는 즐거움이 컸더랬다. 졸업시키고도 계속 책을 읽게 돕고 싶다는 생각을 종종 했다. 하지만 두 딸 책 모임에 교사 책 모임, 이웃과 하는 책 모임 등을 운영하느라 시간을 쪼개 쓰고 있어 모임 하나 더 만드는 게 엄두가 나질 않았다. 그래도 마음은 쉽게 접지 못해서 오래 품고 있었다. 스승의 날에 아이들을 직접 만나고 나니 책 모임 하고 싶다는 마음이 혹하고 부풀어 올랐다. 참지 못하고 아이들 몇 명에게 문자를 보냈다. "엄마가 너무 좋대요.", "네! 좋아요." 하는 답이 돌아왔다. 그렇게 제자 책 모임

《아무거나》를 시작했다.

《아무거나》는 2주에 한 번씩 모인다. 아이들 중학교 1학년 때 시작해서 1년 넘게 운영 중이다. 수강료도 없고, 모임 빠진다고 혼내지도 않는다. 하기 싫으면 언제든 그만두어도 된다. 그런데도 6명의 아이가 꼬박꼬박 모임에 나온다. 모임 만들 때 이미 코로나 사태가 터진 뒤라 계속 줌으로 모인다. 졸업시킨 제자들과 주기적으로 만나는 것도, 책 읽고 대화 나누는 것도 처음이다. 책 선정, 발제, 진행까지 모두 내가 한다. 다른 모임과 마찬가지로 이 모임도 성공과 실패를 골고루 오간다. 그래도 즐겁다. 뭘 어떻게 가르쳐야 한다는 부담 없이 아이들과 편하게 대화 나눈다. 책 이야기 나누다 내가 해주고 싶은 말을 슬쩍 건네기도 한다. 아이들 이야기 들으며 '이 녀석 많이 자랐네.', '이 녀석 마음이 참 건강하구나.' 하는 생각이 들면 나 혼자 속으로 웃는다. 책 모임 하길 잘했다 싶다.

학교 아이들과 책 모임 하기

나는 몇 해 전부터 학교에서도 아이 책 모임을 꾸려 운영한다. 아이들이 나와 지내는 동안만이라도 한 권의 책을 읽고, 여러 사람과 깊게 소통하는 경험을 해봤으면 하는 마음에서다. 처음 2년은 3학년 아이들과 학급 방과 후 책 모임을 했다. 너무 많은 아이가 신청해서 팀을 나눠 운영했다. 책을 정해주면 아이들이 구입하거나 대출해서 읽었다. 방과 후에 40분 정도 책 대화를 나눴는데, 아이들이 무척 즐거워했다. 아이들은 자기 이야기를 하는 것도 좋아하고, 다른 사람 이야기를 듣는 것도 좋아한다. 자유롭게 말하고 들을 자리, 속 이야기를 꺼내놓아도 안전한 자리를 마련해주기만 하면 말이다. 책 모임은 그런 자리가 되어 주었다. 책 모임 횟수가 늘수록 아이들 표정이 밝아지고, 사용하는 언어가 고와졌다. 책에 대한 흥미도가 훌쩍 올라간 건 기본이다.

3년째 되는 해에는 6학년 담임을 하면서 학년 전체에서 신청을 받았다. 고학년이라 신청자가 적을 줄 알았는데, 의외로 많은 아이가 신청했다. 우리 반 아이들이 가장 많았다. 두 팀으로 나눠서 모이는 요일을 정하고, 방과 후에 모여 두꺼운 책을 읽었다. 예산이 있어서 아이들에게 『워터십 다운』을 사주고, 간단한 간식도 줄 수 있었다. 책을 처음 받은 아이들이 "어휴, 이 책 어떻게 읽어요?" 하며 곤란해했다. 그래도 아이들은 대부분 성실하게 읽고 이야기 나눴다. 학교나 학년 행사가 있어 모임 날을 건너뛴 적이 몇 번 있었던 것은 아쉽다. 책은 끊지 말고 쭉 읽어야 재미있는데, 모임을 쉬면 아이들도 읽기를 멈췄다.

이때는 방과 후 책 모임만 한 게 아니었다. 나는 '어떻게 하면 더 많은 아이가 책 모임하게 할까'를 궁리하다가 학급 책 모임을 떠올렸다. 정규 교과 수업 중에 책 모임을 운영할 방안을 모색했다. 6학년 이니 조금만 훈련하면 아이끼리도 모임 할 수 있다. 학급 안에 작은 책 모임을 여러 개 만들고, 진행자를 뽑아서 운영하면 된다. 이렇게 생각하고 바로 학급 책 모임 만들기를 실행했다. 5~6명이 하나의 책 모임을 만들게 하고, 진행자를 뽑았다. 매주 1회씩 책이나 글을 읽고, 작은 책 모임을 했다. 《와글와글 책 모임》이라 이름 짓고 꾸준히 운영했다. 큰 모임과 작은 모임을 번갈아 가며 했는데, 큰 모임은 내가 학급 전체를 대상으로 진행하는 거다. 일종의 모델링 차원에서 진행했다. 책 모임에서 어떻게 말하고 어떻게 듣는지를 알려줬다. 큰 책 모임을 했으면, 다음 주는 작은 책 모임이다. 주로 단편 동화를 읽고 모임 했다. 분량이 적어 금방 읽을 수 있고, 생각할 거리가 많아 모임 하기 좋았다.

아이들 성향에 따라 큰 모임을 좋아하는 아이가 있고, 작은 모임을 좋아하는 아이가 있다. 제 생각을 거침없이 드러내는 아이는 큰 모임을, 평소에 자기표현을 잘 하지 않는 아이는 작은 모임을 선호했다. 작은 모임은 구성원이나 진행자의 성향에 영향을 많이 받는다. 무난하게 책 대화를 잘 나누는 모임이 많지만, 진행이 서툴거나 구성원 간의 감정싸움이 생겨서 모임을 망치는 경우도 생긴다. 교사인 내가 책 모임 하는 모습을 예민하게 관찰하고, 적절한 도움을 줘야 한다. 신경 쓸 일이 많았지만 수업 중에 하는 책 모임도 좋았다. 아이들의 말이나 글이 사려 깊어졌다. 충동적인 행동이 많이 줄었다. 가장 뿌듯했던 건 '책 많이 읽는 반', '책 모임 하는 반'으로 인정받은 점이다. 우리 반은 졸업 기념 영상에 책 읽는 모습, 책 모임 하는 모습을 담았다.

아이들은 책 읽고 대화 나누는 일을 즐겼다. 자기중심적인 생각에서 점차 벗어나 타인과 공동체를 살피고, 선하고 가치 있는 말과 행동을 택하려 노력했다. 책 모임은 내 육아의 중심이자 교육의 중심이다. 두 딸을 책 모임으로 키웠듯이 학교 아이들도 책 모임으로 교육한다. 학교 책 모임은 아직 시행착오를 겪는 중이다. 다인수 학급에 빡빡한 교육과정 때문에 정기적으로 모임 시간을 확보하는 게 어렵다. 맡은 업무 외에 책 모임 준비를 더 하는 것이라 버거울 때도 많다. 하지만 나는 계속 애를 쓸 예정이다. 더 많은 아이가 책과 친구와 만나 의미 있는 배움과 성장의 기회를 얻게 돕고 싶다.

학급 책 모임의 한계, 그리고 내가 꿈꾸는 일

학급에서의 책 모임은 1년밖에 운영할 수 없다는 한계가 있다. 나와 아이들은 1년 동안 읽고, 이야기 나누고, 글을 쓴다. 하지만 그 이후에는 아이들의 책 읽기를 챙겨주는 사람이 없다. 1년 안에 아이끼리 모임 할 수 있게 내가 도울 수 있다면 좋겠지만 그게 쉽지 않다. 가정에서, 마을에서 아이 책 모임을 챙겨주는 어른이 있다면 좋을 텐데…. 아쉽고 안타깝다. 예전에 학부모 몇 분을 교실로 모셔 아이 책 모임 방법을 일러드린 적이 있다. 이후에 아이 몇 명이 모임 하는 모습을 찍은 사진과 함께 "선생님, 책 모임 했어요. 아이들도 좋아하는데, 엄마들이 더 좋아해요." 하는 글을 받았다. 그 아이들이 지금도 모임 하고 있다면 얼마나 좋을까. 부모가 나서야 책 읽기와 책 모임이 아이의 일상에 스며든다.

어렵고 힘든 순간이 많지만, 나는 아이 책 모임을 계속할 거다. 집에서, 학교에서 또는 마을에서. 힘닿는 데까지 해볼 생각이다. 더 많은 아이가 책 모임을 경험하게 돕겠다. 모임에서 아이는 친구 이야기를 듣다가 "오!" 하며 놀라고, "맞아!" 하며 고개를 끄덕인다. 그런 순간에 아이 생각과 마음이 한 뼘 더 자란다. 혼자가 아니라 친구들과 함께 성장한다. 오늘 내가 건넨 책 한 권이, 친구들과 도란도란 나눈 이야기 한 자락이 아이가 살아가는 데 힘이 되어줄 거다. 아이 삶을 건강하게 가꿔줄 거다. 나는 그리 믿는다.

나와 만나는 모든 아이가 자기만의 책 모임을 가질 수 있으면 좋겠다. 책 모임 하며 자란 아이들이 부모가 되면, 자기 아이에게 책을 읽어주겠지. 아이 말에 귀 기울이는 어른이 되겠지. 그런 어른이 만들어가는 세상은 모두에게 따스하고 다정할 것이다. 나는 그런 미래를 꿈꾼다.

책 모임
도움 자료

함께 읽은 책

※ 아이 책 모임에서 읽은 책이다. 절판된 책은 목록에서 제외했고,
독서 연령에 맞지 않았던 책은 따로 표시하였다.

- **프레드릭** (레오 리오니 지음, 최순희 옮김, 시공주니어, 2013)
- **지각대장 존** (존 버닝햄 지음, 박상희 옮김, 비룡소, 1999)
- **아름다운 책** (클로드 부종 지음, 최윤정 옮김, 비룡소, 2002)
- **강아지똥** (권정생 글, 정승각 그림, 길벗어린이, 1996)
- **휠체어는 내 다리** (프란츠 요제프 후아아니크 지음, 베레나 발하우스 그림, 김경연 옮김, 주니어김영사, 2021) - 개정판
- **돼지책** (앤서니 브라운 지음, 허은미 옮김, 웅진주니어, 2001)
- **짝꿍 바꿔 주세요!** (다케다 미호 지음, 고향옥 옮김, 웅진주니어, 2007)
- **종이봉지 공주** (로버트 먼치 지음, 마이클 마르첸코 그림, 김태희 옮김, 비룡소, 1998)
- **으악, 도깨비다!** (손정원 글, 유애로 그림, 느림보, 2002)
- **호랑이 뱃속에서 고래잡기** (김용택 지음, 신혜원 그림, 푸른숲주니어, 2000)
- **도서관이 키운 아이** (칼라 모리스 지음, 이상희 옮김, 브래드 스니드 그림, 그린북, 2019)
- **치킨 마스크** (우쓰기 미호 지음, 장지현 옮김, 책읽는곰, 2008)
- **눈물바다** (서현 지음, 사계절, 2009)
- **빵점 맞은 날** (김지연, 스가와라 카에데 지음, 그린북, 2007)
- **그레이스는 놀라워!** (메리 호프만 지음, 캐롤라인 빈치 그림, 최순희 옮김, 2005)
- **나는 크고 싶어** (안드레아 샤빅 지음, 러셀 이트 그림, 이연수 옮김, 그린북, 2019)

- **개구리네 한솥밥** (백석 지음, 유애로 그림, 보림, 2001)
- **나쁜 어린이표** (황선미 지음, 이형진 그림, 이마주, 2017)
- **갯벌에 뭐가 사나 볼래요** (도토리 지음, 이원우 그림, 보리, 2001)
- **아빠는 요리사 엄마는 카레이서** (목온균 지음, 이루다 그림, 국민시관, 2001)
- **죽은 나무가 다시 살아났어요** (김동광 지음, 정순임 그림, 미래엔아이세움, 2001)
- **사시사철 우리 놀이 우리 문화** (이선영 지음, 최지경 그림, 한솔수북, 2019)
- **풀꽃** (윤문영 지음, 위정현 글, 나태주 원작, 계수나무, 2014)
- **숨 쉬는 도시 꾸리찌바** (안순혜 지음, 박혜선 그림, 파란자전거, 2004)
- **개구리 논으로 오세요** (여정은 지음, 김명길 그림, 길벗어린이, 2004)
- **내 이름은 나답게** (김향이 지음, 김종도 그림, 사계절, 2014)
- **아주 작은 씨앗이 자라서** (황보연 지음, 이제호 그림, 웅진주니어, 2007)
- **내게는 소리를 듣지 못하는 여동생이 있습니다** (진 화이트하우스 피터슨 글, 데보라 코간 레이 그림, 이상희 옮김, 웅진주니어, 2011)
- **아씨방 일곱 동무** (이영경 글 그림, 비룡소, 1998)
- **넉 점 반** (윤석중 글, 이영경 그림, 창비, 2004)
- **엄마 마중** (이태준 글, 김동성 그림, 보림, 2013)
- **화요일의 두꺼비** (러셀 에릭슨 지음, 김종도 그림, 햇살과나무꾼 옮김, 사계절, 2014)
- **선인장 호텔** (브랜다 기버슨 지음, 메건 로이드 그림, 이명희 옮김, 마루벌, 1995)
- **조금 늦어도 괜찮아** (원유순 지음, 이정규 그림, 채우리, 2013)
- **말 잘 듣는 약** (유지은 지음, 박기종 그림, 좋은책어린이, 2010)

- **일기왕 김동우** (이미애 지음, 신지수 그림, 녹색지팡이, 2012)
- **명절은 어떤 날일까요?** (양태석 지음, 김효진 그림, 주니어김영사, 2013)
- **줄무늬가 생겼어요** (데이비드 섀넌 지음, 조세현 옮김, 비룡소, 2006)
- **꼬리 잘린 생쥐** (권영품 지음, 이광익 그림, 창비, 2010)
- **멋진 여우 씨** (로알드 달 지음, 퀸틴 블레이크 그림, 햇살과나무꾼 옮김, 논장, 2017)
- **우리 독도에서 온 편지** (윤문영 지음, 계수나무, 2007)
- **당나귀 실베스터와 요술 조약돌** (윌리엄 스타이그 지음, 이상경 옮김, 다산기획, 1994)
- **엄마에게** (서진선, 보림, 2014)
- **100원이 작다고?** (강민경 지음, 서현 그림, 창비, 2010)
- **낱말 수집가 맥스** (케이트 뱅크스 지음, 보리스 쿨리코프 그림, 신형건 옮김, 보물창고, 2018)
- **수학아 수학아 나 좀 도와줘 1** (조성실 지음, 이지현 그림, 삼성당아이, 2019)
- **마법의 설탕 두 조각** (미하엘 엔데 지음, 유혜자 옮김, 한길사, 2001)
- **터널** (앤서니 브라운 지음, 장미란 옮김, 논장, 2018)
- **여우의 전화박스** (도다 가즈요 글, 다카스 가즈미 그림, 이선아 옮김, 크레용하우스, 2009)
- **마법사 똥맨** (송언 지음, 김유대 그림, 창비, 2008)
- **루이 브라이, 점자로 세상을 열다** (데이비드 애들러 지음, 존 월너, 알렉산드라 윌너 그림, 황윤영 옮김, 보물창고, 2007)
- **피튜니아, 공부를 시작하다** (로저 뒤바젱 지음, 서애경 옮김, 시공주니어, 1995)
- **움푹산의 비밀** (천희순 지음, 최정인 그림, 크레용하우스, 2013)

- **파브르 식물 이야기** (장 앙리 파브르 지음, 이제호 그림, 초둘란 옮김, 사계절, 2011) → 초등 5학년 이상에 추천함.
- **오시큰둥이의 학교 생활** (송언 지음, 최정인 그림, 웅진주니어, 2010)
- **그림자 친구** (어린이통합교과연구회 글, 조현숙 그림, 상상의집, 2013)
- **초대받은 아이들** (황선미 지음, 김진이 그림, 웅진주니어, 2001)
- **나하고만 친구 할 거지?** (엘리자베스 브로캠프 지음, 조니 스트링필드 그림, 이서용 옮김, 개암나무, 2014)
- **할머니 어디가요? 쑥 뜯으러 간다!** (조혜란 지음, 보리, 2007)
- **할머니 어디가요? 앵두 따러 간다!** (조혜란 지음, 보리, 2009)
- **할머니 어디가요? 밤 주우러 간다!** (조혜란 지음, 보리, 2010)
- **바이러스 빌리** (하이디 트르팍 지음, 레오노라 라이틀 그림, 이정모 옮김, 위즈덤하우스, 2016)
- **엄마, 나를 포기하세요!** (박현숙 지음, 김효진 그림, 좋은책어린이, 2015)
- **쉬는 시간 언제 오냐** (초등학교 93명 아이들 지음, 전국초등국어교과모임 엮음, 박세연 그림, 휴먼어린이, 2012)
- **어느 데인지 참 좋은 델 가나 봐** (권정생 외 지음, 서현 그림, 문학동네, 2017)
- **달 샤베트** (백희나 지음, 책읽는곰, 2014)
- **아홉 살 마음 사전** (박성우 지음, 김효은 그림, 창비, 2017)
- **냉장고의 여름방학** (무라카미 시이코 지음, 하세가와 요시후미 그림, 김숙 옮김, 북뱅크, 2014)
- **진지한씨와 유령선생** (타카도노 호코 지음, 이이노 카즈요시 그림, 이선아 옮김,

시공주니어, 2018)

- **수박 수영장** (안녕달, 창비, 2015)
- **가을이네 장 담그기** (이규희 글, 신민재 그림, 책읽는곰, 2008)
- **솔이의 추석 이야기** (이억배 지음, 길벗어린이, 1995)
- **너도나도 숟갈 들고 어서 오너라** (양재홍 지음, 노을진 그림, 대교북스주니어, 2016)
- **해치와 괴물 사형제** (정하섭 지음, 한병호 그림, 길벗어린이, 1998)
- **서로 다른 우리가 좋아** (김경화 지음, 권송이 그림, 위즈덤하우스, 2015)
- **애벌레가 애벌레를 먹어요** (이상권 글, 윤정주 그림, 웅진주니어, 2002)
- **우리 엄마는 응우웬티기에우짱** (신채연 지음, 김미정 그림, 노란돼지, 2015)
- **피양랭면집 명옥이** (원유순 지음, 최정인 그림, 웅진주니어, 2005)
- **두더지의 소원** (김상근, 사계절, 2017)
- **크리스마스 캐럴** (찰스 디킨스 지음, 아서 래컴 그림, 김영진 옮김, 비룡소. 2003)
  → 초등 5학년 이상에 추천함.
- **겨울아 놀자!** (전병호 지음, 최해영 그림, 키다리, 2013)

초등학교 4학년

- **마당을 나온 암탉** (황선미 지음, 김환영 그림, 사계절, 2002) → 초등 5학년 이상에 추천함.
- **신호등 특공대** (김태호 지음, 윤태규 그림, 문학과지성사, 2017)
- **기호 3번 안석뽕** (진형민 지음, 한지선 그림, 창비, 2013)

- **나 쌀벌레야** (주미경 지음, 서현 그림, 문학동네, 2015)
- **나니아 연대기** (C.S.루이스. 폴린 베인즈 그림, 햇살과나무꾼 옮김, 시공주니어, 2005)
- **늑대 왕 로보** (어니스트 시튼 원작, 우상구 지음, 청어람주니어. 2013)
- **라면 맛있게 먹는 법** (권오삼 지음, 윤지회 그림, 문학동네. 2015)
- **마더 테레사 아줌마네 동물원** (김하은 지음, 권송이 그림, 주니어김영사, 2012)
- **트리갭의 샘물** (나탈리 배비트 지음, 최순희 옮김, 대교출판, 2006)
- **안중근** (조정래 지음, 이택구 그림, 문학동네, 2007)
- **보물이 가득한 집** (이향안 지음. 강화경 그림, 현암주니어, 2016)
- **안읽어 씨 가족과 책 요리점** (김유 글, 유경화 그림, 문학동네, 2017)
- **마틸다** (로알드 달 지음, 퀸틴 블레이크 그림, 김난령 옮김, 2018)
- **빼앗긴 나라의 위대한 영웅들** (김해원 지음, 최미란 그림, 휴먼어린이. 2016)
- **신비하고 아름다운 우주** (캐서린 바, 스티브 윌리엄스 지음. 에이미 허즈번드 그림, 황세림 옮김, 노란돼지. 2017)
- **크윽~ 아빠 방귀는 지독해!** (황서현 지음, 천소 그림, 아이앤북. 2011)
- **유관순** (김영자 지음, 삼성당, 2008)
- **지우개 따먹기 법칙** (유순희 지음, 최정인 그림, 푸른책들, 2011)
- **자연을 먹어요! 봄** (오진희 지음, 백명식 그림, 내인생의책, 2013)
- **탁한 공기 이제 그만** (이욱재 지음, 노란돼지, 2012)
- **플루토 비밀 결사대1~5** (한정기 지음, 유기훈 그림, 비룡소. 2005)

- **내 이름은 삐삐 롱스타킹** (아스트리드 린드그렌 지음, 잉리드 방 니만 그림, 햇살과나무꾼 옮김, 시공주니어, 2017)
- **나는 뻐꾸기다** (김혜연 지음, 장연주 그림, 비룡소, 2009)
- **산왕 부루 1,2** (박윤규 지음, 조승연 그림, 웅진주니어, 2013)
- **담임 선생님은 AI** (이경화 지음, 국민지 그림, 창비, 2018)
- **파브르 곤충 이야기** (장 앙리 파브르 지음, 백남호 그림, 성기수 옮김, 사계절, 2009)
- **한국사 편지 1~5** (박은봉 지음, 류동필 그림, 책과함께어린이, 2009)
- **용선생의 시끌벅적 한국사 1~10** (사회평론, 2016)
- **나는 여성이고 독립 운동가입니다** (심옥주 지음, 장경혜 그림, 우리학교, 2019)
- **어린이를 위한 시골의사 박경철의 아름다운 동행** (박경철 지음, 허구 그림, 웅진주니어, 2012)
- **책과 노니는 집** (이영서 지음, 김동성 그림, 문학동네, 2009)
- **어쩌다보니 영웅** (이토 미쿠 지음, 윤진경 그림, 고향옥 옮김, 우리교육, 2019)
- **궁녀 학이** (문영숙 지음, 문학동네, 2008)
- **우리말 모으기 대작전 말모이** (백혜영 지음, 신민재 그림, 푸른숲주니어, 2018)
- **불량한 자전거 여행 1,2** (김남중 지음, 창비)
- **설민석의 조선왕조실록** (설민석 지음, 최준석 그림, 세계사, 2016)
- **푸른 사자 와니니 1,2** (이현, 창비)
- **샬롯의 거미줄** (엘윈 브룩스 화이트 지음, 가스 윌리엄즈 그림, 김화곤 옮김, 시공주니어, 2018)

- **몽실 언니** (권정생 지음, 이철수 그림, 창비, 2012)
- **찰리와 초콜릿 공장** (로알드 달 지음, 퀸틴 블레이크 그림, 지혜연 옮김, 시공주니어, 2019)
- **피터팬** (제임스 매튜 배리 지음, 프란시스 던킨 베드포드 그림, 장영희 옮김, 비룡소, 2004)
- **지킬 박사와 하이드 씨** (로버트 루이스 스티븐슨 지음, 에드워드 윌슨 그림, 박광규 옮김, 비룡소)
- **이상한 나라의 앨리스** (루이스 캐럴 지음, 존 테니엘 그림, 김경미 옮김, 비룡소, 2005)
- **워터십 다운** (리처드 애덤스 지음, 햇살과나무꾼 옮김, 사계절, 2019)
- **빨강머리 앤** (루시 모드 몽고메리 지음, 박혜원 옮김, 더모던, 2019)

초등학교 6학년

- **교양으로 읽는 용선생 세계사 1~8** (사회평론, 2017)
- **프랑켄슈타인** (메리 셸리 지음, 배리 모저 그림, 황소연 옮김, 비룡소, 2014)
- **우산 타고 날아온 메리 포핀스** (패멀라 린던 트래버스 지음, 메리 셰퍼드 그림, 우순교 옮김, 시공주니어, 2003)
- **뒤죽박죽 공원의 메리 포핀스** (패멀라 린던 트래버스 지음, 메리 셰퍼드 그림, 우순교 옮김, 시공주니어, 2003)
- **도서관을 훔친 아이** (알프레드 고메스 세르다 지음, 클로이 그림, 김정하 옮김, 풀빛미디어, 2018)

- **소녀, 히틀러에게 이름을 빼앗기다** (마샤 포르추크 스크리푸치 지음, 백현주 옮김, 천개의바람, 2016)
- **그리스 로마 신화** (너대니얼 호손 지음, 아서 래컴 그림, 신인수 옮김, 보물창고, 2013)
- **오월의 달리기** (김해원 지음, 홍정선 그림, 푸른숲주니어, 2013)
- **너도 하늘 말나리아야** (이금이 글, 송진헌 그림, 푸른책들, 2007)
- **갈매기에게 나는 법을 가르쳐준 고양이** (루이스 세풀베다 지음, 이억배 그림, 유왕무 옮김, 바다출판사, 2015)
- **색깔의 역사** (클리브 기포드 지음, 마르크-에티엔 펭트르 그림, 이강희 옮김, 노란돼지, 2018)
- **닭인지 아닌지 생각하는 고기오** (임고을 지음, 김효연 그림, 샘터사, 2019)
- **검은 후드티 소년** (이병승 지음, 이담 그림, 북멘토, 2013)
- **기억 전달자** (로이스 로리 지음, 장은수 옮김, 비룡소, 2007)
- **안네의 일기** (안네 프랑크 지음, 최지현 옮김, 보물창고, 2011)
- **어린 왕자** (앙투안 드 생텍지페리 지음, 황현산 옮김, 열린책들, 2015)
- **그래도 즐겁다** (김옥 지음, 국민지 지음, 창비, 2015)
- **책벌레들의 비밀 후원 작전** (힐러리 매케이 지음, 김영미 그림, 지혜연 옮김, 시공주니어, 2011)
- **어린이를 위한 아름다운 영웅 김영옥** (한우성 지음, 한준경 그림, 상상의집, 2011)
- **담을 넘은 아이** (김정민 지음, 이영환 그림, 비룡소, 2019)
- **우리 동네에 혹등고래가 산다** (이혜령 지음, 전명진 그림, 잇츠북, 2019)
- **짝짝이 양말** (황지영 지음, 정진희 그림, 웅진주니어, 2019)
- **햇빛초 대나무 숲에 새 글이 올라왔습니다** (황지영 지음, 백두리 그림, 우리학교,

2020)

- **소녀, 히틀러의 폭탄을 만들다** (마샤 포르추크 스크리푸치 지음, 백현주 옮김, 천 개의바람, 2020)
- **작은 아씨들** (루이자 메이 올콧 지음, 강미경 옮김, 엘에이치코리아, 2020)
- **5번 레인** (은소홀 지음, 노인경 그림, 문학동네, 2020)

중학교 1학년

- **DMZ원정대** (생태지평연구소 지음, 이명애 그림, 한울림어린이, 2011)
- **페인트** (이희영 지음, 창비, 2019)
- **와일드 로봇** (피터 브라운 지음, 엄혜숙 옮김, 거북이북스, 2019)
- **오즈의 마법사** (라이먼 프랭크 바움 지음, 윌리엄 월리스 덴슬로우 그림, 최지현 옮 김, 보물창고, 2012) → 초등 6학년에 추천함.
- **홍길동전** (김진섭 지음, 양상용 그림, 고래가숨쉬는도서관, 2016)
- **당당하게 실망시키기** (오즈게 사만즈 지음, 천미나 옮김, 책과콩나무, 2018)
- **가면생활자** (조규미 지음, 자음과모음, 2019)
- **나의 첫 젠더 수업** (김고연주 지음, 창비, 2017)
- **어느 날, 정글** (캐서린 런델 지음, 백현주 옮김, 천개의바람, 2018)
- **말랑하고 정의로운 영혼을 위한 헌법 수업** (신주영 지음, 들녘, 2018)
- **아름다운 아이** (R.J. 팔라시오 지음, 천미나 옮김, 책과콩나무, 2012)
- **7일간의 리셋** (실비아 맥니콜 지음, 김인경 옮김, 블랙홀, 2016)
- **반 고흐, 영혼의 편지1** (빈센트 반 고흐 지음, 신성림 옮김, 위즈덤하우스, 2017)

- **오즈의 의류수거함** (유명민 지음, 자음과모음, 2014)
- **식탁 위의 세계사** (이영숙 지음, 창비, 2012)
- **톰 소여의 모험** (마크 트웨인 지음, 트루 윌리엄스 그림, 장영희 옮김, 창비, 2015)
- **모두 깜언** (김중미 지음, 창비, 2015)
- **꽃들에게 희망을** (트리나 폴러스 지음, 김석희 옮김, 시공주니어, 2017)
- **나의 라임 오렌지 나무** (J.M. 바스콘셀로스 지음, 박동원 옮김, 동녘, 2003)
- **옷장 속의 세계사** (이영숙 지음, 창비, 2013)
- **설민석 삼국지 라이트 에디션 1~3** (설민석 지음, 세계사, 2020)
- **우주의 집** (문이소 외, 사계절, 2020)
- **모두 웃는 장례식** (홍민정 지음, 오윤화 그림, 별숲, 2021)
- **이솝우화전집** (이솝 지음, 현대지성, 2020)

중학교 2학년

- **일러스트 모비 딕** (허먼 멜빌 지음, 록웰 켄트 그림, 황유원 옮김, 문학동네, 2019)
- **내가 사랑한 야곱** (캐서린 패터슨 지음, 황윤영 옮김, 보물창고, 2008)
- **마술가게** (너새니얼 호손 외 지음, 최주언 옮김, 몽실북스, 2016)
- **이만큼 가까운 미국** (김봉중 지음, 창비, 2016)
- **별난 사회 선생님의 수상한 미래 수업** (권재원 지음, 우리학교, 2019)
- **안녕, 내 뻐끔거리는 단어들** (샤론M.드레이퍼 지음, 최제니 옮김, 뜨인돌, 2018)
- **세계는 왜 싸우는가?** (김영미 지음, 김영사, 2019)
- **푸른 머리카락** (남유하 외 지음, 사계절, 2019)

- **어느 날 난민** (표명희 지음, 창비, 2018)
- **하늘을 달리는 아이** (제리 스피넬리 지음, 김율희 옮김, 다른, 2020)
- **구덩이** (루이스 새커 지음, 김영선 옮김, 창비, 2007)
- **철학의 숲** (브렌던 오도너휴 지음, 허성심 옮김, 포레스트북스, 2020)
- **이지유 이지사이언스 - 동물편** (이지유 지음, 창비, 2020)
- **지도 밖으로 행군하라** (한비야 지음, 푸른숲, 2005)
- **비밀의 화원** (프랜시스 호지슨 버넷 지음, 찰스 로빈슨 그림, 김옥수 옮김, 비룡소. 2011)
- **푸른 개 장발** (황선미 지음, 이마주, 2019)
- **바람의 눈을 보았니?** (질 르위스 지음, 해밀뜰 옮김, 꿈터, 2011)
- **소희의 방** (이금이 지음, 푸른책들, 2010)
- **체리 새우: 비밀글입니다** (황영미 지음, 문학동네, 2019)
- **환경과 생태 쫌 아는 10대** (최원형 지음, 방상호 그림, 풀빛, 2019)
- **뉴스 믿어도 될까?** (구본권 지음, 안병현 그림, 풀빛, 2018)
- **페스트** (알베르 카뮈 지음, 유호식 옮김, 문학동네, 2015)
- **행운이 너에게 다가오는 중** (이꽃님, 문학동네, 2020)

중학교 3학년

- **지구 행성에서 너와 내가** (김민경 지음, 사계절, 2020)
- **열하일기 1** (박지원 지음, 김혈조 옮김, 돌베개, 2017)
- **최원형의 청소년 소비 특강** (최원형 지음, 철수와영희, 2017)

- **푸른 늑대의 파수꾼** (김은진 지음, 창비, 2016)
- **이만큼 가까운 일본** (강태웅 지음, 창비, 2016)
- **10대와 통하는 평화통일 이야기** (정주진 지음, 철수와영희, 2019)
- **한국단편소설 40** (계용묵 지음, 리베르, 2018)
- **열 가지 당부** (하종강 외 지음, 창비, 2020)
- **순례주택** (유은실, 비룡소, 2015)
- **난민, 멈추기 위해 떠나는 사람들** (하영식 지음, 뜨인돌, 2021)

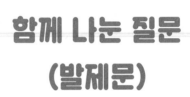

함께 나눈 질문
(발제문)

초등학교 1학년

그레이스는 놀라워!

메리 호프만 글, 캐롤라인 빈치 그림, 최순희 옮김, 시공
주니어, 2005

1. 책 내용을 이어서 말해봅시다.(한 사람이 한 문장씩 이야기하기/앞사람 이야
기에 내용이 이어지게 말하기)

- 그레이스는 이야기를 좋아하는 여자아이에요.
-
-

2. 나만의 별점주기를 해보고, 이유를 말해보세요.

별점(1~5점)	☆ ☆ ☆ ☆ ☆
이유	

3. 인물 인터뷰 : 이야기 속의 인물이 되어 질문하고 대답해봅시다.

그레이스, 그레이스의 할머니, 그레이스의 엄마, 라지, 나탈리, 선생님 등

① 인물이 되어 볼 사람이 마법의 의자에 앉습니다.
② 나머지 사람들은 인물에게 궁금한 점을 질문합니다.
(중요한 사건, 인물의 생각이나 감정, 행동의 이유 등)

③ 인물의 입장이 되어 대답합니다.
(나의 입장이 아니라 이야기 속 인물의 입장이 되는 것이 중요!)
④ 역할을 바꾸어 질문과 대답을 해봅시다.

4. 사진 찍기 : 이야기 속에서 가장 중요한 장면을 골라 정지 동작으로 나타내봅시다.

① 친구들과 의논하여 역할을 나누어 맡습니다.
(인물 외에도 배경이나 사물도 표현 가능)
② "하나, 둘, 셋"을 셀 동안 자기 위치에 가서 표현할 준비를 합니다.
③ "얼음!" 소리와 함께 동작을 멈춥니다.(얼음이 되어 움직이지 않기! 약속!)
④ 진행자가 어깨에 손을 댈 때 자기가 맡은 인물이 할 법한 생각이나 말을 하거나 소리를 내봅니다.

5. 왜 책의 제목을 '그레이스는 놀라워!'라고 지었을까요?

6. 그레이스에게 해주고 싶은 말을 해봅시다.(빈 의자에 그레이스가 앉아 있다고 생각하고 말해주기)

7. 책 모임 소감을 말해봅시다.(좋았던 점, 아쉬웠던 점, 기억에 남는 활동 등)

초등학교 2학년

화요일의 두꺼비

러셀 에릭슨 글, 김종도 그림, 햇살과나무꾼 옮김, 사계
절, 2014

1. 책 읽은 소감을 말해봅시다.

- 처음에 표지와 제목을 봤을 때 어떤 이야기일거라고 생각했나요?
- 글과 그림이 잘 어울렸나요? 그림은 마음에 들었나요?(그린이: 김종도)
- 책의 크기, 글자 크기 등은 읽기에 좋았나요? 불편했나요?
- 이야기는 마음에 들었나요? 다 읽고 나서 어떤 생각이 들었나요?

2. 이야기를 일어난 순서대로 정리해 봅시다.

- 한 사람이 한 문장씩 말합니다.
- 이야기가 잘 이어지도록 주요 사건을 중심으로 말합니다.

두꺼비 형제 모턴과 워턴이 아늑 한 집에서 살고 있었습니다.	→	?

- 이야기에서 가장 중요한 인물은 누구인가요?

3. 두꺼비 워턴과 올빼미 조지에 대해 알아봅시다.

- 워턴의 성격을 가장 잘 드러낼 수 있는 표정과 행동을 선택해 몸으로 표현
  해 봅시다.
- 조지의 성격을 가장 잘 드러낼 수 있는 표정과 행동을 선택해 몸으로 표현

해 봅시다.

- 친구가 표현한 것을 보며 워턴과 조지의 성격이 어떤지 말해봅시다.

4. 가장 좋았던 장면, 기억에 남는 장면에 대해 말하고 표현해 봅시다.

- 책에서 가장 좋았던 장면, 기억에 남는 장면은 어디인가요?
- 친구들끼리 모여 Best 장면을 골라서 정지 동작으로 만들어 봅니다.(촬영)
- 촬영한 사진을 보면서 이야기 나눕니다.(표현이 잘 된 부분, 기억에 남는 이유, 인물에 대한 생각 등)

5. 새로운 친구를 사귀어 본 경험, 내가 알고 있는 친구 사귀기 비법이 있다면 말해 봅니다.

6. 【좋은 친구가 되는 방법】 워턴이나 조지에게 궁금한 것을 질문으로 만들어 봅시다.

- 워턴, 조지 역할을 맡은 친구가 답을 해봅니다.(인터뷰)

워턴에게	올빼미에게

7. 나만의 명언 만들기 :

우정이란 _____ (이)다.

초등학교 3학년

어느 데인지 참 좋은 델 가나 봐

권정생 외 글, 서현 외 그림, 문학동네, 2017

1. 시집 읽기 - 시집에서 마음에 드는 시를 5편을 골라보세요.

① 음악을 들으며 시집을 읽는다.
② 각자 마음에 드는 시를 5편 골라 표시한다.(인덱스 붙이기)

2. 가장 마음에 드는 시 1편을 골라 옮겨 쓰세요. 고른 이유도 적어요.

① 동시 미니북 또는 색지를 준비해서 시를 옮겨 적고 그림을 그려 넣는다.
② 시를 옮겨 적고 한 쪽에 시 고른 이유를 적는다.

3. 앞에 나와 자기가 고른 시 낭송해요.

① 한 명씩 자기가 고른 시를 낭송한다.(마이크를 준비하면 좋음.)
② 시 낭송 후 시를 고른 이유도 말한다.

4. 시 만화 그리기_ 자기가 고른 시를 가지고 시 만화를 그려요. 서로 돌려 보고 칭찬 해줘요.

① 네 컷 만화 활동지를 준비한다.
② 시에 어울리는 인물과 사건을 정해 만화로 표현한다.
③ 만화 완성 후 서로 돌려보며 재미있는 점, 표현이 잘된 부분을 찾아준다.

5. 우리들의 이야기_ 오늘 겪은 일 중에 가장 기억에 남는 것을 떠올려 시를 써 봐요.

① 자기만의 시를 동시 미니북이나 색지에 옮겨 적는다.
② 쓴 시를 돌아가며 낭송한다.

6. 조금 더 시 맛보기

_『어느 데인지 참 좋은 델 가나 봐』에서 내가 골랐던 시 중에서 한 편을 골라 돌아가며 낭송해 봅시다.

7. 활동 소감 나누기

초등학교 4학년

안읽어 씨 가족과 책 요리점

김유 글, 유경화 그림, 문학동네, 2017

※ 작은아이가 처음 혼자 모임을 진행하기 위해 만든 발제문이다. 친구들에게 말하듯이 적었다.

1. 이야기를 읽고 난 생각이나 느낌을 이야기 해줘.

2. 이야기 속에 나온 인물의 특징을 정리해보자.

인물	인물의 특징
안읽어씨	
산만해 여사	
안봄	
왈왈씨	

※ 가장 기억에 남는 인물은 누구인지 이유와 함께 말해보자.

3. 너희 가족 중 가장 책을 많이 읽는 사람은 누구라고 생각하니?
가장 책을 안 읽는 사람은 누구라고 생각하니?(이유도 함께 말해줘)

---

4. 너희가 먹었던 책 중에 가장 맛있는 책은 무엇이니?(언제 어디서 어떤 책을 읽었는지, 어떤 점이 좋았는지 자세히)

5. 너희들은 안읽어 씨가 멋져 보이려고 두꺼운 책을 들고 다니는 것에 공감하니?

6. 너희에게 책은 무엇이니? '책은 ~ 이다'라고 문장을 만들어 보자.

나에게 책은 이다.
이유 :

7. 나만의 책 요리 메뉴판을 만들어 보자.

가게 이름	
책 요리	가격

8. 책 모임 소감 나누기

초등학교 5학년

이상한 나라의 앨리스

루이스 캐럴 글, 존 테니엘 그림, 김경미 옮김, 비룡소
2005

1. 별점을 주고, 읽은 소감을 나눠 봅시다.

별점(1~5점)	☆ ☆ ☆ ☆ ☆
이유	

2. 가장 기억에 남는 부분은 어디인지 이유와 함께 말해봅시다.

3. 앨리스는 강둑에서 책 읽는 언니 곁에 있었습니다. 그때 분홍 눈의 하얀 토끼가 앨리스 옆을 휙 지나쳐 갑니다. 내가 만약 앨리스라면, 토끼를 따라 갈까요? 따라 가지 않을까요?

① 따라 간다.　　　　　② 따라가지 않는다.

4. 흰 토끼를 따라간 앨리스는 터널에 빠져 '이상한' 나라에 도착합니다. '이상한' 나라는 어떤 나라인지 말해보세요.

5. 이상한 나라에는 평범하지 않은 인물(사람, 동물, 식물 등)들이 있습니다.

5-1. 어떤 인물들이 있었나요?

5-2. 가장 기억에 남는 인물은 누구이고, 왜 그런가요?

5-3. 내 주변 사람 중에 '이상한 나라'와 가장 어울리는 사람은 누구인가요?

6. 주인공 앨리스에 대해 말해봅시다.

6-1. 앨리스는 어떤 아이인가요?(생김새, 성격, 특징, 좋아하는 것 등)

6-2. 나와 앨리스는 어떤 점이 비슷하고 다른가요?

6-3. 앨리스가 내 친구라면 어떨까요?

7. 이야기의 마지막 장면에 대해 어떻게 생각하나요?

> 앨리스는 언니의 무릎을 베고 누워 잠을 자고 있었던 것이다. 언니는 앨리스 얼굴 위로 떨어진 나뭇잎들을 살며시 털어 내고 있었다.
> 언니가 말했다.
> "얘, 앨리스, 그만 일어나. 무슨 잠을 이렇게 많이 자니?"
> "아, 정말 이상한 꿈도 다 있네!" (p.200)

8. 왜 사람들은 『이상한 나라의 앨리스』를 좋아할까요? 이 이야기의 매력은 무엇인가요?

9. 책 모임 소감 쓰기/ 나누기

초등학교 5학년

빨강 머리 앤 (1장~25장)

루시 모드 몽고메리 글, 애니메이션 <빨강 머리 앤> 원화, 박혜원 옮김, 더모던, 2019

1. 별점을 주고, 읽은 소감을 나눠 봅시다.

별점(1~5점)	☆ ☆ ☆ ☆ ☆
이유	

2. 그림 카드를 활용해 인물의 특징을 정리해 봅시다.

① 한 사람이 한 명의 인물을 맡습니다.(앤, 매슈, 마릴라, 다이애나)
② 인물이 한 일, 인물의 성격이나 장점 등에 어울리는 그림 카드를 고릅니다.(2~3장)
③ 그림 카드를 보여주며 인물에 대해 설명합니다.(도란도란 스토리텔링카드를 활용했다.)

3. 가장 기억에 남는 부분은 어디인지 이유와 함께 말해봅시다.

4. 앤과 나의 비슷한 점, 다른 점을 생각해봅시다.

비슷한 점	다른 점

5. 앤은 다이애나와 '한적한 숲'에(상상 속의) 멋진 집을 꾸미고 놀이를 합니다. 여러분도 이렇게 상상 놀이를 해본 경험이 있나요?

> 이끼로 덮인 커다란 돌을 의자 대신 갖다 놓고, 나무 사이에 판자를 얹어서 선반을 만들었어요. 선반 위에는 접시들을 올려놨고요. 물론 전부 깨진 그릇이지만 깨지지 않았다고 상상하는 건 하나도 어렵지 않아요. 특히 빨갛고 노란 담쟁이 그림이 있는 접시가 정말 예뻐요. 그 접시하고 요정의 거울은 거실에 두었어요. 요정의 거울은 꿈에서 나오는 것처럼 아름다워요.(…)하지만 무도회가 열린 어느 날 밤에 요정들이 거울을 잃어버렸다고 상상하면 멋지잖아요. 그래서 우리는 그걸 '요정의 거울'이라고 불러요. (p.172~p.173)

6. 앤은 감정이 풍부하고 상상력이 풍부합니다. 명랑해서 좋지만 실수도 많이 하지요. 마릴라는 앤이 살아가며 힘든 일을 만날 때 실망하고 상처 받을까봐 걱정합니다. 마릴라가 걱정하자 앤은 다음과 같이 대답합니다. 여러분은 앤의 생각에 공감하나요?

> "앤, 넌 무슨 일이든 그렇게 온 마음을 다 쏟는구나. 앞으로 살면서 실망할 일이 많을까봐 걱정이다."
> 마릴라가 한숨을 쉬며 말했다.
> "아, 마릴라 아주머니, 뭔가를 기대하는 건 그 자체로 즐겁잖아요. 어쩌면 바라던 결과를 얻지 못할 수도 있지만, 그래도 기대할 때의 즐거움은 아무도 못 막을걸요.(…) 전 실망하는 것보다 아무 기대도 하지 않는 게 더 나쁜 거 같아요."(p.174~p.175)

7. 길버트 블라이드가 앤에게 "홍당무! 홍당무!"하고 놀립니다. 화가 난 앤은 석판으로 길버트의 머리를 내리쳤고, 석판이 두 동강 났지요.(p.205) 여러분은 길버트와 앤의 행동에 대해 어떻게 생각하나요?

8. 앤은 상상을 좋아하는 것만큼 연극, 책 읽기 등도 무척 좋아합니다. 공부를 해야 하는데 친구가 빌려준 책을 읽고 싶어 안달합니다. (p.253) 여러분도 정말 읽고 싶어서 다른 일을 할 때도 생각난 책이 있나요?

9. 앤의 가장 큰 매력은 무엇이라고 생각하나요?

- 앤이 나의 친구라면 어떨까요? 재미있게 상상해봅시다.

초등학교 5학년

빨강 머리 앤 (26장~끝)

루시 모드 몽고메리 글, 애니메이션 <빨강 머리 앤> 원화, 박혜원 옮김, 더모던, 2019

1. 가장 기억에 남는 부분을 고르고, 소개해 주세요.(쪽수 / 낭독 / 이유)

2. 친구들과 배 위에서 연극을 하던 앤은 위험에 처합니다. 다행히 길버트가 앤을 구해주지요.(p.392~p.393) 길버트는 예전에 앤을 '홍당무'라고 놀린 일을 사과하고, 친구로 지내자고 합니다. 하지만 앤은 길버트를 용서해주지 않습니다. 앤의 감정에 공감하나요? 나라면?

3. 앤과 다이애나는 배리 할머니의 집에 초대 받습니다. 배리 할머니의 저택에서 자고, 박물관 구경도 하지요. 초록 지붕 집으로 돌아온 앤은 마릴라에게 손님방에서 잔 것이 생각보다 좋지 않았다고 말합니다. "어른이 되어 간다는 건 그런 나쁜 점이 있는 거 같아요.(…)어릴 땐 그렇게 간절히 바랐던 소원들도 막상 이루어지면 상상했던 절반만큼도 멋지거나 신나지 않는 것 같아요."(p.407)라고 합니다. 여러분도 간절히 원했는데, 막상 이뤄지면 실망했던 경험이 있나요?(앤의 생각에 공감하나요?)

4. 도시(배리 할머니 집)에 다녀온 앤은 자신은 도시 생활에 맞지 않는다고 말합니다. "가끔 밤 11시에 멋진 식당에서 아이스크림을 먹는 건 좋지만, 매일매일을 생각하면 밤 11시에 동쪽 다락방에서 푹 자는 편이 더 좋아요."

(p.408)라고 하지요. 여러분은 어떤가요?

① 도시 생활이 좋다.　　　　② 시골 생활이 좋다.

5. 앤은 몸도 마음도 훌쩍 자라 열다섯 살 소녀가 됩니다.(p.436) 진지한 눈빛에 키 큰 소녀가 되었습니다. 무엇보다 앤에게 나타난 큰 변화는 말이 줄어든 것입니다. 앤의 이런 변화를 어떻게 보았나요?

> "잘 모르겠어요. 별로 말을 하고 싶지 않아요. 예쁘고 소중한 생각들은 보석처럼 담아두는 게 더 좋아요. 그런 생각들이 비웃음을 당하거나 호기심의 대상이 되는 게 싫거든요. 그리고 왠지 거창한 표현도 더는 쓰고 싶지 않아요. 아쉽기는 해요. 이젠 그런 말을 하고 싶으면 해도 될 만큼 컸는데 말이에요. 어른이 된다는 건 어떤 면에서는 재미있어요. 하지만 제가 생각했던 그런 재미는 아니에요. 아주머니, 배우고 생각해야 할 일들이 너무 많아서 거창한 말을 할 시간이 없나 봐요.(…)" (p.439)

6. 퀸스 학교에 입학하게 된 앤은 장학금을 받기 위해 열심히 공부합니다. 앤은 자신이 야망이 있다고 말합니다. 여러분은 어떤가요?

① 야망이 있다.　　　　② 야망이 없다.

> 앤은 결심했다.
> "열심히 공부해서 받을 수 있는 거라면 장학금을 받고 말거야. 내가 문학 학사 학위를 받으면 매슈 아저씨가 자랑스러워하시겠지? 아, 야망을 갖는 건 정말 즐거운 일이야. 난 야망이 많아서 참 다행이야. 야망이란 결코 끝이 없는 것 같아. 그게 제일 좋은 점이지. 하나를 이루면 또 다른 꿈이 더 높은 데서 반짝반짝 빛나고 있으니까. 덕분에 인생이 이처럼 재미있잖아." (p.481)

7. 앤은 에이버리 장학금을 받기 위해 열심히 공부합니다. 조시가 앤은 장학금을 받지 못할 거라고 말하자 앤은 에이버리 장학금을 받는 게 그다지 중요하지 않은 것 같다고 말합니다. 오히려 "노력해서 이기는 것 못지않게, 노력했지만 실패하는 것도 중요한 일이야."(p.489)라고 합니다. 앤의 이 말은 어떤 뜻일까요?

8. 이야기의 결말이 마음에 드나요?

9. <작품해설>을 함께 읽어봅시다.

10. 책 전체에 대해 별점을 주고, 읽은 소감을 나눠 봅시다.

별점(1~5점)	☆ ☆ ☆ ☆ ☆
이유	

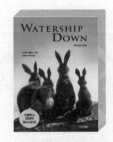

초등학교 5학년

워터십 다운 - 제1부

리처드 애덤스 글, 햇살과나무꾼 옮김, 사계절, 2019

1. 토끼에 대해 알고 있는 것, '토끼'하면 떠오르는 것을 말해봅시다.

2. 제1부를 어떻게 읽었는지 소감을 나눠 봅시다.

3. 이야기의 줄거리를 정리해봅시다.

4. 어떤 장면이 기억에 남는지 쪽수, 이유와 함께 말해봅시다.

5. 이야기에는 여러 인물이 나옵니다. 인물의 특징을 정리해봅시다.(한 사람이 인물 하나를 맡아 설명하기)

> 헤이즐, 파이버, 블랙베리, 벅손, 빅윅, 댄더라이언, 픕킨, 카우슬립

6. 어떤 인물이 가장 기억에 남는지 이유와 함께 말해봅시다.

6-1. 나와 가장 닮은 인물은/ 나와 가장 다른 인물은 누구인가요?

6-2. 내가 닮고 싶은 인물이 있나요?

7. 파이버는 마을에 재앙이 찾아올 것임을 예언합니다. 하지만 족장 토끼 스레아라는 파이버의 말을 믿지 않습니다. 헤이즐과 몇 마리 토끼만 파이버의 말을 믿고, 마을을 떠납니다. 만약 내가 스레아라(족장토끼)면 어떻게 할까요?

> "지금은 5월 아닌가? 다들 바쁠 때이고 대부분 즐겁게 지내고 있네. 이 일대에는 엘리도 없고, 뭐, 그렇게 보고를 받고 있지. 전염병도 없고 날씨도 좋고, 한데 여기 있는 자네 동생의 예감이 불길하니까 우리 모두 위험을 무릅쓰고 어딘지도 모를 곳을 찾아 정처 없이 떠나자고 하란 말이지. 응? 마을 토끼들이 뭐라고 할 것 같나? 다들 좋아할 것 같나?"
> (p.36)

8. 헤이즐과 친구들은 험난한 여정을 마치고 안전한 목초지에 도착합니다. 위험한 적이 없고, 먹이도 풍부했지요. 그 곳에서 카우슬립이라는 토끼를 만납니다. 카우슬립의 토끼 마을로 따라간 헤이즐 일행은 여유롭고 풍족하게 사는 모습을 보고 놀랍니다. 하지만 그곳의 위험을 알게 되고 다시 떠나게 되지요. 카우슬립 마을에서 일어난 일들을 어떻게 보았나요?

9. 책 모임 소감 나누기

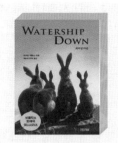

초등학교 5학년

워터십 다운- 제2부

리처드 애덤스 글, 햇살과나무꾼 옮김, 사계절, 2019

1. 워터십 다운에 도착한 열두 마리 토끼의 이름을 말해보세요.

2. 제2부를 어떻게 읽었는지 소감을 나눠 봅시다.

별점(1~5점)	☆ ☆ ☆ ☆ ☆
이유	

3. 제2부의 이야기 중에서 가장 기억에 남는 것은 무엇인지 고르고, 이유를 말해봅시다.

18 워터십 다운에서
19 어둠 속의 공포
20 벌집과 들쥐
21 "엘-어라이라도 울부짖으리라"
22 엘-어라이라의 재판 이야기
23 키하르
24 너트행어 농장

25 침입
26 파이버의 영감
27 "직접 가 보지 않으면 상상도 할 수 없으리"
28 언덕 기슭에서
29 귀환과 출발

4. 마을 만들기 좋은 언덕을 발견하고, 토끼들은 굴을 파기 시작합니다. 헤이즐과 댄더라이언은 좋은 먹이가 있는 곳을 찾다가 다친 토끼를 발견합니다. 다친 토끼는 샌들포드 마을의 아우슬라 대장 홀리였습니다. 홀리가 등장하는 장면에서 어떤 생각이나 느낌이 들었나요?

5. 헤이즐과 친구들은 다친 검은머리 갈매기 '키하르'를 구해주고, 새와 친구가 됩니다. '키하르'는 암컷 토끼가 많이 있는 마을을 알려줍니다. 실버, 벅손, 스트로베리, 홀리는 그 마을로 암컷 토끼를 데리러 떠나지요. 그 사이 헤이즐은 너트행어 농장에서 사육되고 있는 '상자 토끼' 네 마리(암컷2, 수컷2)를 발견합니다. 파이버는 끔찍한 일이 일어날 거라며 말리지요. 결국 헤이즐은 죽을 위험을 겪고 상자 토끼 세 마리를 무리로 데려옵니다. 여러분은 헤이즐이 상자 토끼를 구출하러 간 것에 대해 어떻게 생각하나요?

① 잘한 결정이다.   ② 잘못된 결정이다.

6. 상자 토끼를 구하러 간 헤이즐 일행은 두 마리(박스우드, 클로버)를 우선 구출합니다. 겁에 질린 두 마리(로렐, 헤이스택)는 데려오지 못합니다. 헤이즐은 나머지 두 마리를 구출하러 가자고 댄더라이언에게 제안합니다. 여러분이 댄더라이언이라면 어떻게 하겠습니까?

> 댄더라이언이 되물었다.
> "어디를?"
> "나머지 둘을 데리러. 너는 누구보다 빠르니까 별로 위험하지 않겠지?
> 자, 빅윅, 어서 가야지. 내일 보자."
> 헤이즐은 빅윅이 대답할 겨를도 없이 느릅나무 밑으로 사라졌다. 댄더라이언은 따라가지 않고 망설이는 눈빛으로 빅윅을 바라보았다.
> (p.366)

7. 제2부에서 가장 인상적인 인물은 누구라고 생각하는지 이유와 함께 말해 봅시다.

8. 책 모임 소감 쓰기/ 나누기

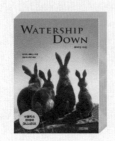

초등학교 5학년

워터십 다운- 제3부

리처드 애덤스 글, 햇살과나무꾼 옮김, 사계절, 2019

* 죽을 고비를 넘긴 헤이즐은 친구들을 모아 에프라파로 떠납니다. 책략을 써서 에프라파에서 암컷 토끼들을 데리고 나오려는 계획을 세웠습니다. 빅윅은 에프라파로 들어가 암컷 토끼들을 데리고 나옵니다.

1. 제3부를 어떻게 읽었는지 소감을 나눠 봅시다.

별점(1~5점)	☆ ☆ ☆ ☆ ☆
이유	

2. 가장 기억에 남는 인물은 누구인지 이야기 해봅시다.

> 헤이즐, 빅윅, 파이버, 핍킨, 블랙베리, 실버, 블루벨
> 운드위트 장군, 블랙카바르, 하이젠슬라이, 키하르

3. 가장 기억에 남는 장면은 어디인지 이야기 해봅시다.

4. 헤이즐은 워터십 다운의 토끼들을 홀리에게 맡긴 후 에프라파로 떠납니다. 그리고 에프라파에 들어가 암컷 토끼를 데리고 나오는 일을 빅윅에게 맡깁니다.

4-1. 헤이즐은 이 계획을 수행할 대장 토끼로 왜 빅윅을 선택했을까요?

> 빅윅은 이렇게 말했다고 한다. "언제 어디서든 싸움이라면 자신 있어. 하지만 역시 이 계획은 나보다는 딴 친구한테 어울릴 것 같아." 그러자 헤이즐이 "아냐, 이 일을 할 수 있는 토끼는 너밖에 없어. 지난번 농장 습격은 장난이었다 치더라도 이번 일은 달라. 모든 것이 여기에 달려 있어."하고 말했다. (p.436)

4-2. 빅윅이 아니라면 누가 가는 게 좋았을까요?

> 헤이즐, 파이버, 핍킨, 블랙베리, 실버, 블루벨

5. '엘-어라이라와 인레의 검은 토끼 이야기' 중에 인레의 검은 토끼로부터 백성들을 지켜낸 엘-어라이라가 마을로 돌아온 장면이 있습니다. 백성들은 다진 왕과의 전투를 기억하지 못합니다. "그 전쟁놀이 말예요? 다 지난 일이잖아요. 진작 끝났다고요. 우리하고는 아무 상관도 없어요", "과거 따윈 잊어버리는 게 낫다"(p.462-463)고 말하는 수토끼들의 모습을 보면서 어떤 생각을 했나요?

> 엘-어라이라는 대답했지.
> '아닙니다. 화나지 않았습니다. 다만 사랑하는 존재가 고통 받는 모습만이 안타까운 게 아니라는 사실을 배웠습니다. 자기가 누군가의 선물 덕분에 안전하게 살아가는 줄도 모르는 토끼는, 스스로 어떻게 생각할지는 모르겠지만 민달팽이보다 가련한 존재입니다.'
> (p.464)

6. 운드워트 장군이 이끄는 에프라파는 어떤 곳인지 말해봅시다.

- 에프라파에 있는 것 / 없는 것 말하기

7. 빅윅은 에프라파에서 암컷 토끼들과 탈출할 계획을 세웁니다. 하이젠슬라이와의 대화에서 빅윅은 블랙카바르(에프라파를 탈출하려다 잡힌 죄수 토끼)를 데려가겠다고 말합니다.

7-1. 빅윅은 왜 블랙카바르를 데려가려고 한 걸까요?
7-2. 블랙카바르를 데려가려는 빅윅의 생각에 공감합니까?
　　공감한다 VS 공감하기 어렵다

8. 제3부의 마지막 장면입니다. 이 부분을 읽으며 어떤 생각이나 느낌이 들었나요?

> 뒤를 돌아본 빅윅이 마지막으로 본 것은 배가 있던 자리의 분홍바늘꽃 틈새에서 멀어져 가는 배를 뚫어지게 바라보는 운드워트였다. 그 표정을 보니 워터십 다운에서 굴 입구까지 들이닥쳤다가 끝내 들쥐를 놓친 황조롱이가 떠올랐다. (p.592)

9. 뒷이야기 상상하기 : 이제 헤이즐 일행은 어떻게 될까요?

10. 책 모임 소감 나누기

초등학교 5학년

워터십 다운- 제4부

리처드 애덤스 글, 햇살과나무꾼 옮김, 사계절, 2019

1. 제4부를 어떻게 읽었는지 소감을 나눠 봅시다.

2. 가장 기억에 남는 장면은 어디인지 말해봅시다.

3. 운드워트 장군은 아우슬라 토끼들과 젊은 토끼들을 데리고 워터십 다운 으로 들이닥칩니다. 헤이즐 일행을 죽이고, 토끼들을 에프라파로 다시 데려 가려고 합니다. 블랙카바르는 에프라파 토끼들이 오기 전에 도망가야 한다 고 말하지만 헤이즐은 마을을 떠나지 않겠다고 합니다. 내가 워터십 다운의 토끼라면 어떤 선택을 하겠습니까?

① 마을을 떠난다.　　　　② 마을을 떠나지 않는다.

블랙카바르	"당장 떠나야 합니다. 그럼 놈들이 오기 전에 꽤 멀리까지 도망갈 수 있을 겁니다." (p.658) "그건 에프라파 토끼들을 몰라서 하시는 말씀입니다. 우리 어머님 종종 너틀리 숲에서 일어난 일을 들려주곤 하셨지요. 지금 도망가는 게 좋습니다." (p.659)

헤이즐	"떠나고 싶으면 떠나. 난 안 가. 이 마을은 우리가 만들었어. 오늘에 이르기까지 우리가 무슨 일을 겪었는지는 프리스님만이 아시지. 이제 와서 떠날 수는 없어." (p.658) "갈 테면 가. 말리진 않겠어. 난 이 마을을 떠나지 않아. 여긴 내 마을이야." (p.659)

4. 운드워트 장군은 에프라파의 리더이고, 헤이즐은 워터십 다운의 리더입니다. 두 리더의 장점과 단점을 생각해보고, 토끼 마을에는 어떤 리더가 필요한지 이야기 나눠 봅시다.

운드워트	헤이즐

5. 위기의 순간 헤이즐은 댄더라이언이 들려준 <로스비 우프와 페어리 와그 도그 이야기>를 떠올립니다. 엘-어라이라가 농장의 개 '로스비 우프'를 이용해 원하는 걸 얻었다는 얘기지요. 헤이즐은 이야기에서 아이디어를 얻어, 너트행어 농장의 개를 이용해 에프라파 토끼들을 해치웁니다. 워터십 다운의 토끼들은 태어난 아기 토끼들에게 계속 이야기를 들려줍니다. 『워터십 다운의 열한 마리 토끼』에서 등장하는 이야기는 토끼들에게 어떤 의미일까요? 토끼들은 왜 이야기를 계속 들려주고, 듣고 할까요?

6. 이야기의 결말이 마음에 드나요?

① 마음에 든다.   ② 마음에 들지 않는다.

책 모임 도움 자료

7. 운트워트 장군은 어떻게 됐을까요? 자유롭게 상상해봅시다.

8. 『워터십 다운』에 별점 주고, 소감을 말해봅시다.

별점(1~5점)	☆ ☆ ☆ ☆ ☆
이유	

9. 가장 기억에 남는 인물은 누구인지 이야기 해봅시다.

10. '『워터십 다운』은 ~ 하다.' 문장 만들기

초등학교 6학년

오월의 달리기

김해원 글, 홍정선 그림,전국초등사회교과모임 감수, 푸
른숲주니어, 2013

1. 별점주기

별점(1~5점)	☆ ☆ ☆ ☆ ☆
이유	

2. 가장 기억에 남는 장면이나 말 나누기

3. 명수는 전국 체전 참가를 위해 합숙훈련을 합니다. 훈련 중에 양동시장을 지나다 한 남자를 만납니다. '남자는 다리를 절룩이면서 구부정하게 허리를 굽히고 땅바닥에서 연신 뭔가를 주웠'(p.60)습니다. 명수는 그 남자가 자기 아버지라는 걸 알았습니다. 하지만 아는 체하지 않습니다. 여러분은 이 장면을 어떻게 보았나요?

4. 광주 시내에 나갔던 정태, 명수, 진규, 성일은 군인들이 시민을 폭행하는 장면을 목격합니다. 합숙 장소로 돌아와 두려움에 떨며 대화를 나누는데요. 성일이가 "그랑께 군인들이 악당인 거여라?"하고 묻자, 정태가 "아니제. 만화서 보믄 나쁜 로봇을 조종허는 진짜 악당은 뒤에 숨어 있잖여. 군인들은

나쁜 악당헌티 조종당허는 로봇인거제."(p.110)라고 대답합니다. 여러분은 이 장면을 어떻게 보았나요?

> "근대 악당들이 왜 사람들을……."
> 성일이가 말을 하다 말았다. 셋은 성일이가 무슨 말을 하려는지 알았다. 명수는 어제 본 끔찍한 장면을 떠올렸다. 진규가 입맛을 쩝 다시며 말을 이었다.
> "마징가 제트 보믄 악당 헬 박사는 세계 정복헐라고 나쁜 로봇을 만들어야. 긍께 군인들을 보낸 악당도 뭘 정복헐라는 속셈이겄제."
> "야……근디 뭘 정복헌다요?"(p.111)

5. 군인들이 광주 시민들을 무차별 폭행하자 박 코치와 김 감독은 체전 출전하는 일에 대해 이야기 나눕니다. 박 코치는 체육대회를 '설령 헌다고 혀도 우덜은 나가믄 안 된당께요.'라고 말합니다. 김 감독은 '대회에 나가고 안 나가고는 우리가 결정할 일이 아니'(p.120)라고 합니다. 여러분은 누구의 의견에 공감합니까?

> 박 코치 목소리가 점점 커졌다.
> "군인들헌티 총 쏘라고 명령 내린 사람이 누구겄소. 담화문 발표허는 저놈들 아니겄소. 즈그들이 총질혀 불고는 지금 광주서 불순분자니 폭도니 허는 사람들이 난리를 피운다고 공갈치고 있당께요. 감독님, 요런 판국에 체육 대회를 어찌케 헌다요. 설령 헌다고 혀도 우덜은 나가믄 안 된당께요."
> "박 코치, 대회에 나가고 안 나가고는 우리가 결정할 일이 아니잖아. 위에서 아무 소리도 없는데……. 그리고 애들 듣겠어. 그만 방으로 들어갑시다."(p.120)

6. 이야기는 시계방 주인과 남자의 대화로 끝납니다. 남자는 광주 사태 당시 군인으로 '산등성이에서 경비를 섰'(p.151)고, 한 아이가 '자기 아버지가 죽어 집에 알려야 하니까 보내 달라고 빌'(p.151)었다는 이야기를 합니다. "그 아이가 잘 달리고 있는지 보고 싶었습니다."(p.153)라고 합니다. 그는 실수로 컵의 물을 흘리곤 시계방 주인에게 "정말 미안합니다. 정말 미안합니다." (p.155) 라고 하는데요. 마지막 장면을 어떻게 읽었나요?

> 남자가 낭황하며 주머니에 손을 넣어 닦을 만한 것을 찾았다.
>
> 시계방 주인이 얼른 걸레를 가져와 물을 닦았다.
>
> "별일도 아닌걸요. 괜찮습니다."
>
> "아닙니다. 정말 미안합니다. 정말 미안합니다."
>
> 남자가 걸레질을 하는 시계방 주인에게 머리를 숙였다.
>
> "아니, 그러실 것까지야……."(p.155)

7. 『오월의 달리기』는 어떤 책이라고 말할 수 있을까요?

* 『오월의 달리기』는 _____ 이(하)다.

8. 책 모임 소감 나누기

중학교 1학년

꽃들에게 희망을

트리나 폴러스 글, 김석희 옮김, 시공주니어, 2017

1. 책을 어떻게 읽었는지 전체적인 감상을 나눠 봅시다.

2. 가장 기억에 남는 장면은 어디인가요. 쪽수, 이유와 함께 말해봅시다.

3. 마음에 와 닿은 문장 또는 기억에 남는 문장은 무엇인가요?

4. 나와 가장 닮은 인물은 누구인가요? 왜 그렇게 생각하나요?

> 호랑 애벌레, 노랑 애벌레, 늙은 애벌레,
> 애벌레 기둥을 오르는 애벌레들, 나비

5. 호랑 애벌레는 어느 날 '그저 먹고 자라는 것만이 삶의 전부는 아닐 거야. 이런 삶과는 다른 무언가가 있을 게 분명해.'(p.4)라고 생각합니다. 호랑 애벌레는 먹는 것, 그 이상의 것을 찾아 나무를 내려옵니다.(p.6)

5-1) 호랑 애벌레가 찾고자 했던, '그 이상의 것'이란 과연 무엇일까요?
5-2) 정든 나무를 떠나는 호랑 애벌레를 보면서 어떤 생각이 드나요?

6. 호랑 애벌레는 애벌레 기둥을 오르다가 노랑 애벌레를 만나서 이야기를 나눕니다. 결국 애벌레 기둥 위로 올라가는 일을 포기합니다.

6-1) 호랑 애벌레가 만났던 다른 애벌레들과 노랑 애벌레는 어떻게 다른가요?

6-2) 호랑 애벌레에게 노랑 애벌레는 어떤 존재인가요?

6-3) 내게 노랑 애벌레 같은 존재가 있나요?

7. 애벌레 기둥을 내려온 호랑 애벌레와 노랑 애벌레는 평화롭게 삽니다. 그러나 곧 호랑 애벌레는 '이게 삶의 전부는 아닐 거야. 무언가 더 있을 게 분명해.'(49쪽)라고 생각합니다. 호랑 애벌레와 노랑 애벌레의 대화를 보며 어떤 생각이 드나요?

> 호랑 애벌레가 대답했습니다.
> "하지만 우린 꼭대기에 무엇이 있는지 모르잖아. 우리가 내려온 것은 실수였는지 몰라. 이제 쉴 만큼 쉬었으니까, 이번에는 꼭대기까지 오를 수 있을 거야."(p.51)
>
> 노랑 애벌레가 애원했습니다.
> "제발 그러지 마. 우린 멋진 보금자리가 있고, 서로 사랑하잖아. 그걸로 충분해. 꼭대기를 향해 기어오르는 저 외로운 애들보다는 우리 생활이 훨씬 나아." (p.52)

8. 호랑 애벌레는 기둥 위로 올라가기 위해 노랑 애벌레를 떠납니다. 노랑 애벌레에게 함께 가자고 했지만 노랑 애벌레는 거절했지요.

8-1) 노랑 애벌레는 왜 떠나지 않았을까요?

8-2) 내가 노랑 애벌레라면 어떤 선택을 할까요?

9. 혼자가 된 노랑 애벌레는 고치가 되어가는 늙은 애벌레를 만납니다. '나비가 될 수 있다.'는 이야기를 듣게 되지요. 늙은 애벌레의 이야기 속에서 애벌레의 삶과 나비 삶은 어떻게 다를까요?

> "나비는 미래의 네 모습일 수도 있단다. 나비는 아름다운 날개로 날아다니면서, 땅과 하늘을 연결시켜 주지. 나비는 꽃에서 꿀만 빨아 마시고, 이 꽃에서 저 꽃으로 사랑의 씨앗을 날라 준단다. 나비가 없으면 꽃들도 이 세상에서 곧 사라지게 돼." (p.70)
>
> "일단 나비가 되면, 너는 '진정한 사랑'을 할 수 있어. 새로운 생명을 만드는 사랑 말이다. 그런 사랑은, 서로 껴안는 게 고작인 애벌레들의 사랑보다 훨씬 좋은 것이란다."(p.78)

10. 이 책에서 말하고자 하는 바를 한 문장으로 나타내어 봅시다.

11. 제목을 왜 '꽃들에게 희망을' 이라고 지었을까요? 제목에는 어떤 뜻이 담겼을까요?

12. 책 모임 소감 나누기

중학교 3학년

지구 행성에서 너와 내가

김민경 글, 사계절, 2020

1. 『지구 행성에서 너와 내가』는 교통사고로 엄마를 잃고, 4년 동안 괴로워하며 혼자 지내던 새봄이가 『모비 딕』을 읽고 삶의 의미를 깨닫는 이야기입니다. 또한 새봄이와 지석이가 『모비 딕』을 읽으며 서로를 이해하고, 서로에게 특별한 존재가 되어가는 이야기이기도 합니다. 이 책을 어떻게 읽었는지 별점과 이유를 나눠요.

별점(1~5점)	☆ ☆ ☆ ☆ ☆
이유	

2. 가장 인상 깊었던 장면이나 문구를 발췌하여 나눠주세요.

발췌(쪽수)	
이유	

3. 지석이는 고등학교에 입학해 같은 반이 된 새봄이를 좋아합니다. 새봄이는 방학 때 제주도로 전학 갈 예정인데, 새봄이는 지석이에게 『모비 딕』을 선물합니다. 그러면서 새봄이는 "이 책 다 읽으면 연락해. 그날부터 이사 가기 전까지 날마다 만나자."(p.17)라고 말하지요. 지석이는 새봄이와 만나기 위해 『모비 딕』을 열심히 읽습니다. 여러분은 이런 지석이의 모습을 어떻게 보았나요?

4. 4월 11일 수요일 아침 조회 시간에 담임선생님은 학생들에게 리본 접기를 제안합니다. 세월호 참사를 기억하고, 죽은 이들을 추모하기 위한 일입니다. 선생님은 '상전이(phase transition)'(p.94)에 대해 설명합니다. 그러면서 '세월호 참사가 우리 사회의 상전이'라면서 '상전이가 생기기 전과 후는' 다르다고 하는데요. 이어서 "상전이의 변화를 인식하고 방향을 잘 이끌어 가면 돼. 그러려면 기억해야 해."(p.95)라고 강조합니다. 새봄이는 선생님의 이야기를 듣고 '내 인생에서 상전이는……엄마의 죽음이다.'(p.98)라고 생각하는데요. 여러분은 이 장면을 어떻게 보았나요?

> 내 인생에서 상전이는 … 엄마의 죽음이다. 나는 오랫동안 받아들일 수 없었다. 지금도 그렇다. 엄마가 떠오르면 몸도, 마음도… 힘들다. 엄마가 없다는 걸 믿고 싶지 않고, 뭘 어떻게 해야 할지 모르겠다. 하지만 선생님이 말했다. 상전이 전으로 되돌릴 수 없다고. 변화를 인식하고 방향을 잘 이끌어 가야 한다고. 그러려면 기억해야 한다고. 기억하고 기억하다 보면 그 의미를 찾게 된다고.(p.98)

5. 새봄이는 학교 도서관에서 『모비 딕』의 한 문장을 만나고, 책을 빌려 읽기 시작합니다. 아빠는 새봄이에게 돌아가신 엄마가 읽었던 양장본 『모비 딕』을 가져다줍니다. 새봄이는 "엄마가 열심히 본 책을 나도 읽었다니 뿌듯하다." 면서 '인간은 누구나 소멸하지만 그의 자취가 깃들어 있는 것에 여전히 남아

있다고. 그를 기억하는 마음이 없어지지 않는 한 영원히 사라지지 않는다고. 완전한 소멸은 그 어디에도 없다고. 잊지 않고 기억하는 한….'(p.117)이라고 생각합니다. 여러분은 이런 새봄이의 모습을 어떻게 보았나요?

6. 새봄이는 엄마를 잃고, 우울증과 강박증에 시달립니다. '견딜 수 없을 때마다' '밖으로 뛰쳐나가 달리기 시작'(p.58)했습니다. 고등학교에 입학해서는 점심시간에 운동장을 달렸는데요. 어느 날(4월 16일) 지석이가 새봄이와 함께 뛰기 시작했습니다. 새봄이는 '깜짝 놀랐다'면서도 '하마터면 울 뻔 했다.', '정말이지 좋아서, 너무 고마워서….'(p.118)라고 하는데요. 여러분은 이 장면을 어떻게 보았나요?

> 나는 단 한 번도 다른 사람과 같이 뛰고 싶다는 생각을 해 본 적이 없다. 이건 나의 몫, 온전히 나의 몫, 내가 짊어져야만 하는 나의 몫이라고 생각했다. 그 누구와도 함께할 수 없다고 생각했다.
> 그런데 지석이의 뜀박질 소리와 호흡 소리를 가까이에서 들으니… 마음이 벅차올랐다. 몇 분 지나지 않아 깨달았다. 꼭 나 혼자 해야 하는 건 아니구나…. 조금씩 팽팽해지던 다리가 하나도 무겁지 않았다. 하마터면 울 뻔했다. 정말이지 좋아서, 너무 고마워서…. 하지만 겨우 한마디 했다. "고마워."라고. 지석이에게 내 마음이 전해졌을까. 이 마음을 지석이가 느꼈을까….(p.118)

7. 새봄이는 『모비 딕』을 반납하면서 두 번 읽었다고 말합니다. 사서 선생님에게 "이 책은 죽음에 대한 책이 아니라 삶, 살아 있음에 대한 책이었어요."(p.134)라고 말하는데요. 그리고는 사서 선생님이 건넨 포스트잇에 다음 문장을 씁니다. 여러분은 새봄이가 적은 문장과 새봄이의 생각에 대해 어떻게 생각하나요?

책 모임 도움 자료

진정한 힘은 결코 아름다움이나 조화를 손상시키지 않고, 오히려 아름다움과 조화를 가져다준다. 당당한 아름다움을 지닌 모든 것이 발휘하는 불가사의한 매력은 힘과 깊은 관계가 있다.

이 구절은 작가가 고래의 꼬리를 찬양하며 쓴 문장이지만 인간에게도 해당된다고 생각한다. 진정한 힘, 진정한 아름다움과 조화에 대해 생각해 보게 한다.(p.134)

이슈메일이 순전한 마음과 정신 속에서 항해를 하며 모든 걸 받아들이고 느꼈듯이 나도 그렇게 살고 싶다. 나만의 세계에서 벗어나 내 모든 감각을 열어 놓고 모든 자연과 사람과 다른 그 모든 것들을 대하고 싶다. 그리고 그렇게 하다 보면, 언젠가, 언젠가는 극복이 될 것이다. 죽음, 엄마의 죽음, 나는, 죽음을 극복하고 싶다. 아… 죽음이라기보다, 어떤 식으로든 이 세상을 떠날 수밖에 없는 인간의 운명을… 받아들이고 싶다.(p.136)

8. 『모비 딕』을 다 읽고 지석이는 매일 새봄이와 만납니다. 새봄이와 『모비 딕』 읽은 이야기, 기억의 힘, 새봄이 엄마의 기억 등에 대해 이야기 나누지요. 『모비 딕』을 읽고 대화 나누는 새봄이와 지석이의 모습을 어떻게 보았나요? 새봄이와 지석이의 관계를 어떻게 보았나요? (p.181~182) 참고

9. 새봄이는 제주도로 이사를 갑니다. 지석이는 종종 새봄이네 집 앞에 가서 새봄이를 떠올리지요. 여러분은 이야기의 결말이 마음에 드나요?

① 마음에 든다.　　　　② 마음에 들지 않는다.

10. 책 모임 소감 나누기

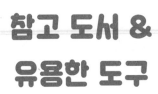

참고 도서 &
유용한 도구

1. 책으로 크는 아이들 (백화현, 우리교육, 2010)

오랫동안 독서운동과 도서관 살리기 운동에 앞장서온 백화현 선생님의 가정 독서 모임 기록이다. 중학생이 된 큰아이를 위해 시작한 가정 독서 모임을 7년간 운영한 사례를 담았다. 아이들이 함께 책 읽고 토론하며 어떻게 성장해나가는지 보여준다. 책 읽기, 토론하기, 책 읽고 여행가기 등 독서 모임의 다양한 모습을 자세히 살필 수 있다.

2. 도란도란 책모임 (백화현, 학교도서관저널, 2013)

백화현 선생님이 가정 독서 모임에서 깨달은 것을 학교로 가져가 실천한 이야기다. 저자는 가정 독서 모임을 학교로 옮겨가 '자율적 독서동아리'로 실천한다. 학생 독서동아리 뿐만 아니라 교사와 학부모 독서동아리를 운영한다. 이 책에는 독서동아리 운영 방법과 독서동아리 활동 모습, 함께 읽은 책과 활동 등이 자세히 담겼다. 단, 중학교 사례라는 점은 아쉽다.

3. 처음 시작하는 독서 동아리 (김은하, 학교도서관저널, 2016)

독서 동아리를 시작할 때 손쉽게 활용할 수 있는 매뉴얼이다. 독서 동아리의 성격, 유형, 운영 방법 등을 핵심만 간결하게 정리했다. 모임 진행에 바로 쓸 수 있는 각종 양식과 질문이 있어 유용하다. 독서 모임을 처음 운영하는 사람이라면 이 책부터 살펴보길 권한다.

4. 책으로 통하는 아이들 (김민영 외, 북바이북, 2019)

숭례문학당(책 읽고 토론하고 글 쓰는 사람들이 모인 학습공동체)에서 운영한 책통아(책을 통한 자기표현-아이들) 경험을 담은 책이다. 책통아는 숭례문학당 강사진이 재능기부로 운영하는 독서 프로그램이다. 유아부터 고등학생까지 어떤 책으로 어떻게 이야기 나누었는지를 기록했다. 비경쟁 독서토론이 무엇인지, 무엇을 준비해야 하는지, 어떻게 진행해야 하는지를 실제 사례를 통해 살필 수 있다. 함께 읽은 책 목록이나 논제도 실려 있어 유용하다.

5. 책벌레 선생님의 행복한 독서토론 (권일한, 행복한아침독서, 2016)

권일한 선생님이 초등학교 아이들과 책 읽고 토론한 이야기다. 선생님은 '이야기 토론'이라는 용어를 사용한다. 아이들과 함께 읽은 책, 질문이 자세히 담겼다. 선생님과 아이들이 주고받은 이야기를 통해 독서토론의 실제를 경험할 수 있다. 독서토론 할 때 진행자의 마음가짐이 어떠해야 하는지를 살피는데 큰 도움이 된다.

1. 질문하는 독서의 힘 (김민영 외, 북바이북, 2020)

책 모임 및 독서교육 현장에서 오래 활동한 저자들이 '토론을 위한 논제 만들기'를 알려준다. 왜 질문하며 독서해야 하는지, 독서 모임이나 독서교육을 위한 질문은 어떻게 만들어야 하는지 자세히 다룬다. 질문을 만들기 위해 책을 어떻게 읽어야 하는지, 발췌를 활용한 질문 만들기를 할 때 주의할 점은 무엇인지 등 오랜 경험에서 우러난 조언이 가득하다. 어린이, 청소년, 성인을 위한 수준 높은 논제를 살필 수 있어 유용하다.

2. 맛있게 읽는 독서 요리 시리즈 (전국독서새물결모임, 정인출판사, 2011)

초등학생의 독서 나이에 따라 1~6단계로 나눠 개발된 독서 수업 교재이다. (중등과 고등 단계도 있다.) 각 단계마다 현장교사가 추천한 10권의 책이 소개되고, 책마다 '독서-토론-논술' 수업이 가능한 활동지가 실려 있다. 아이들과 나눌 질문 만들기가 처음이라면 이 책을 참고하면 좋다. 요즘 나온 좋은 책들은 다루지 못하고 있다는 점이 아쉽긴 하다. 또 이 책에 나온 질문이나 활동을 모두 하려고 하면 말 그대로 '수업'이 되어버린다. 꼭 필요한 질문만 참고하자.

3. 수업에 바로 쓰는 독서토론 길잡이 (김길순 외, 학교도서관저널, 2018)

현직 학교도서관 사서들이 만든 독서토론 자료집이다. '가족', '우정', '자아 찾기', '꿈과 도전', '미래' 등 청소년 소설을 주제별로 분류하고, 활용할 수 있는 질문과 활동을 실었다. 중학생 이상 아이들과 독서토론 할 때 참고하면 좋다. 한 권의 책마다 다양한 결의 발문이 실려 있다. 오랫동안 사랑받은 책이나 최근에 나온 책도 다루고 있어 유용하다.

4. 아이들과 함께 떠나는 나니아 여행 : 교사용 지도서 & 워크북 (문경민 외, 꿈을 이루는 사람들)

아이들과 『나니아 나라 이야기』(C.S.루이스, 시공주니어)를 깊게 읽을 예정이라면 참고하면 좋을 책이다. 교사용 지도서와 워크북이다. 『나니아 나라 이야기』 7권에 맞게 지도서와 워크북도 각 7권씩 나와 있다. 내용 확인 질문, 생각을 키우는 질문을 자세히 담았고, 책을 읽고 할 수 있는 다양한 활동도 소개한다. 수업을 위한 자료이기 때문에 책 모임에서 그대로 활용하기 어려운 부분도 많다. 필요한 부분만 참고하자.

1. 독서질문카드 (수업디자인연구소)

이 책을 읽게 된 계기는? 책 속에서 가장 기억에 남는 질문은? 이 책에서 가장 중요한 사건은 무엇인가? 와 같이 일반적인 독서토론에서 활용할 수 있는 질문을 카드 형식으로 만들었다. 50개의 질문이 담겨 있다. 처음 책모임 할 때나 미처 발제문을 만들지 못했다면 활용할 수 있다. 다만, 함께 읽은 책에 꼭 맞는 질문으로 깊게 이야기 나누기는 어렵다. 진행자가 토론자의 생각을 끌어내는 추가 질문을 하거나 책 내용으로 질문을 직접 만들어 더 이야기 나눠야 한다.

2. 도란도란 그림책 질문 카드 (더즐거운연구소)

그림책 토론에서 자주 활용하는 질문 45가지를 담은 카드이다. 독서질문카드와 비슷하지만 그림책의 특성을 반영한 맞춤 질문이다. 정해진 그림책에 알맞은 질문 카드를 골라 발제문으로 만들거나 모임 하는 날 함께 카드를 늘어놓고 대화 나눌 수 있다. 독서질문카드와 마찬가지로 어떤 그림책에나 두루 쓰이는 질문이므로 해당 책의 주제를 깊이 다루는 질문은 따로 마련하면 좋다.

3. 학토재 7키워드 무지개 독서토론 카드 (학토재)

진북 하부르타 7키워드 독서토론을 응용하여 만든 질문 및 활동 카드이다. 낭독, 재미, 궁금, 중요, 메시지, 필사, 찬반이라는 7개의 키워드에 따라 질문이나 활동이 쓰인 카드이다. 책 모임의 성격에 맞게 필요한 카드만 골라 활용하면 된다. 다른 독서 질문 카드와 다르게 필사 활동과 찬반 토론 카드가 있다.

4. 이미지프리즘카드-씨앗 (학토재)

다양한 이미지를 카드 형태로 만든 것이다. 책 읽고 난 느낌을 표현할 때, 인물의 특징을 정리할 때, 책 전체를 나타내는 장면을 선택할 때 등 다양하게 활용할 수 있다. 자신의 생각이나 느낌을 드러낼 이미지를 고르고, 그 이미지를 설명하게 하면 아이들이 편안하게 이야기를 꺼낸다.

5. 도란도란 스토리텔링 카드 (더즐거운연구소)

이미지프리즘카드는 사진 자료인데 도란도란 스토리텔링 카드는 캐릭터가 등장하는 만화형식 그림이다. 그림마다 인물과 장소가 드러나 있어 아이들이 쉽게 그림을 해석한다. 사용방법은 이미지프리즘카드와 거의 같다. 인물의 성격 정리, 이야기 줄거리 정리, 주제나 가치 나타내기, 뒷이야기 상상하기 등에 다양하게 활용 가능하다.

6. OX 팻말

찬반으로 의견을 나눠 표시할 때나 책 내용으로 OX 퀴즈를 할 때 유용하다. 모임 인원수만큼 준비해두고 필요할 때마다 사용한다.

아이와 찐하게 통하는 책 모임

아이 책 모임이 내 삶을 바꾸다

예전의 나는 소심하고 고집 센 외톨이였다. 다른 사람에게 말 건네고 진심을 나누는 게 두려웠다. 어떻게 말하고 들어야 하는지, 다른 사람에게 어떻게 다가가야 하는지 알지 못했다. 나는 어려운 일이 생기거나 마음이 힘들 때면 책 속으로 도망갔다. 누군가 가까이 다가오면 얼른 책을 펼쳤다. 읽은 책이 늘어날수록 지적 자만심만 커져 타인과의 대화가 점점 힘들어졌다. 이런 내가 엄마가 되고, 초등학교 선생님이 되었다. 아이와 깊이 소통하는 일이 서투니 아이를 다그치기만 했다. 아이 말을 듣지 않았고, 아이 표정을 살피지 못했다. 규칙과 질서를 중시하며 아이를 엄하게만 대했다. 맡은 역할을 잘 해내려는 욕심은 크니 이것저것 배워 아이들에게 쏟아 부었다. 하지만 두 딸도, 학교 아이들도 행복해 보이지 않았다.

아이 책 모임은 이런 나를 바꾸고, 내 삶을 바꾸었다. 나 자신밖에 모르던 내가 아이들에게 관심을 가지기 시작했다. 모임에서 어린이 책을 읽다 보니 아이들의 삶이 보였다. 아이들에게 함부로 할 수 없게 됐다. 내게 마음 한자리를 기꺼이 내어주는 아이들에게 고마웠다. 처음에는 모임을 실패하기 싫어 열심히 했는데, 이제는 아이들의 이야기를 더 듣고 싶어서 모임 하려고 애쓴다. 할 말을 떠올리느라 미간을 찌푸리고, 마음에 와 닿은 문장을 고르느라 책장을 급히 넘기는 아이들 모습이 귀하게 느껴진다. 그걸 놓칠 수 없어서 모임을 계속한다.

책 모임 하면서 아이들이 저마다의 속도로 성장하는 걸 지켜보았다. 내 아이도 자연의 순리대로 제 몫의 삶을 살아가고 있다는 걸 알았다. 내 아이가 새롭게 보였다. 그동안 아이를 보고 싶은 대로 보고, 내가 원하는 대로 키워내려 했던 걸 반성했다. 아이가 어떻게 느끼고, 어떤 생각을 하는지 궁금해지기 시작했다. "너는 내가 가르쳐주는 대로만 해." 하던 내가 "너는 어떻게 하고 싶어?"라고 묻게 됐다. 책 모임 하며 아이를 잘 키우려 했는데, 내가 자랐다. 아이를 사랑한다는 이유로 아이 삶에 함부로 끼어들면 안 된다는 것도 배웠다. 근사한 어른인 척 꾸며대지 않아도 괜찮다는 걸 알았다. 나는 이제 아이들에게 엄마이자 선생님인 나도 불완전한 사람이라고, 더 좋은 사람이 되려고 애쓰는 중이라고 솔직하게 말할 수 있다.

나는 여전히 다른 사람의 마음을 살뜰히 헤아리지 못한다. 나와 다른 생각을 꺼내는 사람이 있으면 불편한 마음이 먼저 든다. 그 사람이 내 아이이거나 학급의 아이라면 더 그렇다. 아이를 미성숙한 존재로 여겨 나도 모르게 뭔가를 가르치려 든다. 하지만 전과는 다르게 낯선 말과 행동을 하기 전에 잠깐 멈춘다. 숨 고르며 나 자신을 돌아본다. 해서는 안 되는 말이 이미 입 밖으로 튀어나온 뒤라면 얼른 아이에게 사과한다. 아이 책 모임 덕분에 아이들에게 조금이나마 덜 해로운 엄마가, 덜 해로운 선생님이 될 수 있다고 생각한다.

책 모임 이야기의 시작과 끝에 아이들이 있다

아이 책 모임을 6년 넘게 했고, 올해로 7년째이다. 내게 소중한 시간이라 그냥 흘려보내기 아쉬웠다. 아이들의 이야기를 잊지 않고 간직하고 싶었다. 기억을 더듬어 그동안 함께 읽은 책과 나눈 이야기를 모았다. 최대한 겪고, 깨우친 것을 솔직하게 담으려 애썼다. 하지만 과거의 일을 떠올려 글로 적다 보니 사실을 왜곡하거나 지나치게 과장한 면이 있을 수도 있다. 혹여나 불편한 부분이 있더라도 너그러이 보아주시길 바란다. 아이 책 모임 하는 일이 결코 쉽지 않다는 말씀을 다시 한 번 드린다. 나도 모임을 열고 어쩌지 못해 동동 거리기 일쑤다. 하지만 아이들과 책으로 통(通)하는 기쁨이 너무나 크다. 아이와 통하는 순간을 한번이라도 경험하면 책 모임을 멈출 수가 없다. 이 책에 그런 순간들을 담으려 노력했다. 부디 내가 아이 책 모임 하며 누리는 기쁨이 독자에게 잘 전해졌길 바란다.

책 모임에서 정성껏 책을 읽고, 생각을 나눠준 친구들에게 고맙다. 이 모든 이야기의 시작과 끝에 아이들이 있다. 기꺼이 엄마와 선생님의 초대에 응해준 아이들, 읽고 생각하는 일을 즐겁게 해준 아이들. 그 아이들 덕분에 이 책이 나왔다. 일일이 이름을 밝혀 적지 못했으나 글을 다시 읽을 때마다 누가 어떤 말을 했는지, 어떤 표정이었는지 생생하게 기억난다. 귀한 아이들이다. 끝까지 인연을 이어가지 못한 아이들에게는 미안한 마음을 함께 전하고 싶다. 지금은 모임을 함께 하지 않지만 아이들이 들려준 속 깊은 생각과 밝은 웃음소리는 여전히 내 마음속에 남아있다. 지금 여기서가 아니더라도 언제 어디서든 좋은 사람들과 읽고 나누며 행복하게 성장하길 기도한다.

나의 사랑하는 가족에게 고맙다. 남편과 두 딸은 사랑을 주고받는 것에 서툰 나를 언제나 넘치게 사랑해준다. 그들의 응원과 배려 덕분에 나는 이렇게 책 읽고, 글 쓰는 삶을 살고 있다. 누군가가 이유 없이, 조건 없이 나를 사랑해준다는 건 굉장한 축복이다. 가족을 떠올릴 때마다 가슴이 벅차오른다. 이 책을 쓰면서 많은 분의 도움을 받았다. 인연을 깊이 맺지 못하는 나를 좋게 봐주시고, 따스한 품을 내어주셨다. 진심으로 감사드린다. 내어주신 마음 잊지 않고, 더 좋은 사람이 되려고 애쓰겠다.

2021년 여름
박미정 씀.

도서출판 이비컴의 실용서 브랜드 **이비락**(樂)은 더불어 사는 삶에 긍정의
변화를 줄 유익한 책을 만들기 위해 노력합니다.

원고 및 기획안 문의 : bookbee@naver.com